U0136064

臺灣史研究名家論集

（二編）

尹章義　王見川　吳學明

李乾朗　周翔鶴　林文龍

邱榮裕　徐曉望　康　豹

陳小沖　陳孔立　黃卓權

黃美英　楊彥杰　蔡相輝

蘭臺出版社

作者簡介（依姓氏筆劃排序）

尹章義 社團法人臺灣史研究會理事長、財團法人福祿基金會董事、財團法人兩岸關係文教基金會執行長。中國文化大學民國 106 年退休教授，輔仁大學民國 94 年退休教授，東吳、臺大兼課。出版專書 42 種（含地方志 16 種）論文 358 篇（含英文 54 篇），屢獲佳評凡四百餘則。

赫哲人，世居武昌小東門外營盤（駐防），六歲隨父母自海南島轉進來臺，住臺中水湳，空小肄業，四民國校、省二中、市一中畢業，輔仁大學學士，臺灣大學碩士，住臺北新店。

王見川 1966 生，2003 年 1 月取得國立中正大學歷史所博士學位。2003 年 8 月至南臺科技大學通識教育中心任助理教授至今。研究領域涉及中國民間信仰(關帝、玄天上帝、文昌、媽祖)、預言書、明清以來民間宗教、近代道教、佛教、扶乩與慈善等，是國際知名的明清以來民間宗教與相關文獻專家。著有《從摩尼教到明教》（臺北新文豐出版公司，1992）、《臺灣的齋教與鸞堂》（臺北南天書局，1996）、《漢人宗教、民間信仰與預言書的探索：王見川自選集》（臺北：博揚文化公司，2008 ）、《張天師之研究：以龍虎山一系為考察中心》（臺北：博揚文化公司，2015）等書。另編有《明清民間宗教經卷文獻》、《中國預言救劫書彙編》《臺灣宗教資料彙編：民間信仰、民間文化》、《中國民間信仰、民間文化資料彙編》、《明清以來善書叢編》等套書。

吳學明 國立臺灣師範大學歷史學碩士、博士，現任國立中央大學歷史研究所教授，曾任國立中央大學客家社會文化研究所所長、客家研究中心主任等職。主要研究領域為臺灣開發史、臺灣客家移墾史、臺灣基督教長老教會史與臺灣文化史，關注議題包括移民拓墾、北臺灣隘墾制與地方社會、南臺灣長老教會在地化歷程等。運用自民間發掘的族譜、契約文書等地方文獻，從事區域史研究，也對族群關係、寺廟與社會組織等底層民眾行動力進行探討。著有《金廣福墾隘與新竹東南山區的開發（1835-1895）》、《頭前溪中上游開墾史暨史料彙編》、《金廣福隘墾研究》、《從依賴到自立──臺灣南部基督長老教會研究》、《變與不變：義民爺信仰之擴張與演變》、《臺灣基督長老教會研究》

與學術論文數十篇，並着編《古文書的解讀與研究》（與黃卓權合編著）、《六家林氏古文書》等專書。

李乾朗 中國文化大學建築及都市設計系畢業，現任國立臺灣藝術大學古蹟藝術修護學系客座教授。致力於古建築田野調查研究，培養古蹟維護的專業人才，並積極參與學術研討會發表研究成果。曾出版了《臺灣建築史》、《古蹟入門》、《臺灣古建築圖解事典》、《水彩臺灣近代建築》、《巨匠神工》等八十餘本與傳統建築或近代建築相關之個人著作，同時也主持多項古蹟、歷史建築的調查研究計劃，出席各縣市政府之古蹟評鑑會議或文化資產議題會議，盡其所能地為臺灣古建築的保存與未來發聲。2011 年榮獲第十五屆臺北文化獎，2016 年榮獲第三十五屆行政院文化獎。

周翔鶴 廈門大學臺灣研究院歷史研究所副教授。

林文龍 南投竹山人，現寓彰化和美。1952 年生，臺灣文獻館研究員。喜吟詠，嗜藏書，旁及文房雅玩。近年，以科舉與臺灣書院研究為重點。著《臺灣的書院科舉》、《彰化書院與科舉》、《臺灣科舉家族──新竹鄭氏人物與科名》，以及《掃籜山房詩集》、《陶村夢憶雜詠》等集。別有書話《書卷清談集古歡》，含〈陶村說書〉、〈披卷餘事〉二編。

邱榮裕 臺灣省桃園縣中壢市人，1955 年生，臺灣省立臺北師專、國立臺灣師範大學、日本立命館大學文學碩士、博士。歷任國小、國中教師、臺灣師範大學專任助教、講師、副教授，全球客家文化研究中心主任；兼任中央大學客家學院副教授、臺灣大學客家研究中心特聘副研究員、中華民國斐陶斐榮譽學會榮譽會員等；曾任國立臺灣師範大學校友總會秘書長、臺灣客家研究學會第六屆理事長、考試院命題暨閱卷委員、客家委員會學術暨諮詢委員、臺北市客家事務委員會委員等。

學術專長領域：臺灣史、客家研究、文化資產與社區。專書有：《臺灣客家民間信仰研究》、《臺灣客家風情：移墾、產業、文化》、《臺灣桃園大溪南興庄纘紳公派下弘農楊氏族譜》、《傳承與創新：臺北市政府推展客家事務十週年紀實（民國 88 年至 98 年）》、《臺北市文獻委員會五十週年紀念專輯》等，並發表相關研究領域學術研討會論文數十篇。

徐曉望　生於 1954 年 9 月，上海人。經濟史博士。現為福建社會科學院歷史研究所研究員，閩臺文化中心主任。2000 年獲評國務院特殊津貼專家，2012 年獲評福建省優秀專家，2016 年獲評福建省文史名家。廈門大學宗教研究所兼職教授，福建師範大學歷史系兼職教授，福建省歷史學會副會長。2006 年被聘為福建師範大學社會歷史學院博士導師。主要研究方向為明清經濟史、福建史、海洋史等。發表專著 30 餘部，發表論文 300 餘篇，其中在《中國史研究》等核心刊物上發表論文 100 餘篇，論著共計 1000 多萬字。主要著作有：主編《福建通史》五卷本 186 萬字，《福建思想文化史綱》40 萬字，個人專著有：《福建民間信仰源流》《閩國史》《福建經濟史考證》《早期臺灣海峽史研究》《媽祖信仰史研究》《閩商研究》《明清東南山區經濟的轉型——以閩浙贛邊山區為核心》等；近著有：《福建文明史》《福建與東南：海上絲綢之路發展史》等。獲福建省社會科學優秀著作一等獎一次，二等獎三次，三等獎二次。

康　豹　1961 年在美國洛杉磯出生，1984 年耶魯大學歷史系學士，1990年美國普林斯頓大學東亞系博士。曾經在國立中正大學歷史研究所與國立中央大學歷史研究所擔任過副教授和教授。2002 年獲聘為中央研究院近代史研究所副研究員，2005 年升等為研究員，並開始擔任蔣經國國際學術交流基金會研究室主任。2015年升等為特聘研究員。研究主要集中在近代中國和臺灣的宗教社會史，以跨學科的方法綜合歷史文獻和田野調查，並參酌社會科學的理論。

陳小沖　1962 年生，廈門大學歷史系畢業。現為兩岸關係和平發展協同創新中心文教平臺首席專家，廈門大學臺灣研究院歷史研究所所長、教授，《臺灣研究集刊》常委副主編。出版《日本殖民統治臺灣五十年史》等多部專著及臺灣史學術論文數十篇。主持或參加多項重大科研課題。主要研究方向：海峽兩岸關係史、殖民地時期臺灣歷史。

陳孔立　1930 年生，現任廈門大學臺灣研究院教授、海峽兩岸和平發展協作創新中心學術委員會委員。曾任廈門大學臺灣研究所所長、中國社會科學院臺灣史研究中心副理事長、中國史學會理事。主要著作有：《臺灣歷史綱要》（主編）、《簡明臺灣史》、《臺灣歷史與兩岸關係》、《臺灣史事解讀》,《臺灣學導論》、《走近兩岸》、《心繫兩岸》、《臺灣民意與群體認同》等。

黃卓權　1949 年生於苗栗縣苗栗市，現籍新竹縣關西鎮。現任客委會諮詢委員、新竹縣文獻委員、國立交通大學客家文化學院客座專家、《關西鎮志》副總編纂。專長臺灣內山開墾史、客家族群史、清代地方制度史。發表研究論著約百萬言，主編「新竹研究叢書」及文史專輯等十餘冊。主要著作：《苗栗內山開發之研究》、《跨時代的臺灣貨殖家：黃南球先生年譜 1840-1919》、《進出客鄉：鄉土史田野與研究》、《古文書的解讀與研究》上、下篇（與吳學明合著）等書；出版詩集《人間遊戲：60 回顧詩選》、《笑看江湖詩選》二冊；參與編撰《新竹市誌》、《獅潭鄉志》、《大湖鄉志》、《北埔鄉志》等地方誌書。

黃美英　政治大學宗教研究所博士生、法鼓佛教學院碩士（主修：佛教史、禪學）。清華大學社會人類學研究所碩士（主修：歷史人類學、宗教人類學、族群史）。臺灣大學中國文學系畢業、臺灣大學考古人類學系肄業。中央研究院民族學研究所研究助理、國立暨南國際大學歷史學系兼任講師。相關學術著作《臺灣媽祖的香火與儀式》、《千年媽祖》及論文二十多篇，主編十多冊書籍。

楊彥杰　男，廈門大學歷史系畢業，長期從事臺灣史和客家研究。歷任福建社會科學院研究員兼臺灣研究所副所長、科研組織處處長、客家研究中心主任、中國閩臺緣博物館館長等職，2014 年退休。代表作：《荷據時代臺灣史》、《閩西客家宗族社會研究》。撰著或主編臺灣史專題、客家田野叢書十餘種，發表論文百餘篇。

蔡相輝　中國文化大學史學研究所博士，歷任任國立空中大學人文學系主任、圖書館館長、總務長等職。現任臺北市關渡宮董事、臺南市泰安旌忠公益文教基金會董事、北港朝天宮諮詢委員、中華媽祖交流協會顧問等職。
著有：《臺灣的王爺與媽祖》（1989）、《臺灣的祠祀與宗教》（1989）、《北港朝天宮志》（1989、1994）《臺灣社會文化史》（1998）、《王得祿傳》（與王文裕合著）（1998）、《媽祖信仰研究》（2006）、《關渡宮的歷史沿革》《關渡宮的祀神》（2015）、《天妃顯聖錄與媽祖信仰》（2016）等專書及論文篇多。

《臺灣史研究名家論集》——總序

　　《臺灣史研究名家論集》即將印行，忝為這套叢刊的主編，依出書慣例不得不說幾句應景話兒。

　　這十幾年我個人習慣於每學期末，打完成績上網登錄後，抱著輕鬆心情前往探訪學長杜潔祥兄，一則敘敘舊，問問半年近況，二則聊聊兩岸出版情況，三則學界動態及學思心得。聊著聊著，不覺日沉西下，興盡而歸，期待半年後再見。大約三年前的見面閒聊，偶然談出了一個新企劃。潔祥兄自從離開佛光大學教職後，「我從江湖來，重回江湖去」（潔祥自況），創辦花木蘭出版社，專門將臺灣近六十年的博碩士論文，有計畫的分類出版，洋洋灑灑已有數十套，近年出書量及速度，幾乎平均一日一本，全年高達三百本以上，煞是驚人。而其選書之嚴謹，校對之仔細，書刊之精美，更是博得學界、業界的稱讚，而海峽對岸也稱許他為「出版家」，而不是「出版商」。這一大套叢刊中有一套《臺灣歷史文化叢刊》，是我當初建議提出的構想，不料獲得彼首肯，出版以來，反應不惡。但是出書者均是時下的年輕一輩博、碩士生，而他們的老師，老一輩的名師呢？是否也該蒐集整理編輯出版？

　　看似偶然的想法，卻也是必然要去做的一件出版大事。臺灣史研究的發展過程，套句許雪姬教授的名言「由鮮學經顯學到險學」，她擔心的理由有三：一、大陸學界有關臺灣史的任務性研究，都有步步進逼本地臺灣史研究的趨勢，加上廈大培養一大批三年即可拿到博士學位的臺灣學生，人數眾多，會導致臺灣本土訓練的學生找工作更加雪上加霜；二、學門上歷史系有被社會科學、文學瓜分，入侵之虞；三、在研究上被跨界研究擠壓下，史家最重要的技藝——史料的考訂，最後受到影響，變成以理代証，被跨學科的專史研究壓迫得難以喘氣。另外，中研院臺史所林玉茹也有同樣憂慮，提出五大問題：一、是臺灣史研究受到統獨思想的影響；二、學術成熟度仍不夠，一批缺乏專業性的人可以跨行教授臺灣史，或是隨時轉戰研究臺灣史；三、是研究人力不足，尤其地方文史工作者，大多學術訓練不足，基礎條件有限，甚至有偽造史料或創

造歷史的情形，他們研究成果未受到學術檢驗，卻廣為流通；四、史料收集整理問題，文獻資料躍居成「市場商品」，竟成天價；五、方法問題，研究者對於田野訪查或口述歷史必須心存警覺和批判性。

　　十數年過去了，這些現象與憂慮仍然存在，臺灣史學界仍然充滿「焦慮與自信」，這些焦慮不是上文引用的表面問題，骨子裡頭真正怕的是生存危機、價值危機、信仰危機，除此外，還有一種「高平庸化」的危機。平心而論，臺灣史的研究，不論就主題、架構、觀點、書寫、理論、方法等等。整體而言，已達國際級高水準，整個研究已是爛熟，不免凝固形成一僵硬範式，很難創新突破而造成「高平庸化」的危機現象。而「高平庸化」的結果又導致格局小、瑣碎化、重複化的現象，君不見近十年博碩士論文題目多半類似，其中固然也有因不同學門有所創見者，也不乏有精闢的論述成果，但遺憾的是多數內容雷同，資料重複，學生作品如此；學者的著述也高明不到哪裡，調研案雖多，題材同，資料同，析論也大同小異。於是乎只有盡量挖掘更多史料，出版更多古文書，做為研究創新之新材料，不過似新實舊，對臺灣史學研究的深入化反而轉成格局小、理論重複、結論重疊，只是堆砌層累的套語陳腔，好友臺師大潘朝陽教授，曾諷喻地說：「早晚會出現一本研究羅斯福路水溝蓋的博士論文」，誠哉斯言，其言雖苛，卻是一句對這現象極佳註腳。至於受統獨意識形態影響下的著作，更不值得一提。這種種現狀，實在令人沮喪、悲觀，此即焦慮之由來。

　　職是之故，面對臺灣史這一「高平庸化」的瓶頸，要如何掙脫困境呢？個人的想法有二：一是嚴守學術規範予以審查評價，不必考慮史學之外的政治立場、意識形態、身分認同等；二是返回原點，重尋典範。於是個人動了念頭，很想將老一輩的著作重新整理，出版成套書，此一構想，獲得潔祥兄的支持，兩人初步商談，訂下幾條原則，一、收入此套叢書者以五十歲（含）以上為主；二、是史家、行家、專家，不必限制為學者，或在大專院校、研究機構者；三、論文集由個人自選代表作，求舊作不排除新作；四、此套書為長期計畫，篩選四、五十位名家代表

作，分成數輯分年出版，每輯以二十位為原則；五、每本書字數以二十萬字為原則，書刊排列起來，也整齊美觀。商談一有結論，我迅即初步擬定名單，一一聯絡邀稿，卻不料潔祥兄卻因某些原因而放棄出版，變成我極尷尬之局面，已向人約稿了，卻不出版了。之後拿著企劃書向兩家出版社商談，均被婉拒，在已絕望之下，幸得蘭臺出版社盧瑞琴女史遞出橄欖枝，願意出版，才解決困局。但又因財力、人力、市場的考慮，只能每輯以十人為主，這下又出現新困擾，已約的二十幾位名家如何交代如何篩選？兩人多次商討之下，盧女史不計盈虧，終於同意擴大為十五位，並不篩選，以來稿先後及編排作業為原則，後來者編入續輯。

　　我個人深信史學畢竟是一門成果和經驗累積的學科，只有不斷累積掌握前賢的著作，溫故知新，才可以引發更新的問題意識，拓展更新的方法、理論，才能使歷史有更寬宏更深入的研究。面對已成書的樣稿，我內心實有感發，充滿欣喜、熟悉、親切、遺憾、失落種種複雜感想。我個人只是斗膽出面邀請同道之師長友朋，共襄盛舉，任憑諸位自行選擇其可傳世、可存者，編輯成書，公諸同好。總之，這套叢書是名家半生著述精華所在，精彩可期，將是臺灣史研究的一座豐功碑及里程碑，可以藏諸名山，垂範後世，開啟門徑，臺灣史的未來新方向即孕育在這套叢書中。展視書稿，披卷流連，略綴數語以說明叢刊的成書經過，及對臺灣史的一些想法、期待與焦慮。

卓克華

2016.2.22 元宵　於三書樓

《臺灣史研究名家論集》──推薦序

陳支平教授在《臺灣史研究名家論集》第一輯之《推薦序》裡精闢地談論海峽兩岸學者共同參與「臺灣史研究」學科建設的情形,並謂「《臺灣史研究名家論集》,在一定程度上體現了當今海峽兩岸臺灣史學術研究的基本現狀和學術水準。這套論集的出版,相信對於推動今後臺灣史研究的進一步開拓和深入,無疑將產生良好積極的作用」。誠哉是言也!

值此《臺灣史研究名家論集》第二輯出版之際,吾人亦有感言焉。

在中國學術史上不乏「良好積極」的示範:一套叢書標誌著一門學科建設的開啟並奠定其「進一步開拓和深入」的基礎。

譬如,1935─1936 年間,由編輯家、出版家趙家璧策劃,蔡元培撰序,胡適、鄭振鐸、茅盾、魯迅、鄭伯奇、阿英(錢杏邨)參與編選和導讀,上海良友圖書公司編輯出版了十卷本《中國新文學大系》。於今視之,《中國新文學大系》之策劃和序論、編選與導言、編輯及出版,在總體上標誌著「中國新文學史研究」學科建設的開啟並為其發展奠定基礎。

「臺灣史研究」的學科建設亦然。1957─1972 年間出版的《臺灣文獻叢刊》具有發動和發展「臺灣史研究」學科建設的指標意義和學術價值。1988 年 1 月 30 日至 2 月 1 日在臺北舉辦的「臺灣史學術研討會」開始有邀請大陸學者、邀請陳孔立教授「共襄盛舉」的計畫。由於政治因素的干擾,陳孔立教授未能到會,他提交了論文《清代臺灣移民社會的特點》,由臺灣學者尹章義教授擔任評論人。陳孔立、尹章義教授的此次合作,值得記取,令人感慨!2005 年,陳支平教授主持策劃的《臺灣文獻彙刊》則是大陸學者對於「臺灣史研究」學科建設的一大貢獻。

在我看來,作為叢書,同《臺灣文獻叢刊》、《臺灣文獻彙刊》一樣,《臺灣史研究名家論集》對於「臺灣史研究」學科建設的意義和價值堪當「至重至要」四字評語。

《臺灣史研究名家論集》第二輯的作者所顯示的學術陣容相當可觀。用大陸學界的習慣用語來說,陳孔立教授、尹章義教授及其他各位教授

均屬於「臺灣史研究」的「學科帶頭人」、「首席學者」一類的人物。

　　臨末，作為學者和讀者，我要對出版《臺灣史研究名家論集》的蘭臺出版社與籌劃總主編卓克華教授表達敬意。為了學術進步自甘賠累，蘭臺出版社嘉惠學林、功德無量也。

汪毅夫

2017 年 7 月 15 日記於北京

《臺灣史研究名家論集》──編後記

　　《臺灣史研究名家論集》〈二編〉就將編校完成，出刊在即，蘭臺出版社編輯沈彥伶小姐，來電囑咐寫篇序，身為整套論集叢書主編，自是不容推辭。當初構想在每編即將出版時，寫篇序，不過（楊）彥杰兄在福州一次聚會中，勸我不必如此麻煩，原因是我在《初編》中已寫過序，將此套書編集成書經過、構想、體制，及對現今研究臺灣史的概況、隱憂都已有完整交待，可作為總序，不必在每編書前再寫篇序，倒不如在書後寫篇〈編後記〉，講講甘苦談，說說些有趣的事兒，這建議非常好，正合我意，欣然同意！

　　當初以為我這主編只要與眾位師長、好友、同道約個稿，眾志成城，共襄盛舉就好了，沒想到事非經過不知難，看似簡單不過的事兒，卻曲折不少。簡言之，有三難，邀稿難，交稿難，成書更難。此話怎說？且聽我一一道來：

　　一、邀稿難：這套論集是個人想在退休前精選兩岸臺灣史名學者約40-50 位左右，將其畢生治學論文，擇精編輯，刊印成書，流傳後世，以顯現我們這一代學人的治學成績。等到真的成形，付諸實踐，頭一關便遇到選擇的標準，選誰？反過來說即是不選誰？雖然我個人對「名家」的標準指的是有「名望」，有「資望」，尤其是有「重望」者，心中雖有些譜，但真的擬定名單時，心中卻忐忑不安，擔心得罪人。一開始考慮兩岸學者比例，以三分之二、三分之一為原則，即每編 15 位學者中，臺灣學者 10 人，大陸學者 5 人，大陸學者倒好處理，以南方學者為主，又集中在廈門大學。較困難的是北方有那些學者是研究臺灣史的？水平如何？不過，幸好有廈大諸師友的推薦過濾，尚不構成困擾。較麻煩的反倒是臺灣本地學者，列入不列入都是麻煩，不列入必定會得罪人，但列入的不一定會答應，一則我個人位卑言輕，不足以擔此重任，二則有些學者謙虛客套，一再推辭，合約無法簽定，三則或已答應交給某出版社出版，不便再交給蘭臺出版社，四則老輩學人已逝，後人難尋，難以

簽約。最遺憾是有些作者欣然同意，更有意趁此機會作一彙編整理，卻不料前此諸多論文已賣斷給某出版社，經商詢該出版社，三番兩次均不答應割愛，徒呼奈何。此邀稿難。

二、交稿難：我原先希望作者只要將舊稿彙整擇精交來即可，以15萬字為原則，結果發現有些作者字數不足，必須另寫新稿，但更多的作者都是超過字數，結果守約定的學者只交來15萬字，因此割愛不少篇章，不免向我訴苦，等出版社決定放寬為20萬字時，已來不及編輯作業，成為一大憾事。超過的，一再商討，忍痛割捨才定稿。更有對昔年舊稿感到不滿，重新添補，大費周章，令我又佩服又慚愧。也有幾位作者真的太忙，拖拖拉拉，一再延遲交稿，幸好我記取《初編》經驗，私下有多約幾位作者，以備遞補，遲交的轉成《三編》、《四編》。但最麻煩的是有一、二位作者遲遲不簽合約，搞得出版社不敢出版，以免惹上著作權法的法律問題。

三、成書難：由於不少是多年前的舊稿，作者雖交稿前來，不是電子檔，出版社必須找人重新打字，不免延擱時間。而大部份舊稿，因是多年前舊作，參考書目，註釋格式，均已改變，都必須全部重新改正，許多作者都是有年紀的人，我輩習慣又要親自校對，此時已皆老眼昏花，又要翻檢原書，耗費時日，延遲交稿，所在皆是。而蘭臺出版社是一家負責任且嚴謹的公司，任何學術著作都要三校以上才肯出版，更耗費時間。

不可思議的在《二編》校對過程，有作者因年老不慎跌倒，顱內出血；或身體有恙，屋漏偏逢連夜雨，居然又逢車禍；或有住家附近興建大廈，整日吵雜，無法專心校對，又堅持一定要親自校對……等等，各種現象都有，凡此都造成二編書延遲耽擱（原本預計九月底出版），而本論集又是以套書形式出版，只要有一本耽誤，便影響全套書出版。

邀稿難，交稿難，成書更難，這是我個人主編《臺灣史研究名家論集》最大的切身感受，不過忝在我個人自願擔負此一學術工程的重大責任，這一切曲折、波折都是小事，尤其看到即將成書的樣稿，那心中的

喜樂是無法言宣的，謝謝眾位賜稿的師友作者，也謝謝鼎力支持，不計
盈虧的蘭臺出版社負責人盧瑞琴女士。

卓克華

106 年 12 月 12 日　於三書樓

周翔鶴

臺灣史研究名家論集

(二編)

蘭臺出版社

目　錄

清代臺灣給墾字研究

本文試圖通過對清代臺灣的契約文書形式之一——給墾字的研究，對清代臺灣的小農作一些探討。

康熙 22 年清廷統一臺灣之後，大量福建、廣東移民來到臺灣，開墾荒地謀生。其中有錢有勢的人向清政府遞上一紙稟呈，即可請領大片荒地，然後再將荒地租給小農耕種。俗稱前者為業戶（或業主），後者為佃戶。他們之間訂立的契約文書習稱「給墾字」（或「給佃批」等等。先住民受到漢人習慣的影響，也將自己佔有的土地租給漢人耕種，訂立的契約也稱給墾字，本文僅研究漢人之間的給墾字）。

臺灣銀行經濟研究室編纂的臺灣文獻叢刊第 152 種《清代臺灣大租調查書》第二章漢大租·第二節「給墾字」及臺灣文獻叢刊第 150 種《臺灣私法物權篇》共收有此類文書 102 份。起訖時間為雍正初至光緒末（包括日據初期）。

給墾字不僅記載了佃戶租佃的土地數量、交納的地租數量，還包含有當時佃戶和業主間的種種訊息。

以下是幾份典型的給墾字：

（三）[1]

　　立招佃人業戶李朝榮，明買有大突青埔一所，坐落土名巴劉巴來，東至柳仔溝埤為界，西至大溝為界，南至入社大車路為界，北至黃部傑屋後港為界，四至明白。今有招到李思仁、賴束、李祿亭，梁學俊等前來承贌開墾，出得埔銀六十五兩正，情愿自備牛犁方建築陂圳，前去耕墾，永為己業。歷年所收花利照莊例一九五抽的，及成田之日，限定經丈八十五石滿斗為一甲，每一甲經租八石，車運到港交納。二比甘愿，日後不敢生端反悔，增加減少，亦不敢升合拖欠；如有拖欠定額，明官完討。口恐無憑，立招佃一紙存照。

　　即日收過埔銀完，再照。

---

[1] 本文中文書引自《大租調查書》者僅注明文書在該書中的序號。

雍正十年十月　　日

立招佃人　李朝榮

（五）

本宅承買惡馬草地一所，立名德頤莊，現在開圳灌溉禾苗，招佃墾耕，上供國課，下給家計。茲據佃人張強，備銀五兩前來承購，犁份一張，照官尺丈明配田六甲，又每張犁份議貼水圳銀三兩。其犁分銀五兩業已收明外，所有水圳銀，俟水開到田之日，立即交明，以資工費，不得拖欠。其地丈明，付與該佃自備牛工、種籽，蓋房居住，前去墾種為田。至該佃應納租粟，以雍正十二年為始，每甲照莊例：初年納粟四石，次年納粟六石，第三年納粟八石，永為定例。俱系滿斗，經風搧淨，車運至鹿仔港、水裏港船頭交納，無論豐歉，開透不透，按甲輸納，不得藉端少欠升合。至該佃所耕之田，如欲變退下手頂耕，及招夥幫耕，務須先報明頭家查明誠實的人，方許承招，不得私相授受。在莊務須恪守莊規，不許聚賭、容匪、打架、宰牛等項；如有違犯，立即呈官究逐出莊，不得藉端生事。合給佃批，付執為照。

雍正十一年十月　　日。

德頤莊業　　□□□

（九）

立給佃批南坎茅莊業主周添福，有前年明買番地一所，土名虎茅莊，經請墾報課在案。今有佃人葉廷，就於本莊界內虎茅莊認耕犁份二張，每張以五甲為準，不得多佔埔地，拋荒誤課。開築圳水，佃人自出工力開水耕種，歷年所收稻穀及麻苴雜子，首年、次年照例一九五抽，每百石業主一十五石，佃人得八十五石；至第三年開成水田，照例丈量，每甲約納租穀八石滿斗，雖年豐不得加增，或歲歉亦不得短少。務備乾淨好穀，聽業主煽鼓，約車至船頭交卸；如有短欠租穀，將田底聽業主變賣抵租。若無租穀拖欠，日後佃人欲將田底別售他人，務須向業主言明，另換佃批頂耕，不得私相授受，合給批付照。

乾隆四年十二月　　日給。

　　這是雍正、乾隆年間的三份文書。我們可以將文書的內容分為三部分來研究：1、土地開墾的投資；2、業佃關係；3、地租形態。

　　從文書中可以看出開墾投資大部分由佃戶負擔，表現為佃戶往往是自備工本進入生產的。如三號文書李思仁「自備牛犁方建築埤圳，前去耕墾」，五號文書張強「自備牛工種籽，蓋房居住，前去墾種為田」，佃戶又常常要負擔水利設施的費用，如李思仁等要「建築陂圳」；張強則要付出「水利銀」，「每張犁分議貼水銀三兩……俟水開到田之日立即交明，以資工費，不得拖欠」，葉廷則是「開築圳水，佃人自出工力」，等等。此外，很多佃戶租佃土地時要交付一筆現金，如李思仁等付出埔銀 65 兩，張強付出犁分銀 5 兩，等等。這筆現金不是生產性投資，卻常常是進入生產前非付出不可的。關於業佃間的關係，五號文書和九號文書表明佃戶離開土地時，業主關心的是「另換佃批頂耕，不得私相授受」而已，而其他關係有五號文書業主提出的佃戶「恪守莊規」的要求。至於有關地租形態的訊息，如佃戶交納的，地租或分成或定額，分成都是「一九五抽，每百石業主得一十五石，佃人得八十五石」（九號文書），定額則是水田每甲八石[2]，等等。

　　當然，每份文書所記載的情況不盡相同，有的簡略含糊，有的稍許詳細，只有綜合了各份文書之後，才能較為全面地觀察問題。因此下面以 102 份文書為主，結合其他資料，對清代臺灣的佃戶的經濟狀況、身份地位、租佃關係等等問題作一些分析。

一、佃戶的經濟狀況

　　關於佃戶的經濟狀況，這裡主要研究他進入生產時的經濟能力。綜合所有給墾字來看，佃戶進入生產時都是具有一定經濟能力的。這表現為為了租墾業主的荒地，他須付出：1、犁分銀（或稱埔銀等等）；2、水利設施投資；3、牛、犁等工本。除上引三份文書以外，這些情況大

---

[2]　「甲」為明清時期臺灣地區慣用的面積單位。一甲約當 11.3 清畝。

量反映在其他文書之中。

　　比如犁分銀，第 16 號文書表明，乾隆 19 年佃戶陳宅為租種業主肖聯豐旱地二垮，付出銀元 20 大元，2 號文書表明乾隆 28 年佃戶莊乞觀，莊尾觀為租種林廖亮荒地一處，付出銀元 30 大元，80 號文書表明，道光 24 年佃戶莊祥老付出銀元 6 元向業主陳靜租種荒地一所，等等。102 份給墾字中，載明付出犁份銀的有 52 份，占一半強。付出了犁份銀的佃戶一般都能獲得永佃權，如三號文書載明佃人付出埔銀，能將土地「永為己業」。

　　又如水利投資，文書表明佃戶負擔投資的狀況也不少，而且情況比較多樣，有全歸佃戶負擔，如上引 9 號文書佃戶葉廷認墾業主周添福番地，約定：「開築圳水，佃人自出工力」，第 36 號文書，第 49 號文書約定「凡有修築埤圳及顧水工粟等費，均系耕佃自行鳩出，不干佃主之事」等等。有的是業佃共同投資，如 35 號文書約定「至築陂圳，鄉勇公費，業三佃七均派」，佃戶負擔大頭。往往是在平地，大的陂圳主佃均派，田頭小圳佃戶自己負責，因為大圳可能澆灌同一業主的許多佃戶的土地。如 19 號文書所言：「若遇築大陂圳水，業四、佃六均派；田頭小陂圳水，佃人自備工力，不得推諉。」如果水利設施全由業主負擔，佃戶就要付出相應現金或水租，如上引 5 號文書佃戶張強所付水銀 3 兩，又如 68 號文書言明「圳費，悉依例完納」等等。至於山坡小塊土地，無法修築、利用大陂圳，往往建築池塘小圳，費用就全歸佃戶負擔。明確提到佃戶負擔水利投資的文書有 25 份，數量較少，但許多文書載明「自去開成水田」，「日後若成水田」等語，說明從荒地到水田是由佃戶開墾完成，水利自是歸佃戶自己負責。

　　至於工本，一般文書只是提「自備牛工種籽，蓋房居住」之類的話語。實際上的工本應包括生產投資和生活費用。水利投資是生產投資中大項，上面已獨立出來分析，其他生產投資應當包括牛、農具、肥料、種籽等，而生活費用內容則比較活，具體我們將在下面分析。在 102 份文書中明確提到佃戶自備工本的文書有 53 份，亦占一半多。另外一小半未提佃戶自備工本的文書，也很有可能認為社會慣例，不言自明罷

了。清初臺灣的開墾高潮中當然也存在業主備辦農具，招佃開墾情況。但從契約文書的統計上來看，這種情況並不多見。實際上，在 102 份給墾字中，只發現 1 份，第 10 號文書載明業主「整頓農棋，招至西螺新街佃戶高宗基等前來認主立單，開墾耕種」，似乎業主提供了部分工本。53 和 1 之比，說明佃戶自備工本情況是占壓倒多數的。

　　從上述情況來看，佃戶大多是擁有一定工本的，這是一筆不小的投資。以下我們來估計這筆投資的大小。

　　1、先看犁分銀。「大租調查書」所收的給墾字當中，除了個別租佃已墾成的水田犁分銀高達 30 大元（65 號文書，68 號文書）以外，一般犁分銀多為幾元至幾十元不等。雍正，乾隆年間，荒地較多，佃戶租墾的面積較大，所付出的犁分銀多為二位數。嘉道以降，荒地數量已大為減少，佃戶所墾的很多是地頭零星小段，往往只有幾分幾厘[3]，所付出的犁分銀也就只有幾元，但租佃水田的佃戶一般還是要付出幾十元犁分銀的。為說明情況，筆者根據「調查書」中載有犁分銀具體數目的 48 份文書製成以下表格。

年代	土地類別	文書份數	犁分銀總數	每份文書犁份銀平均數	備註
雍正 7 年－乾隆 60 年	荒地、旱地	12	691.5 元	57.625 元[4]	
嘉慶 8 年－光緒 9 年	荒地、旱地	26	433.047 元	16.656 元	包括隘租 8 例
嘉慶元年－光緒 9 年	水田	10	928 元	92.8 元	有兩例數量達 300 以上

　　上表只能表示一個大致的情況，除去少數偏高偏低的例子，大約可以認為一般佃戶所付犁分銀在 20-50 元之間。

　　2、再看生產投資。先說水利。大陂圳投資浩大，一般來說只有資力雄厚的業主才負擔得起。如有名的八堡圳、曹公圳、葫蘆墩圳等即是

---

[3]　此處「分」「厘」是相對於甲。1 甲＝10 分；1 分＝10 厘。

[4]　雍、乾年間尚有用銀兩者。此處通按六八銀之例，以每一銀元當 0.68 兩計折算成銀元。

大業主投資幾萬幾十萬修築的，佃戶一般或付圳費或交納水租即可引水灌溉，但田頭小圳還得佃戶自己負擔。對佃戶來說圳費加上田頭小圳當耗去他近 10 元的投資。如 4 號文書所示，雍正 1 年佃戶王及歡佃種業主楊秦盛荒地 5 甲，每甲貼水利銀 1 兩 1 分，應交水利銀 5.5 兩，合 8.088 元。田頭小圳費用假設只當水銀四分之一，佃戶王及歡的水利投資就達 10 元。這種情況多在大片平地。在小塊土地上，只能修築小圳，水利往往就全歸佃戶負擔了。佃戶的投資中就包含了許多體力勞動。如上述 100 號文書所載佃戶藍對租種業主郭的荒地：「其埔地原係旱瘠之所，並無大溪引水通流灌溉……係佃人勤勞，即就本處築陂鑿圳，引水溝墾闢耕種。」

　　但修築陂圳當然並非純系體力之舉，尚要請幫工，材料，工具之費，數元至 10 元的投資當不是過高估計。實際上，中小陂圳的投資往往不是很低的。比如光緒 2 年林廷儀等向南路招撫局請墾南部楓港莊附近涼傘埔一帶「約可開水田十餘甲」，其中第一項投資就是開圳，估計要工本 80-90 元[5]。每甲土地的水利投資近 10 元。每個佃戶即使只墾 1 甲的話，水利投資也是近 10 元。總之，我們將佃戶的水利投資估計為 10 元左右大約不會過高的。再說牛。這也是主要生產投資之一。清初臺灣牛可能比較多。荷據時期將牛放於山野自然孳牧，因此明代末期及清初尚有許多野牛可供捕捉馴養成耕牛。隨著清代大規模的開發，野牛日漸稀少，佃戶獲得牛的正常途徑只有購買[6]。臺灣各地都有牛墟適應這種需要。清代初、中期確切牛價如何今已難詳，唯清季尚留下一些資料供我

---

[5]　《臺灣私法物權篇》第一冊，第一章總論。

[6]　清代臺灣開墾高潮中，漢人移民和先住民都有畜牛以賣者。前者如《恆春縣誌》所載：「牛，有黃牛、水牛兩種：黃牛角短而有胡，其色黃，水牛角長而曲上，其色或白或黑。恆春，水牛居多；養牛，家有數十百隻至數百隻者，縱放山林、川澤之間，任其游息，不加羈勒，至有孳，主者不覺。往年盜牛之賊，外來者甚夥。嗣經縣中設法通稟，一面飭令各總理隨時稽查；凡有買牛出境者，必須先領單照，每一牛，給一單，單上蓋有縣印。恆邑惟沿海一路可達鳳山、郡城。復於枋山頭設立牛卡，派司巡察。所收單費，充為義塾花紅。於是奸宄不能入境，而盜牛之案稍有間矣。」（《恆春縣誌》產物二〇葉）後者如排灣，阿美兩族曾畜牛以賣漢人。參閱顏興：「臺灣鄉土社會中所見之牛」，載《臺南文化》第五卷，第二期。

們推測。據臺灣學者王世慶對清季南部灣裡，樸子腳、鐵線橋街、鹽水港幾個牛墟的研究，水牛最低價格為 15 元，最高為 53 元，一般大約在 25-35 元之間；黃牛最低 19 元，最高 40 元，一般大約在 20-30 元之間。取其平均，一頭耕牛以 25-30 元計當是適中。實際上清季南路招撫局提供給佃農的水牛每頭估銀也是 25 元。[7]沒有耕牛是無法進行開墾的，以每個佃戶擁有耕牛一頭計，我們將佃戶在耕牛上的投資估計為 25-30 元。

再說農具。今日也很難知道當初農具的確切價格，但如果我們瞭解到從開墾到日常耕作所需的各種農具是如何繁多的話，將會理解這對佃戶來說並不是可以忽略的投資。據光緒 5 年臺南招撫局的移交冊所列舉，農具有斧頭、草刀、鐵鋸、柴刀、麻袋、水桶、大尖犁頭，大雙南壁（犁頭壁），雙割鈀刀、鐵齒鈀、鋤頭、河工鋤頭，砍樹刀，灣刀、熟鐵禾鍬，鋤等大小十多種[8]。光緒 2 年，南路招撫局發給每個佃農一副農具，其值 5 元。這一副農具是否包含了上列那麼多項就不得其詳，但犁、耙等主要農具應包含在內，所以低估的話，農具的投資要花費佃戶現金 5 元。

最後我們來看種籽。清代閩南、臺灣一般每畝田需種子 1 斗，則 1 甲需種籽 1 石 1 斗左右。以石穀 0.75 元計，每甲需種子費 0.825 元。開墾 1-5 甲荒地的佃農須付種子費 0.825－4.125 元。

至於肥料，開墾之初地力肥厚，一般皆不須施肥，這裡就不考慮了。

現在我們來小結一下，佃戶須付出的生產投資有：

水利：10 元；牛：25-30 元；
農具：5 元，種籽：0.825 元－4.125 元；
總共大約需要 40-50 元左右。

3.最後看生活費用。佃戶無論佃種荒地或熟田，都要預付自己頭一年的生活費用。這方面的原始材料最少，只有零星片段。筆者限於條件尚未見到有關論述，很難確切測算，只能作大約的估計，力求近似而已。

---

[7]　《臺灣私法物權篇》第一冊第二章總論第一節「土地開墾之沿革」第二稟呈。
[8]　《臺灣私法物權篇》第一冊第一章總論第「土地開墾之沿革」第十移交冊。

生活費用是一個伸縮性很大的項目，其內容和數量都因人而異，一般說來除了衣食住行以外，尚應包括醫藥、祭賽、婚喪嫁娶、娛樂等費用。由於材料闕如，無法一一估計，此處只能分為住和衣、食、行、醫等等其他一應費用二項。

　　先說住。這是佃戶需自己負擔的。如上述 3 號文書載佃戶張強是「自備牛工種子、蓋房居住」的；又如 19 號文書佃戶徐時偉也是「自備工費，牛隻，架造田寮」即自己蓋房居住的。其他文書載明佃戶自己蓋房居住者還很多。當然，佃戶住房最早應是相當簡陋的，但即使簡陋，再加上起碼的碗筷，床、椅等傢俱，也要花去數元。上述清季南部涼傘埔招墾，南路招撫局是「每佃一名，給銀 6 元，由其自行搭蓋（住房）」的。我們將住估計為 6 元大約差不多。再說衣食等其他費用。清季南路招撫局對於從大陸招來的墾民是「俟到地開墾起，前六個月，每名每日給銀 8 分，米 1 升，……後六個月田地漸次墾辟，應減為每名每日給銀 4 分，米半升」[9]。以此，一名佃人每年須米 2.735 石，銀 21.9 兩（合 32.206 元）。米以石 1.5 元[10]計，則共合銀 36.3085 元。招撫局的銀米同上述牛、農具都是先墊支給墾民，然後分 5 年攤還的。而租種業主土地的佃戶是自備工本的，其中就包括這 36 元多的衣食費用。和上面的住房合計，佃戶頭年應預付自己的生活費用約 42 元。

　　綜上所述，我們總結一下佃戶進入生產所需付出的費用有：

　　犁分銀 20-50 元；生產投資 40-45 元，生活費用 42 元。

　　總計大約為 100-145 元。當然，每個佃戶的情況不盡相同，如有的不須付出犁分銀，但要花費巨大的工本自己修築陂圳，有的佃種已墾成的水田，無須投資水利，但犁分銀高昂，實際上犁分銀當中已包含了水利投資。社會習慣已將這些情況都包含在內，反映出來的就是上述的平均水準。

　　考慮到部分生產投資和生活費用依據清季水準進行估算，而清季物

9　《臺灣私法物權篇》第一冊第一章總論第一節「土地開墾之沿革」第五稟呈。

10　本文中的米價和穀價取乾嘉年代常年平穩的價格。參閱周省人「清代臺灣米價志」載《臺灣研究叢刊》。

價比清初、中期為高，所以總的來說，我們低估一下，平均每個佃戶大約須付出投資 80-100 元左右。

　　大洋 100 元，這是一筆不小的資金了。擁有這筆資金的佃戶已是完全意義上的佃農了，即他擁有較完備的生產資金和生活資金，所缺者只是土地而已。清代初期，這種完全意義上的佃農已大量出現在南方[11]。在東南沿海地區人多地少的情況下，其中一部分移民臺灣是完全可能的。本文一方面對這種完全意義上的佃農作量上的具體考察，另一方面也就考察了清代渡臺高潮中大陸移民的經濟狀況。在臺灣史研究中有一種傳統看法，認為清代臺灣的開發高潮中，渡臺的大陸移民多是赤手空拳的破產農民，需依賴業主提供牛種工本方能進入生產，因此受業主的控制。據上面分析的結果看，筆者認為這種看法需要修正，除了破產農民以外，渡臺的移民中應當還包含大量尋求土地的完全意義上的佃農。他們和破產農民一道構成了臺灣中部、北部、東部和最南部的開發主力。清人陳夢琳於康熙 56 年撰寫《諸羅縣誌》時說：「則業主給牛種於佃丁而墾者十之六七也，其自墾者三、四已耳。」似乎康熙年間已有少數移民具有自墾的經濟能力。雍乾以後的移民浪潮中，具有這種經濟能力的大陸移民當更多。他們有的自墾，有的作為業主的佃戶。由於他們具有的經濟能力，他們無論在身份上、經濟上都是獨立的，不依賴於業主的，以下對此作進一步分析。

二、佃戶的身份狀況

　　從給墾字來看，關於佃戶和業主間的關係，大約有兩個方面的記載：
1、佃戶可以轉移，只要不欠地租，業主無權留難。
2、業主要求佃戶遵守莊規。
　　前者表現在大量文書都訂明佃戶離開業主土地的條件只是不欠租穀，而業主關心的是對新佃戶明確自己的權利。

---

[11] 參閱方行「清代前期小農經濟的再生產」載《歷史研究》1984 年第 4 期。

　　除了上引 3 份文書以外，其他如 14 號文書聲明「倘若（佃戶）別圖生理，欲轉退他人，須向業主言明，不得私相授受」、19 號文書言明「倘回唐別創，擇其誠實之人頂退，預報業管，不得私相授受」等等。可以說所有的文書在這一點上都是一致的，說明佃戶是經常轉移的，有的是回大陸祖籍，有的是另求發展，大量荒地的存在為這種轉移提供了條件。

　　至於莊規，則多出現在早期的文書上。其內容，前引 5 號文書所載「在莊務須恪守莊規，不許聚賭、容匪、打架、宰牛等項，如有違犯，立即呈官究逐出莊，不得藉端生事」最為概括，其他文書所載均不過此。細察此等莊規，多表現為一種社會道德規範，治安方面的準則而非對業主個人的義務。檢視所有給墾字並未發現載有佃戶應對業主負有任何個人義務。相反，從文書上的稱呼來看，業佃之間的關係是平等的。早期給墾字中很多客氣地稱呼佃戶為兄者，如 6 號文書載乾隆元年業主張承祖（按：張為開發臺中地區的著名的六館業戶之一）將埔地一所贌於佃戶謝登南兄，14 號文書業主何周沈稱佃戶王福秀哥等等。後期給墾字對佃戶的客氣稱呼為觀，官等。如 83 號文書業戶陳五雲稱佃戶為陳隨觀，陳和觀，8 號文書墾戶首陳化成稱佃戶為陳壽官等（按：今日閩南語亦有客氣稱呼某人為某某官者）。其他尚有多例，不贅。在業佃間身份不平等的情況下，應是不會出現這種稱呼的。當然，這種名義上的平等並不排除現實生活中業主對佃戶的控制，只是這種控制並非以往存在人身依附時地主個人對農民的控制，而是通過鄉族勢力來實現對佃戶的控制的。上述莊規即可視為鄉族勢力控制的形式。康雍年間開墾高潮方始形成之時，移民雖多以同籍同鄉聚居，宗族及鄉治制度尚未形成，業主即成了鄉族勢力的代表而以莊規來要求佃戶。至後期，鄉治與宗族日趨完備時，業主雖仍在其中起重要作用，但莊規卻以鄉約的形式表現出來，而不再體現在土地文書上。據「大租調查書」所收給墾字統計，雍正乾隆年間的 41 份文書中，有 15 份載明莊規要求。及至嘉慶道光年間，有這種要求的只有 4 份。咸豐同治以降則已不見了，而通鄉合約的形式卻已出現了。如咸豐年間粵籍移民聚居的老東勢、塘堵、新屋等莊管事、

業主、頭家立合約即聲明「立合約字，老東勢莊管事黃粵欽、業主吳恒記，暨塘堵、新屋等莊頭家為會議章程，以嚴約束，以安善良事。……我粵莊僑居臺陽……已數百年矣。……間有無知；不法之徒，恃強藉端滋擾，擅敢糾惡，逾莊搶奪，此等舉動兇橫何極。況我莊中，耕種之人居多，凡牛只雜物，所關甚巨。近屢遭不法之輩強搶，於此不究，其何以堪。為此會集我東勢等莊公議，各行約束，嚴立規條，倘有不法之徒，未經投明莊中公親辦理，擅敢恃強藉端滋事，糾惡搶奪，無論本莊各莊匪徒，立即鳴鑼，統眾捕拿，輕則議罰，重則鳴官究治，其一切用費，除事主出三分外，餘俱系通莊田甲均派，力懲橫逆，斷不稍寬緩。立合約數紙，各執為照，庶強橫息，善良以安也（下略）」。[12]

　　這種合約或鄉族勢力對於農民的控制約束於大陸老墾區隨處可見，以下任舉一例，湖南《新化縣誌》載：「新化風俗，嚴禁條，別流品。每村路旁皆有嚴禁差役乘轎坐馬碑，有嚴禁窩竊、私宰、強捉、聚賭碑，有嚴禁私放牛馬羊豚雞鴨踐食禾穀碑，有嚴禁強丐、惡乞、容留生面、無火夜行碑。有倡首捐建石橋、木橋、瓦亭橋碑，有倡首捐修石路坡路碑，有公立交叉路口左往某處碑，有公禁墓山遷葬、公禁墓山伐樹碑，有公設義渡，贍義渡碑，有公禁貧嫁生妻碑，有公禁男賣為奴、女賣為婢碑。凡有關於風俗者，一一申明約束。」[13]

　　總結以上兩點，我們可以說，清代臺灣的佃戶人身是自由的，他們和業主在身份上平等，但受到以業主為代表的鄉族勢力的一定程度的控制。

　　大陸學術界一般認為，自北宋以降，農民對地主已無人身依附關係。清代臺灣在這一點上本來應不存在問題，只是戰前日本學者東嘉生認為業主與佃戶的關係有如歐洲中世紀的莊園主與農奴，業主對佃戶有很大的超經濟強制。他說：「支配階級的墾戶（即業主），根據土地所有，由佃戶剝取剩餘生產物，其物質的基礎即在於此。這樣，豪族擅制之風，

---

[12] 見田井輝雄「臺灣並清代中國的村莊及村莊廟」。據傅衣凌：「論鄉族勢力對中國封建經濟的干涉」轉引。

[13] 據傅依凌「論明清社會的發展與遲滯」轉引。

臺灣遂甚於中國本土。墾戶內則有幾百千甲的土地，外則代表幾百千農民，聲勢顯赫，有如小諸侯。」[14]許多學者已指出東嘉生模式化的錯誤。如臺灣學者陳其南從經濟背景出發指出當時的業主大部分是由一些擁有雄厚資本的富豪組成，他們對土地的投資是純商業性的，他們對佃戶的興趣遠比不上對地租的興趣。陳氏認為：「東嘉生極力想以中古歐洲的此種莊園制度來比擬早期臺灣漢人的開墾組織而強調其封建色彩，但這只是一種很表面的類似。」[15]但實際上如果對佃戶狀況仔細一點考察的話，連這種表面的類似都不存在。

三、地租形態及佃戶的再生產能力

清代臺灣開墾過程中的地租形態問題是大家很熟悉的，對於清代臺灣的大小租制已有相當多的研究，此處不想重複。這裡只簡單地明確一下地租形態之後，結合其數量問題來探討一下佃戶的再生產能力。

給墾字中所載的地租形態分成制與定額制都有。一般是初年實行分成制，三年以後轉成定額制；或初年定額制甚低，三年後升高並固定。上引9號文書所說的「首年、次年照例一九五抽，每百石業主得一十五石，佃人得八十五石。第三年開成水田，照例丈量，每甲約納租穀八石滿斗。雖年豐不得加增，或歲欠亦不得短少」及3號文書所說的「初年納粟四石，次年納粟六石，第三年納粟八石，永為定例」是為典型。15%的租率及每甲8石的地租是不算高的。我們以定額租來探討佃戶的再生產能力。清代臺灣一般稻田畝產如果低估為每甲30石—40石[16]。假設開墾頭年產量較低以20石計，第一年定額租為4石，則每甲田佃戶可獲16石。上文已說過佃戶第一年進入生產時的投資包括犁頭銀、水利、牛、農具、種子的生產投資及生活費用。第二年需要再投資的則只有水

---

[14] 東嘉生：「臺灣經濟史概說」載《臺灣經濟史・二集》。

[15] 見陳其南「清代臺灣漢人社會的開墾組織與土地制度之形成」。

[16] 乾隆53年，福建巡撫和臺灣總兵奏摺中說：「彰化，淡水田皆通溪，一年兩熟，約計每田一甲可產穀四、五十石至七、八十石不等，豐收之年上田有收到百餘石者。」見《明清史料》戊編・第四冊。

利的維修，耕牛的飼養，農具的折舊及種子的全部而已；而生活費用則只要包括衣食部分即可。其中農具的折舊和耕牛的飼養數額很低，略去不計。只要佃戶所得大於水利維修、種子費及生活費用，他就有可能進行擴大再生產。我們假定他的水利維修費為投資的一半——5 元，種子假定以 4.125 元（5.5 石）計，加上生活費中的衣食部分 36.3085 元，合計 45.4335 元。以石穀 0.75 元的糧價計，他須付出 60.578 石的收穫。他為維持簡單再生產鄉、年須租種 3.786 甲的土地。如租種土地超過 3.786 甲，佃戶就能進行擴大再生產。開墾高潮之中，中部和北部地方通常是一個佃戶租 1 犁份（5 甲）的土地。扣掉地租，他頭年有 80 石的收穫，再扣除維持簡單再生產的費用之後，他尚有 19.42 石穀子（合大洋 14.5665 元）的結餘可用於擴大再生產。如果說開墾的第一年佃戶擴大再生產的能力尚不是很強的話，隨著產量的提高，他的這種能力就大大地加強了。下表顯示了租種 1 犁份土地的佃戶在荒地墾熟產量穩定以後擴大再生產的能力：

租種 1 犁份土地佃戶年收入結餘表

	單位產量（石／甲）	總產量（石）	地租量（石）	佃戶所得(石)	扣除簡單再生產費用後結餘	
					結餘穀子(石)	結餘折銀(元)
第 1 年	20	100	20	80	19、422	14、5665
第 2 年	30	150	30	120	59、422	44、5665
第 3 年	40	200	40	160	99、422	74、6556

　　在沒有遇到災荒的情況下，耕種 1 犁份土地的佃農地位不但是穩固的，而且可以上升。由於這種佃戶一般都獲得永佃權，在地位穩固之後，就可以把土地再出租而變成了小租戶。清代臺灣大量存在的小租戶相當大部分應當就是如此產生的。

　　最後必須指出，以上討論的只是開發過程中的佃戶的經濟狀況和地位狀況。佃戶初期是小農，而小農的地位是可以上升，可以改變的。但並非所有小農都有相同的發展道路，在佃戶上升為小租主後，向小

租主租種土地的小農發展的可能就大不相同了。對此，筆者將另文探
討。

清代臺灣墾照與番社給墾字研究
——清代臺灣早期土地文書研究之一

　　本文試圖用早期土地文書來研究清代初期的開墾狀況、尤其是業戶（本文的業戶指創業者而非守成者）在開墾中的作用和經濟狀況，關於清代臺灣的業戶（或稱墾戶、業主等等）已有不少論述，有認為所謂墾戶者，多是有錢有勢之人，向當局遞上一稟，即可請領大片荒地，然後交由佃戶開墾而收租坐享其成；也有認為業戶須付出資本、組織生產、承擔風險，並非不勞而獲。眾說紛紜，由於早期記載不多，後人難得其詳之故。而流傳至今的早期土地文書上記載了一些訊息，為一手材料，可補記載之不足。筆者即試圖綜合這些訊息，對當時的實際情況作些探討。惟筆者限於條件，所依據的文書僅為臺灣銀行經濟研究室編纂之《清代臺灣大租調查書》及《臺灣私法物權篇》中的有關文書，訊息量既受限制、疏漏在所不免。

　　本文所研究的業戶狀況截至乾隆中期。雖然業戶這個概念與清廷在臺灣的統治相終始，但乾隆中期前後業戶所處的環境和條件有很大的不同，實際狀況也就大不相同，不可一概而論。

　　清代臺灣的開墾自清廷平定臺灣後不久就進行，但康熙四十年代以前開墾的土地多是拋荒了的原先鄭氏軍民開闢的田地。鄭氏政權被戰勝之初，許多軍民返回大陸，這些田地就成了無主荒地。但這樣的荒地畢竟是不多，所以自康熙後期起，開墾就進入了中、北部地方，除了中央山地不算，確切地說是中、北部地方易於到達的平地——彰化平原、臺中盆地、新竹沿海平原及臺北盆地，丘陵地帶及難於到達的宜蘭平原和埔里社盆地及桃園臺地的大部分要到清代中、後期才被開發。

　　如果和南部平原作一個比較的話，可以發現，中、北部的平地自然條件十分優越。中、北部平地的土壤是酸性的近代河川沖積土，比南部的鹹性土壤更肥沃，適合水稻生長，用古人的話來說叫做「厥土黑墳，

厥田上上」[1]。中、北部的水資涼也比南部豐富。南部平原冬季無雨，無法種植雙季稻，且由於群山集水面積不足，河川水量不夠供應整個平原之需，所以南部作物構成為一季的稻子、甘蔗以及番薯等旱作。中、北部則全年雨量豐沛，地表徑流量充足，濁水溪、大肚溪、淡水河、大甲溪及其他中、小河川能為平地提供豐富的水量。所以中、北部的這些平地實在是適於水稻種植的良好地區. 來自福建、廣東的大陸移民在祖居地早已諳曉勞動密集的水稻種植，只要解決水利問題，中、北部很快會成為同樣的稻米產區。事實也確實如此。據陳秋坤先生研究，清代之初臺灣耕地面積的增加以中部地區為主，自康熙 49 年到雍正 13 年全島耕地面積增加 20,000 餘甲。其中彰化縣增加的數字為 11,000 餘甲[2]。又據王裕興先生的研究，中部的濁大流域在雍正年間水田的耕作就已逐漸取代旱地[3]。北部的情況當也無不同。

　　當然，移民們還會遇到一個問題，就是先住民。他們無疑是臺灣土地的先占者，這些土地是他們的田地、鹿場和活動場所。漢人移民要開墾土地，不能不和他們發生衝突。但居住在平地的先住民——平埔族和居住於山地，經常「出草」的先住民不同，他們生性溫良，有的已有游耕的農業、極易受到漢人移民的影響。所以清代漢人移民獲取土地的手段在早期多為和平的方式，如購買、租賃、通婚、結好、以至欺詐等等。而在中、後期開墾進入山地之後，多採取暴力手段強佔土地，而山地的先住民也經常「出草」，雙方爭戰不已[4]。

　　比較一下的話，我們可以發現早期開墾肥沃而水量充沛的平地只須和平埔族打交道的移民的境況，無疑要比後期那些開墾相對貧瘠難於建設水利的山地，又要經常和山地先住民爭戰的移民要好得多[5]。開墾山

---

[1]　見連橫《臺灣通史》卷 31．列傳 3。
[2]　陳秋坤「臺灣土地的開發（1700-1756）」。載《臺灣史論叢》第一輯。
[3]　王崧興「濁大流域的民族學研究」。
[4]　參閱黃富三「清代臺灣漢人之耕地取得問題」載《臺灣史論叢》第一輯。
[5]　有大陸學者以為：「墾戶可以分為兩類，一是作為先驅者去開發某一地區的墾戶，在與當地高山族的關係和改造自然條件方面遇到很多困難，確實需要付出資本，如王世傑、楊志申、吳沙等。另外一類是開拓之後隨之而來的墾戶，條件相對有利，多是中、小墾戶，也有一些是大墾戶。這兩類墾戶以後者為多，早期墾戶冒險性校大，要提供各項生產資料及佃戶

地的移民為「防番」而有隘的設立。隘的普遍設立，表明開墾已從平地轉入山地。據戴炎輝先生的研究，普遍設隘開始於乾隆 50 年，而在此之前，各地當已有零星設隘之事。[6]所以本文將研究的下限劃在乾隆中期，以中、北部平地水田的開墾狀況及當時的業戶狀況作為研究對象。

由生荒地變成豐腴的水田，大約包含獲取土地、墾辟、興修水利等幾個方面。以下我們就利用墾照與番社給墾字並結合其他資料進行探討。

一、獲取土地

眾所周知，移民要獲取土地須向當局請墾，領取墾照，開墾成功升科納稅之後土地即可成為其產業。但因為土地是先住民的，所以移民還要和他們打交道，或送或租或買，訂立文書，方能安心墾地。

我們先來看租賃的情況。在漢人移民的影響下，有的先住民已懂得出租、買賣土地。《大租調查書》中所收的雍正年間墾戶楊道弘開墾臺北盆地興直地方的文書就是一個很好的例子。楊道弘是於雍正 5 年請墾並領有墾照的，以下是楊道弘的墾照：

> 特簡州正堂管彰化縣正堂張，為請墾荒埔，以裕國課事。據貢生楊道弘具稟前來，詞稱：農為民事之本，產乃國用之源。弘查興直埔有荒地一所，東至港，西至八里坌山腳，南至海山山尾，北至干荳山，堪以開墾。此地原來荒蕪，既與番民無礙，又無請墾在先，茲弘願挈借資本，備辦農具，募佃開墾。爺臺愛民廣土，恤土裕國，恩准給墾單告示，弘得招佃開荒，隨墾陞科，以裕國課等情。據此，飭行鄉保通事查明取結外，合就給墾。為此，單給貢生楊道弘即便照所請墾界，招佃墾耕，務便番民省安，隨墾

的食宿條件，在非生產方面還有與官府、「番社」首領交涉，置備武器，組織鄉勇保護等等事項，需要較大數額的資本。而第二類墾戶則一般只在生產方面負有責任，招佃收租納賦而外，其資本主要用於水利設施的修築上。」與事實正好相反，見周力農「清代台灣的土地制度和租佃關係」，載《清史論叢》第七輯。

6　參閱戴炎輝「清代臺灣之隘制及隘租」，載《臺灣經濟史七集》。

> 隨報，以憑轉報計畝陞科，供納課粟，不得遺漏，以及欺隱侵占
> 番界，致生事端，凜之，慎之，須至墾單者。
> 　　右單給貢生楊道弘准此
> 　　雍正五年二月初八日給[7]

　　但他招墾 3 年，未有佃戶，於雍正 8 年方始開墾。為此，他除了於
雍正 8 年 9 月要求彰化縣當局重申他的權利[8]，還同武勝灣社訂立了合
約：

> 　　同立合約人武勝灣社土官君孝、歐灣及業戶楊道弘，……
> 等。茲因本社課餉無徵，孝等會同眾番妥議，除本杜耕種外，尚
> 有餘剩荒埔一所，坐落土名興直，東至港。西至八里坌山腳，南
> 至海山山尾，北至干荳山，東西四至定碑為界。眾等俱各甘願將
> 此荒埔贌與墾戶楊道弘前去招佃開墾。除陞科報課外，三面議定
> 每年願貼本社餉銀五十兩。此雍正九年起，約定八月交完餉銀，
> 其後逐年循例不敢挨延短欠。立約之日，通同週圍四至定立界
> 限，永為照例，後日不得爭端易界。此埔並無重墾他人等情；如
> 有棍徒假藉混爭，係孝等抵擋，不干贌主之事。其莊社各宵相安，
> 不許莊人擅入番厝交番，私相授受；亦不許縱放牛隻。越界踐踏
> 園埔。此係二比兩愿，各無抑勒反悔，恐口無憑，同立合約二紙，
> 各執一紙為照。
> 　　雍正八年九月　目（下略）[9]

　　這樣他對土地的權利才完整。當局雖然常常禁止租贌番地，實際上
禁而不止，也就許可，所以有的移民是先贌番地再報官的。如墾戶丁作
周於雍正元年先後向大武郡社贌耕番地三塊，訂有合約，今移錄其一於
下：

> 　　立合約大武郡社土官蛤肉等，有草地一所，北至水漆林為
> 界，西至吳宅往海豐路為界，東至本莊熟園，南至溪為界；四至

---

[7] 《清代臺灣大租調查書》第一章‧通論‧第一節‧墾照第 7 號文書。以下簡稱《大租調查書》。
[8] 同 7，第 9 號文書。
[9] 同 7，第 8 號文書。

明白。因課餉無徵，今招得丁作周前來出本開築坡圳，以作水田。今當鄉保通事公議，雍正元年起，每年佃粟五十石。斗係舊斗，番人到莊車運，永遠定例，日後不得聽人唆使生端等情。倘佃人有短少租粟，以及為非等情，係丁作周之事，不干番人之事。此係二比甘愿，不敢異言；今欲有憑，立合約為照。

　　雍正元年八月　日

　　　　　　　　　　　　　知見　葉伯選　張苑立合

　　　　　　　　　　　　　約人　蛤肉　丁作周

　　　　　　　　　　　　　代書人　李士元[10]

　　然後再「經番……赴縣主大老爺孫給告示為憑」的[11]。從康熙末年起，番地的租贌就盛行了。在租贌的場合，墾戶並不需付出一筆資金，但有時要付出一點酒禮銀。一般都認為酒禮銀很少。其次我們來看番地買賣的情形。番地買賣有通常的買賣，如雍正4年墾戶施長齡轉買馬芝遴番社售於陳拱觀的埔地，他除再付銀40兩以向番社「承買盡根」外[12]，在此同時，施長齡還要向彰化縣當局過戶，領取墾照[13]。施長齡「承買盡根」後是否可以不納番租番餉，不詳。但在許多場合，墾戶買得番地後，常常還要交番租貼社餉，俗稱「買墾」，在文書中則或稱買或稱贈不定。如墾戶陳錦容向阿束社買墾，訂有文書如下：

　　　　立賣契人阿束社土官臺灣沙末……等，有承祖遺業荒埔一所……並無妨礙他人界限。因上年亂離復業，糧食莫給，闔社番眾公議，愿將此地托中引就賣與陳錦容出頭承買，三面言議時價銀一百兩正。其銀即日同中交訖；其荒埔隨踏付與銀主前去掌管開墾，報陞納課，永為已業。每年議貼灣銀四十兩，日後買主欲開埠圳路，或由番地經過，灣等眾番不敢阻擋，任聽開鑿。保此埔地並無來歷不明等情；如有不明，係灣等抵擋，不干買主之事。此係兩愿，日後不敢言找言贖，生端反悔；今欲有憑，同立賣契

10　《大租調查書》第三章・番大租・第二節・番社給墾字第二號文書。

11　同10，第一號文書。

12　同10第四號文書。

13　《大租調查書》第一章・通論・第一節・墾照第六號文書。

一紙，付執為照。

即日收過契內銀一百兩，再照。

雍正十二年七月　日（下略）[14]

陳錦容付銀後，尚須貼餉銀 40 兩。買墾是比較流行的，《大租調查書》中還收有多例的買墾文書。此外，如著名大墾戶施世榜，他拓墾的大片土地也是向半線社買墾的，年納餉穀數百石，餉銀數百兩[15]。他的給墾文書至今未發現。在買墾的場合，墾戶就須付出一筆資金以獲得土地。

最後來看贈送的情況。先住民或以打鹿採集為生，或實行遊耕的農業，人少地多，對土地並不重視。漢人移民在和他們搞好關係的情況下，極易獲贈土地。如著名墾戶王世傑，以牛酒結好番社，獲番社贈送大片的休耕地；另一著名墾戶林成祖則據說是因懂醫術，常為先住民治病，也獲贈大片土地[16]。墾戶在和先住民搞好關係獲贈土地的同時當然還要請領墾照的。如經常被引用的，康熙 58 年入墾大加臘地方的陳賴章墾戶，在請領墾照（陳賴章墾戶的墾照為最著名的古文書，一再為人引用，此處不錄）的同時，尚須以花紅牛酒結好番人。[17]想來花紅牛酒之費不會很高的。

另有一類特殊的贈送發生在漢人移民和已有定耕農業的先住民之間。即漢人移民開鑿水圳，與番社共用水利，作為回報而獲贈土地。最著名的例子為以張振萬為首的六館業戶及業戶張承祖，他們共出資 15,000 多兩銀子，修築樸仔籬口大陂，與岸裡大社共用水利，獲岸裡社贈送臺中盆地的大片肥沃土地。二張為此與岸裡社訂有合約（詳後）。對於漢人移民這樣獲得的土地，當局也是承認並發給墾照的。實際上，

---

[14]　《大租調查書》第三章・番大租・第二節・番社給墾字第五號文書。

[15]　《臺灣別錄・卷二》，載《臺灣文獻》28 卷。

[16]　王世傑事參見連橫《臺灣通史》卷。列傳 3 及「臺灣土地慣行一班」林成祖事據朱驍陽先生在「板橋鎮鄉土史座談會」上談：「相傳，林成祖精通醫道。他來這地方從事開墾後，並以醫術廣施土著族的平埔族。平埔族深感他的恩德，獻給他很廣大的土地。載《臺灣風物》17 卷 5 期。

[17]　參閱伊能嘉矩《臺灣番政志》。

在這種「以水換地」的場合。墾戶是付出了獲取土地的資金的，這筆資金包含於他對水利的投資之中。

　　現在我們來看墾戶為獲取土地所付出的資金情況具體如何。因為墾戶於租贌時不須付出資金而贈送時只須付出很少的代價，所以我們只須考慮買墾時的情形就可以了。

　　由於番社給墾字對於土地往往只登明四至而未記載面積，所以很難衡量墾戶第一筆資金的份量。《清代臺灣大租調查書》的「番社給墾字」中有兩張文書給我們提供了一些訊息：即 6 號文書載乾隆元年張方致以銀 10 兩向貓兒於番社贌得荒埔一塊，第二年貓兒於全社將包括這塊地在內的一大片荒地以銀 150 兩的代價賣給張振聲時，注明這塊地是 15 甲；其次 9 號文書載雍正 13 年孔成宗以銀 30 兩向阿束社贌得地 15 甲。這兩個價錢都是很低的，比許多佃戶向業戶佃租荒地所出的犁頭銀還低很多。比如雍正 7 年佃戶林生佃種業主簡琳芳的荒地，出的犁頭銀是每甲 5 兩，分別為前者的 7.5 倍和後者的 2.5 倍[18]。這兩宗交易面積都很小、大面積的交易投入的資金比率可能更低，比如雍正 8 年，南社番人將整個虎尾溪口的沖積三角洲僅以銀 40 兩的代價就贌賣給墾戶張陳石了[19]。為了比較起見，我們再舉一例番業戶賣下則園地的例子。雍正 8 年舉人曾天璽向東螺社番買入下則園 99 甲 5 分，價銀 110 兩，每年納課粟 238.8 石[20]。通常課地的價格比生荒的番地要來得高，但每甲也僅賣 1 兩多銀子而己。

　　綜土所述，墾戶只須以很小的代價即可獲取土地，第一筆資金在墾戶的全部投資中不占重要地位。

18　《大租調查書》第二章・漢大租・第一節，給墾字第二號文書。
19　《大租調查書》第一章・通論・第二節・大租之沿革第五號文書。該文書載「同立約字人南社番通事孩武力，……等，有承祖荒埔一所，座落土名南勢底，東至埔善命，西至海，南至舊虎尾溪，北至新虎尾溪，四至明白為界……據其四至地名參以乾隆年間古地圖，可知它為虎尾溪口的沖積三角洲。」
20　《大租調查書》第三章・番大租・第五節・番業戶第二號文書。

二、荒地墾辟

雖說中、北部平地自然條件優越，但真正要將荒地墾成熟田還是需要艱巨的勞動和一定的資金的。開墾荒地需投入的資金主要有牛、農具、水利投資、種籽、佃戶的生活費等。筆者曾估算過一個開墾壹犁份（5 甲）荒地的佃戶頭年需付出工本大洋 100 元（包括犁頭銀在內）[21]。如果除去犁頭銀，並將水利投資獨立出去另外分析的話，開墾 5 甲荒地的工本是大洋 50-60 元。這筆投資如果由墾戶來墊付的話，一個擁有 500 甲土地的大墾戶就要墊出大洋 25,000-30,000 元，擁有 1,000 甲以上土地的墾戶（普遍認為存在這樣的墾戶[22]），就要墊支 50,000-60,000 元。這筆投資如此之大，恐怕是墾戶所付不起的。小墾戶擁有的土地雖少，但他擁有的本錢同樣也小，恐怕也無法墊付這筆資本。所以這筆資本還是由殷實的佃戶來墊付為宜。當然，實際狀況如何應由史料得出。讓我們根據墾照、給墾字等文書從業佃雙方來研究這個問題。

從墾照方面來看，表明業主有農具投資意向的文書有兩例。一是康熙 48 年，組成陳賴章墾戶的戴岐伯、陳逢春、陳憲伯、賴永和、陳天章等 5 股在請得開墾大佳臘等荒地的墾照時訂立合約約定「凡募佃以及創置農器等項，照股均出」[23]，但由於未見到其他相關文書，特別是與佃戶訂立的給墾字，很難確定他們是否實際上備辦了農具而招佃開墾的。實質上「農器」二字是指犁、耙等農具或更廣義的如斗、秤、倉廒之類亦未可知。另一例是上引雍正 5 年業戶楊道弘請墾興直的墾照中也表現了「備辦農具募佃開墾」的意向，但他募了三年卻「招佃未有人」，直到雍正八年才開始開墾，當時是否確實備辦了農具，上述諭示中未提及，所以實際情況如何也很難確定。

和墾照不同，給墾字是進行開墾時業佃雙方訂立的文書，對雙方的權益和情況都有明確的規定和記載，因此反映的是實際情況。如六館業

---

[21] 參閱拙作「清代臺灣給墾字研究」，載《臺灣研究集刊》1988 年 2 期。

[22] 見謝東閔《臺灣水利史》。

[23] 張廣福文件 1——A1——1。據尹章義《新莊志》卷首轉引。

戶之一張振萬給佃戶的一張給墾字，一開頭就明確地說：「立給墾批業主張振萬，有佃王文光自備工本前來認領墾耕餘慶莊埔地……」表明墾地的資本由佃戶而非業戶負擔[24]。筆者曾統計過，《大租調查書》所收給墾字 102 份，像這樣明確記載由佃戶負擔墾地工本的有 53 份，而載明「由業戶整頓農具，招至……佃戶」墾耕荒地的只有 1 份，所以統計地看問題的話，承擔墾地資本的主要是佃戶，而非業戶[25]。

　　我們可以說，對於土地的開墾，業戶基本上沒有投資。

三、水利興修

　　綜上所述墾戶獲取土地並不困難，又不承擔墾荒的工本，似乎是坐享其成。如果不考慮水利的興修，事情似乎是這樣的。但沒有水利的墾荒只能是低度的開發，只有穩定的水利灌溉設施才能促使中、北部的平地成為富庶的稻米產區。清代人說：「彰化、淡水田皆通溪，一年兩熟，約計每田一甲可產穀四、五十石至七、八十石不等。豐收之年，上田有收到百餘石者。」[26]通溪者，即有圳引溪流灌溉。所以我們還須考慮水利興修的情形。

　　除了利用山泉、水井或田頭瀦水而成的小陂灌溉的零星水田之外，一個地區水田的開發必須依賴於一個主幹的水利工程。萬安陂大圳對此是一個很好的例子。據乾隆 43 年墾戶劉世昌為爭奪大租權與武勝灣番社所訂立的合約中記載：

　　　　同立合約字南灣通事貴天、萬宗、加里珍業戶劉世昌等，曰昌祖劉和林，雍正年間，明買社番君孝等荒埔一所，座落土名武勝灣，東至頭重埔崁下古屋庄角瀉水溝為界，西至興直庄為界，南至搭流坑溪為界，北至關渡為界，原價補償銀兩，載明契內，年納社番銀參拾兩，番租粟伍十石，二次報陞共五十甲零。乾隆

---

[24] 《大租調查書》第二章。漢大租，第一節，給墾字第二六號文書。

[25] 同 1。

[26] 見《明清史料》戊編‧第四冊「乾隆 53 年福建巡托與臺灣總兵奏摺」。

二十六年，昌父承纘費用工本，開築埤圳灌溉，至三十二年墾成
水田，昌叔承傳遂首請前分憲段丈明，續報田一百九十二甲，詳
報陞科，因先後互控，蒙前府憲鄒恤番至意駁議，將續報一百九
十一甲零歸番，原報五十甲歸傳。經前分憲宋割佃分收，並蒙前
憲奇判佃課內之田，傳按甲收大租水租共八石。歸番之田，番收
旱租，傳收水租，經取其二比依結繳詳在案，但契界內尚有中塭、
舊塭，其中塭田，番收旱租，傳收水租。舊塭田止食水尾，餘按
甲番收三石，傳收三石，……（下略）

乾隆四十三年十二月　日[27]

　　墾戶劉和林在臺北盆地加里珍一帶拓墾，從雍正年間到乾隆 26 年
的二、三十年裡，共報墾 50 甲，具體情況如何不清楚。但接著乾隆 26
年到 32 年其子墾戶劉承纘「費用工本，開築埤圳灌溉」，即修成萬安陂
大圳後，在 6 年裡就墾田數百甲，其中有 192 甲與番社發生爭奪大租權
的糾紛。可見水圳築成後，墾務迅速發展，水田大量開發。

　　眾所周知，清代臺灣中、北部的埤圳都是私修的，有業戶出資的，
有業佃合修的，也有佃戶合修的。我們來考察一下業戶在水利興修中的
作用。

　　業戶出資修的圳很多，有大有小。大的最著名的莫如中部地區的樸
仔籬口大陂和八堡圳。

　　樸仔籬陂分上、下陂，雍正 10 年，張振萬等六館業戶出資 6,600
元修築下陂。因為以水與番社換地乃訂有文書如下：

　　　公同立給墾字人六館業戶：張振萬、陳周文、秦登監、廖乾
孔、江又金、姚德心，岸裡搜束烏牛欄舊社等社土官：潘敦仔……
等，緣敦等界內之地，張振萬自己能出工本開築埤圳之位，水源
不足，東西南勢之旱埔地，歷年播種五穀未有全收，無奈，眾番
鳩集妥議，向懇通事張達京與四社眾番相議，請到六館業戶取出
工本，募工再開樸仔籬口大埤水，均分灌溉水田，敦等願將東南

27　原載《臺北縣下農家經濟調查書》‧耕地篇‧第四章‧第●節，據尹章義《新莊志》卷首轉
　　引。

勢之旱埔地……眾番情願以此酬工本付與六館業戶前去招佃開墾阡陌，永遠為業，敦等四社日後子子孫孫不敢言爭。今據通事張達京代敦等請到六館業戶擔承，計共出本銀六千六百兩，開築大埤之水與番灌溉，當日議明六館業戶開水到公圳汴內之水，定作一十四分，每館應該配水二分，留額二分歸番灌溉番田。其東南勢之旱埔地，照原踏四至界內，付與六館業戶前去開墾，以抵開水銀本。……保此地係每年六館業戶坐粟六百石，每館應該粟一百石，聽敦等自己到佃車運。此係二比甘愿，兩無迫勒交成，恐口無憑，同立給墾約字七紙，各執一紙為照

　　雍正十年十一月　　日

　　雍正 11 年，張承祖出資 8,300 元修築上陂。同樣以水換地，所以也訂有文書：

　　　　公同立合約字人業戶張承祖，通事張達京……緣敦等界內具屬旱埔，播種五穀無水灌溉，歷年失收，無奈，眾番鳩集妥議，懇向通事張達京有人能出工本，募工鑿圳均分灌溉水田者，敦等願將西南勢阿河巴賭轄甲霧林百里樂好四宗草地，定作十分，張承祖應得八分，番應得二分……六社眾番情願將此四宗草地的酬賞工本，付銀主前去招佃開墾，報陞裕課，永為己業……。此係張達京請到業戶張承祖前來擔承，自己出本銀八千三百兩，開水圳分水與番灌溉。當日三面議，祖開水至萬定汴私圳內，其水作十分，內八分歸張承祖，甘留二分歸番灌溉番田。其四宗草地照原界內踏明，付與祖前去開墾，立戶陞科，永為己業，以抵開水本銀。……每年業戶愿貼社穀五二十石……。

　　　　批明：六社眾番因耕種並無車、牛、食穀、器具、再懇向銀主張承祖加備出番銀三千二百兩，即日交訖。其界內草地倘若未墾闢成田，餘埔、曠地以及界外在番界內車路、牧埔，盡行歸祖掌管，牧埔可與佃牧牛，車路每冬車運供課，批照。

　　雍正十一年月　　日
　　（下略）。[28]

---

[28] 《大租調查書》第一章·通論·第二節·大租之沿革第八、九號文書。

．

朴仔籬陂日後擴大成葫蘆墩圳，為臺中盆地水利系統的主幹。

八堡圳由施世榜獨資修築，施世榜投資多少今日已難知其詳。有人估計為 50-90 萬兩銀似嫌過大[29]，有人估計第一期由施世榜出資 3,300兩，第二期由黃仕卿出資 2000 兩，似又不完整[30]。八堡圳修成後灌田19,000 餘甲，一直是中部地區水利工程的主幹。

象樸仔籬陂和八堡圳這樣由業戶修築的大型水利工程還有許多，下表所列是乾隆中期以前業戶修築的中、北部地方的幾個大型陂圳。

表 1

地區	埤圳名	開鑿年份	備考
臺北	瑠公圳*	乾隆 5 年	郭錫瑠出資 2 萬兩修建，又舊霧里，初由各農戶修築，後由周姓□者 10 人，出資 2 萬兩建設，上陂系各農戶合資新築。
臺北	大安圳	乾隆 22 年	由林成祖和有關的地主共同出資 5 萬兩建築，其中柑林支圳，系呂亮明、林叔記二人出銀 780兩修建。
臺北	后村圳	乾隆 11 年	舊后村圳系張克聲，張必榮出銀 15,000 兩修成，舊劉厝圳系劉和林、劉建昌出銀 16,000 修成，舊草圳系王秀及其佃八人之祖先所修築。
新竹	隆恩圳	康熙 58 年	吳金興及其 32 人共同出資修建。
新竹	四百甲圳	康熙末年	王世杰修築。
臺中	八堡圳	康熙 48 年－58 年	第一圳由施長齡出資 3,300 兩。
臺中	葫蘆墩圳	雍正元年	上埤由張承租出資 8,300 兩，下埤由張振萬、陳國文、秦登監、廖朝孔、江金、姚德心等出銀6,600 兩，下溪圳上下埤由陳天來及其他四人出資 1,600 兩完成。
原載「臺灣之水利問題」，臺灣銀行金融研究室編《臺灣研究叢刊》第四種。			

*瑠公圳、大安圳主要由郭錫瑠、林成祖等業戶修築，因資金，
用地等問題，部分佃戶亦參加了修築，詳後。

---

[29] 見「八堡圳水利組合概要」據「臺灣水利組織的歷史考察」轉引，載《福崗大學人文論叢》4 卷 3 號。

[30] 見「臺灣之水利問題」，載《臺灣研究叢刊》第四種。

　　除了大型陂圳，業戶還修築了許多中、小陂圳。眾多的小陂圳是名不見經傳的。如業戶丁作周于雍正 5 年將其一塊地賣於吳林興的契約內載丁作周共「作陂一口，開水圳二條⋯⋯於虎尾溪開大圳份下水分三分⋯⋯。共用銀 548 兩 7 錢（折七三銀 752.3 元左右）[31]。他修築的陂圳都是小型的或是引用大圳水的配套小圳。

　　類似丁作周所修築的這種小陂圳大多數已無從查考了。

　　其次，我們來看業佃合修的陂圳的情況，業佃合修的陂圳以淡水較多。據《淡水廳志》水利志載乾隆中期以前業佃合修的水圳有 9 條，如下表：

表 2

陂圳名	墾戶	地點	灌溉面積（甲）
福安陂	張必榮、吳際盛	海山莊	300
萬安陂圳	劉承纘	海山莊	260
大安陂圳	林成祖	擺接堡	1,000
永豐陂圳	林成祖	擺接堡	190
暗坑圳	杜登選	安坑莊	60
瑠公圳	郭錫瑠	拳山堡	1,200
雙溪圳	鄭維謙	芝蘭堡	
番仔井圳	潘宗勝	芝蘭堡	100
七星墩圳	王賜祺	芝蘭堡	

　　*據尹章義先生研究，灌溉面積的甲與土地面積的甲不等，前者為後者的五倍。參閱《新莊志》卷首。

　　有些陂圳的修築過程和集資情況已不清楚了，有些則還能告訴找們一些情況。我們以表中三個例子來作些考察。

　　福安陂：《淡水廳志》記它「在海山堡⋯⋯圳長八里許，業戶張必榮、吳際盛合佃所置」，其實張必榮，吳際盛和馬韶文（三人合組張吳文墾號）乃是於乾隆 20 年以 9,560 兩銀子之代價買下胡同隆墾號的海山莊，裡面已包括了尚未最後鑿成之福安陂。張吳文接手後於乾隆 2 年

---

[31]　《大租調查書》第三章·番大租·第十一節，其它契字第二號文書。

最後完成福安陂之修築，在這期間可能向佃戶籌集了部分資金。[32]

　　瑠公圳：《淡水廳志》記它「又名金合川圳，在拳山堡……業戶郭錫瑠鳩佃所置。」據口碑相傳，乃是郭錫瑠於乾隆 5 年變賣家產，籌措資金 20,000 元在他原來修成的大坪林圳和寮石空頂圳的基礎上繼續興建的。後因資金短缺，乃於乾隆 17 年鳩集林安，肖月等出資襄助，當然，也可能向佃戶籌措了部分資金，最後於乾隆 26 年修成的。瑠公圳之命名即是後人用以紀念他的功勞的[33]。

　　萬安陂圳：《淡水廳志》記它「又名劉厝訓，在海山堡……圳長二十里許，乾隆 26 年業戶劉承纘鳩佃所置」。實際情形是：墾戶劉承纘於乾隆 26 年「率眾數百人壅水築圳」開始修圳。起先是獨自出資，但因高價購買圳道用地及與張必榮家打官司等原因資金不足，工程幾乎停擺，乃向佃戶募資，方得以在乾隆 28 年築成萬安陂圳。劉和林因集資而和佃戶訂有合約：

　　　　同立合約字人業主劉和林（按劉和林為劉承纘之父）同頭、二、三汴眾佃人等，因林在石頭溪開築糧埤一座灌蔭我莊中課田，要開圳路。歷來工本費用多寡不能開透至加里珍莊，林即招出眾佃人公同相議，眾皆喜悅樂從，備出佛銀二千六百大元，開築成圳，透至加禮珍莊，通流灌溉之日各業各節分汴定規，其萬安陂大圳水計共貳百六十甲，抽出六十甲付與山下佃人，餘剩貳百甲通流至頭汴，撥出六十四甲付與張家，餘剩一百三十六甲，分出六甲六付與小汴八寸四分四佃人食水，又分出七甲水付與八寸九分六佃人食水，後剩百貳十貳甲四分，水圳闊貳丈貳尺捌寸，通流至第二汴，分出十七甲付與二尺一寸七分六佃人食水，又分出四甲付與伍寸壹分貳佃人食水，後剩壹百零壹甲四分，通流至第三汴，分出十八甲付與貳尺四寸三分佃人食水，又分出六甲付與八寸一分佃人食水，後剩七寸七甲四分正通流灌溉。此係上流下接，永遠定例……同立合約字一樣二紙，業主執一紙，佃人執一紙，永遠為照行。

---

[32] 參閱尹章義《新莊志》卷首‧第四章。

[33] 參閱「城內及附郊耆宿座談會記錄」，載《臺北文物》第二卷第四期。

　　　　乾隆二十八年/十一月　　日同立

　　　　合約字人業主劉和林⋯⋯

　（下略）[34]

　　據合約所載，各佃人「食水」占灌溉面積近一半，所以佃人鳩集的
2,600 元在投資中可能占相當比例。如果考慮到有些「食水」佃人的權
利可能來自提供圳道用地和勞力，則恐怕大半以上的資金還是墾戶劉承
纘籌措的。據上引表 1 所載「舊劉厝圳系劉和林、劉建昌出銀 16,000
兩修」，則劉家在乾隆 28 年鑿成的水圳的基礎上又繼續投資，擴大水利
事業。劉建昌系劉承纘的子侄輩，他於嘉慶 8 年因佃戶交納水租事和佃
戶立有合約，合約中稱：「緣我加裏珍乃中港厝、古屋莊、樹林頭，新
舊塭、更寮莊等各莊，原系旱荒埔地，水導不通、稻田不植惟有栽種地
瓜、麻豆、什物，全無地利之收，共興曠野之嗟。茲有業主劉建昌目睹
時艱不惜鉅資用銀購地開鑿水圳。⋯⋯引水通流灌溉，俾各莊旱荒之地
俱為良田，經圳水到田之日，即請業主劉建昌丈明甲數，歷年向業主劉
建昌完納水租。一以貼業主劉建昌開圳損壞自己田園及購地買他人圳地
並開鑿工費等款之資⋯⋯」[35]這段話不僅說明了劉家對劉厝圳的投資，
也概括了業戶投資水利的貢獻。

　　從以上三個例子來看，很多業佃合修的陂圳是業戶負擔大部分資金
並起組織作用的。至於佃戶所修的陂圳，《淡水廳志》所載的有六十甲
圳，灌田 60 甲又《新竹縣誌》載：為公陂圳，乾隆 5 年築，為「王世
傑名下各業佃所建設之小北汴」：後湖陂圳，引隆恩圳水，由附近 36 甲
受益佃戶共同築成」。都是大圳的配套小圳。看來，佃戶自築的陂圳在
水利事業中占很次要的地位。

　　總的說來，乾隆中期以前，中、北部平地的主要陂圳都是由業戶出
資或業戶組織，業佃雙方共同修築的。墾戶在水利事業中扮演了重要的

---

[34] 原載《臺北縣下農家經濟調查書》‧耕地篇‧第四章‧第？節，據尹章義《新莊志》卷首轉
　　引。

[35] 原載《臺北縣下農家經濟調查書》‧耕地篇‧第四章‧第？節，據尹章義《新莊志》卷首轉
　　引。

角色。大陂圳和小陂圳在開發中所發揮的作用是不同的。灌溉數甲，數十甲的小陂圳只能使小部分人受益，對於開墾的大局無影響，而大型陂圳的修築，對於一個地區的開發則是非常重要的，謝東閔先生說：「因為新墾土地收成豐厚，大規模移墾開始發展，由大規模開墾，同時發展了大規模的灌溉水利，當時有力的墾戶多擁有土地在千甲以上，所獨資或合資修築的陂圳，灌溉面積多達數千甲，每成為一區域內水利系統的主幹。每一區域土地開發完成，均建立有大規模的陂圳，也可說是由於大規模陂圳的興修，才保障了土地開發的成功。」[36]簡言之，業戶在早期開墾事業中起的作用即主持興修水利。表 1 所列的那些陂圳作為主幹工程，再加上其配套工程和其他中、小陂圳，形成了中、北部平地的灌溉系統，是中、北部開發的基礎。而主持開發這些陂圳的墾戶對於臺灣開發的貢獻，是應當受到肯定的。今人對業戶每多無好感，但我們至少應將創業的業戶和繼承遺產的寄生的業戶分別開來。

　　綜合以上的分析可以看山，業戶的主要投資在於水利方面，但大、小業戶情況不同，大業戶支出了十分浩大的工本，小業戶則所費不多。

---

[36]　見謝東閔《臺灣水利史》。

清代早期臺灣中部北部平地的鄉村經濟和業戶經濟

　　清代臺灣移墾社會的重建工作是臺灣史研究的一個熱門。特別是乾隆中期以前中，北部平地的移墾史，更因集中了漢番關係，大小租制，分類械鬥，農民起義等清代臺灣史上的重大課題而引人注目。但是，這個時期的鄉村社會往往被重建成以「墾首制」開發模式為中心的移墾社會。筆者認為這種重建是錯誤的，並將對許多重大歷史問題的研究產生誤導，因此必須予以糾正。由於鄉村經濟是鄉村社會的核心，因此筆者的重建工作將從鄉村經濟開始。

　　在開始清代臺灣中，北部平地鄉村經濟的重建工作以前，我們先來看看所謂的「墾首制」開墾模式。臺灣學者陳其南曾經說過：「清初臺灣漢人在臺灣一開始招墾便已形成此種三層關係：由墾戶向官府申請給照開墾，繳納一定的正供額，官府則承認墾戶為業主：業主再招徠佃戶力墾者，收取一定的租額。……早期從大陸偷渡來臺的流民大多一貧如洗，他們必須投靠有資本的墾戶給予種子和農具。由於墾戶向官府申請開墾權，而官府對這些流民的治安問題也都交給墾戶自行負責。……所以墾戶和佃戶的關係在此種邊疆環境下，有一部份已超出了純粹土地租佃的經濟關係，而略具有行政和司法的主從關係。因此墾戶不只是土地的業主，而且是這一開墾組織之首，故也稱為『墾首』。」[1]陳其南先生並以戰前日本學者富田芳郎在臺中盆地北面的神岡，大雅一帶的調查研究描繪了墾首制開墾組織的具體圖景。「神岡和大雅一帶是以岸裡大社通事張達京為墾首的墾區……墾首張達京先將森林砍伐，然後再掘排水溝和給水溝，一方面是為了區分撥給各佃人的耕地，一方面則是便於排水和灌溉，……又種植了整排的林木，……排成一列的樹木不只是表示了當時的地界，而且更兼作防風林之用，所以雖然幾經更新，但仍然大致繼承了當時的地界，因此我們可以清楚地知道當時土地劃分的形

---

[1]　陳其南《清代臺灣漢人社會的開墾組織與土地制度之形成》。

態……當初著手開墾時……大都在墾地內選擇適當的地點築暫時性的小屋……往前開墾。等到各區的範圍劃定，各人便往自己所配得的地區開墾。後來為了耕作的方便，方由墾者或佃戶自己在分得的地塊上建佃寮，形成散居的聚落，……在臺灣的其他地方尚有許多叫做『公館』的地名，這些聚落有大部分是起源於此種開墾組織的公館所在地」。[2]所謂公館是墾戶為收租等事務建立的。這就勾劃出了眾多佃戶圍繞著墾戶這麼一種圖景，這種圖景極易使人產生一切鄉村生活和事務以墾首為中心的印象。筆者曾經指出，這種錯誤的開墾模式之產生根源於對早期大陸移民（所謂『流民』）的認識不足，許多大陸移民並非一貧如洗，而是具有一定的資本，能自備牛，種子和生活資料進入生產的，因此他們不十分依賴於業主。他們有自己穩定的經濟，筆者已經對這種佃戶經濟進行了分析。[3]在這裡，將進而分析業戶經濟。佃戶經濟和業戶經濟結合起米，就構成了早期臺灣鄉村經濟的核心。至於其他經濟成份，將於以後進行補充分析。

筆者曾經指出，在開發過程中，土地開墾工作是由佃戶單獨進行的，業戶的工作，是獲取，出租土地和開鑿陂圳。[4]業戶經濟就是圍繞著這兩個內容的。

現在先來考察業戶投資經營的情況。我們將他的投資經營分為荒地墾成升科納課前後兩個階段。

在前一個階段裡，墾戶的支出有向番社買墾（獲取土地）的費用，交納番租，番餉的費用及修築公館和鑿圳的投資；收入則有向佃戶給墾時所收的埔銀和佃戶所納的佃租。

買墾費和番租都是很難確定的，因為二者都沒有一定之規，因人因地而異。《清代臺灣大租調查書》中番社給墾字，第 6、第 7 號文書載張方致於乾隆元年以銀 10 兩向貓兒于社贌得荒埔一所 15 甲，平均每甲買墾費 0.66 兩；又第 9 號文書載孔成宗於雍正 13 年以銀 30 兩向阿束

2　同 1。

3　參閱拙作《清代臺灣給墾字研究》，載《臺灣研究集刊》1988 年第 2 期。

4　參閱拙作《清代臺灣墾照與番社給墾字研究》，載《臺灣研究集刊》1988 年第 1 期。

社贌得田地一塊 15 甲，平均每甲為 2 兩；另外，「番業戶‧第 2 號文書」載舉人曾天璽於雍正 8 年以銀 110 兩向東螺社買得草地一所（以下則園起科）99.5 甲，平均每甲約 1.1 兩買墾費；可供我們參考。張和曾納的番租番餉為 0.533 兩銀子（折合七三銀 0.73 元或穀子近 1 石）和穀子 2.39 石。（曾的場合，由於原來番地以下則園起課，所以比荒地的番租要高出許多）。孔的例子無法計算番租比率。

　　我們再來看業戶所收的埔銀和佃租。埔銀和買墾費一樣、是一個因人因地變動的項目。在《大租調查書》「漢大租‧給墾字」中，乾隆中期以前有三例可具體計算埔銀的例子，一為 2 號文書雍正 7 年南大肚社佃戶林生向業戶簡琳芳給墾園埔 10 甲，付出埔銀 50 兩；一為 4 號文書雍正 1 年南大肚佃戶王得歡向業主楊秦盛給墾草地，約定「如開水每甲議貼水銀 1 兩 1 分」；一為 5 號文書雍正 11 年佃人張強向業主德頤莊給墾草地 6 甲，付出犁份銀 5 兩，並議定開水後貼水銀 3 兩，三例的埔銀比率分別是每甲 5 兩，1.1 兩，1.6 兩。至於佃租，這是有一定之規的，一般是開成水田之前按一九五分成，即業主獲得百分之十五的收成。或第一年每甲 4 石，第二年每甲 6 石，第三年每甲 8 石。此處我們統按一九五分成計，折成穀子，低估的話也有每甲 1.5～2 石的租額。將這幾例買墾費，番租和埔銀，佃租對比一下的話，可以發現二者是相差無幾的：

支出─買墾費　0.6 兩/甲，2 兩/甲，1.1 兩/甲
收入─埔銀　　5 兩/甲，1.1 兩/甲，1.6 兩/甲
支出─番租　　1 石/甲，2.39 石/甲
收入─佃租　　1.5 石/甲──2 石/甲。

　　綜上所述，業主在買墾方面的投資可以轉嫁給佃戶，而付給番社的番租則和向佃戶收取的地租相差不多。因此，在水田墾成之前，業主幾乎沒有什麼地租收入，但他卻要預付一筆資金以進行水利建設，公館建築和支付個人生活費用。不用說，其中水利建設部分是最重要的。

　　下面我們再來估計水田墾成以後業主的經濟狀況。眾所周知，在業

主鑿成水圳之後，他要求佃戶在三年內將土地墾成水田，並將地租升到 8 石/甲的定額。在他獨資開圳的情況下，往往還要求佃戶交納水租，水租無一定之規，因人因地而異。另一方面，他須升科納賦。以淡水為例，田賦為：

上田 2.74 石/甲
上園 2.08 石/甲
中田 2.08 石/甲
中園 1.75 石/甲
下田 1.75 石/甲
下園 1.72 石/甲[5]

墾戶都有低報等則和隱田的傾向，因此在此以下田 1.75 石/甲為他繳納田賦的標準，並假定他每甲所納的番租和番餉為 1.25 石（參閱前文）即使再加上丁耗、採買等捐稅，他每甲至少還可以有 4.5 石穀子的收入。業戶的一切費用都要從這 4.5 石穀子裡支出。這些費用包括：生活費用、日常生產費用、官府不時之需的公項及陂圳的重大損壞修理費用。

生活費用和日常生產費用是業戶可以預知並加以調節和控制的，而官府的不時之需和陂圳的重大維修費用往往是意外的。

我們先來考察墾戶的日常支出。由於墾戶不直接經營土地，他的生產費用實際上主要由陂圳的維修保養、大租穀的運輸儲藏及管事的辛勞這幾項構成。這幾項支出並不是很大的。以下是有關這幾項支出的幾個例子。

1、陂圳維修：陂圳的日常維修或由業戶自己負責或由專業埤長承包。[6]嘉慶六年。埤長賴發與安坑莊業佃訂立合同，承包暗坑圳的日常維修事宜，其文書如下：

5　《淡水廳志》卷四‧志三‧賦役志。
6　《臺灣慣習記事》第七號‧關口隆正。「臺中地方移住民史」載：「乾隆 48 年 6 月業主張振萬和廖文清之間訂立包修（陂圳）契約，為後世圳長之濫觴。」

　　立承領修理保固字人賴發，因安坑莊業佃有開渠圳路一條，
自青潭溪引水入圳通流灌溉莊佃田園，……其圳無分曉夜必須小
心巡視照顧；恐有崩陷滲漏之虞，就時填補牢固，不致因小成大
之患。……茲合眾公議舉賴發平素謹慎，通眾立約請發出首承領
圳事，巡視修理，議定全年工資粟壹佰貳拾石足，作早晚兩季交
納。……倘遇風水為災，大□□□，工程浩繁，壹佰貳拾工以內
圳長自行支理，壹佰貳拾工以外眾佃當行料理，按佃田甲鳩工，
共力填築修補。……

業主林

　　嘉慶六年十一月　日

　　立承領修理保固字人　賴發。

一一批明秀朗埠頭倘被風水沖崩恐移築九甲三頭舊圳□□□毗
連沖崩系是眾之事，不干包理圳長之事，批炤；

　　一一批明大溪作埠諸事不干包圳之事，批炤：

　　一一批明赤塗坎角大隄如是朽害者系是眾佃之事。不幹包圳
長之事，批炤[7]；

　　……

　　根據文書，埠頭崩壞，大梘朽害等重大損壞不歸賴發負責，他只負
責日常巡視維修，年工資粟 120 石。據《談水廳志》建置志‧水利：「暗
坑圳在安坑莊，……長二里餘，與永豐圳毗連，業戶杜登選等鳩佃所置。
其水自清潭溪引入，灌溉安坑莊田 60 餘甲」。據此。則每甲田負擔維修
費用穀 2 石。如果這裡的「甲」指的是灌溉面積（據臺灣學者尹章義研
究，灌溉面積的甲和土地面積的甲不等，前者為後者的 5 倍）的話，則
每甲水田只須負擔支圳維修費用 4 斗。

　　2、大租穀的運輸和儲藏：大租穀的運輸費用基本上由佃戶承擔。
業戶要求佃戶將租穀運送到彰化，鹿港等市場所在地交納。如果在鄉下
的公館交納，佃戶要貼補從公館到市場這一段路的車工銀。如雍正 11
年佃戶張強佃種德頤莊業主的田地約定租穀要「車運至鹿港，水裡港船

7　Melvin P‧Thatcher "*Sourcer for the Eeonomic History of Taiwan at the Gene logical Society of utah*" appendixIII， Sample Documents"

頭交納」；又如乾隆元年佃戶謝登南佃種張承祖的土地。「租穀要車運一半到鹿港交倉一半運至彰化。倘不車運，照莊例每石貼車工銀 5 分，交業主自己雇車」[8]。所以業戶基本上不負擔運輸費用的，他只要負擔儲存的費用，如果倉廒是預先投資的話，那日常的維修也要不了多少費用。[9]

3、管事辛勞：這是最難估測的項目。大多數大點的業戶，都雇有管事收租，管事尚有助手。「凡大租公館置管事……其下有租趕、租丁供使役。租趕督促各佃戶交租，租丁在公館收受租穀」[10]。筆者尚未見到有關這些人辛勞的資料或論述，不敢臆測，容日後見到有關資料再補上。

綜上所述，業戶從每甲 4.5 石的收入裡扣除 0.4 石的水利維修費用，小量的食廒維修費用及管事費用，在沒有意外的情況下（沒有官府的不時之需和重大自然災害），每甲他至少有 3.5 至 4 石的收入，這收入再除去他的生活費用，所餘即可作為投資的回收和利潤了。

從上面所討論的情況看，水利是業戶經濟的關鍵。水利未修成之前，業戶經濟是靠預付資金維持的；假如水利興修遇到巨大困難，除非有龐大的資金，否則業戶經濟顯然將難以持續。我們來看兩個例子。

在當時沒有提水等設施的技術條件下，修圳實非容易之事。水圳多從河溪上流源頭引出。《淡水廳志・水利》載：「淡北外港有旱田、水田之別。旱田仍賴雨暘為豐歉。惟近港水田，實稱沃壤，蓋自內山水源錯出，因勢利導，通流引灌以時宣瀉，故少旱澇。此圳之設，為利最溥……

---

8 《大租調查書》第二章・漢大租・第一節・給墾字第五號文書，第六號文書。

9 倉廒所需的建設費用資料較少。《恆春縣誌》記光緒年間恆春縣建 4 間 3.6 立方丈的穀倉用銀 860.94 兩，平均每間穀倉用銀 215.235 兩。據《清會典》，乾隆年間工部所鑄漕斛為 1,580 立方寸，則 1 石為 3.16 立方尺。這樣一間 3.6 立方丈的穀倉可儲谷 1107.6 石左右。每石穀子的儲藏費用的最初投資是 0.1943 兩，考慮到官吏的貪污中飽，假設民間的建築費用只有官府的一半的話，每石穀子的儲存費用最初的投資只有 0.09715 兩，折谷 0.19 石左右，如未遇到颱風等自然災害，一間穀倉用上十幾、二十年是沒問題的，這樣，加上每年的維修費用，1 石穀子的儲存費用只為其 2%。實際上，1752 年張吳文墾號以價銀百多兩，而倉廒只是公館建築的一部分而已。據此，以上存儲費用的估計不會太低。

10 《臺灣私法》第一卷・上・P34。

凡曰圳（一作埤），在水源所出處屈曲引導，或十里、或二三十里，灌溉田甲。」這樣在內山源頭往往就得穿山鑿石，而蜿蜒數十里的圳道亦不免要常出問題，使得興修水利充滿困難。此外，水源的爭奪，用地的糾紛及自然災害等問題，無一不危脅著業戶的水利投資，所以業戶的投資並非是沒有風險的。

　　先看施世榜，他開鑿八堡圳時曾因技術問題失敗過，結果「工竣而水不通。」在別人很可能幹不下去了，但他資金雄厚，可以追加投資，請得林先生者來作技術指導，「相度形勢，指示開鑿之法。曰：『某也丘高宜平之，某也坡低宜浮之，某也流急宜道之，某也溝狹宜疏之』，世榜從其言，流果通」[11]，最後獲得成功。眾所周知，施世榜雄厚的資金是在糖業經營中積累起來的。他的水利投資可能太大而不經濟。但我們與其討論他的效率還不如佩服他的先驅精神。他是私人中最早在中、北部地區興修大型水利工程的人之一。其次來看胡詔，同安烈嶼人胡詔是修築福安陂的前驅。他組織胡同隆墾號於乾隆 8 年收買了原陳和議墾號的海山莊產業。在他之前，從康熙五十二年到乾隆 8 年 20 多年裡，開墾海山莊一帶荒地的陳和議墾號因無力開圳。旱田收成有限乃邀他「預先墊出資本，開圳以成田園」。他接手後，「投入大量心血與資金而頗著成效。但是鑿渠開圳的工作是那樣龐大，所需資金過巨，股友陸續將股權賣給胡詔……胡同隆墾戶已經等於是獨資經營海山莊了。由於資金難籌，乾隆 16 年 8 月，胡詔不得不忍痛將自己擁有的七股中的三股半賣給張吳文墾號，次年又將其子胡思睿兄弟的一股賣給張方大，賣半股給吳洛，而胡詔也不勝賠累，心力交瘁，因而賚志含恨以歿[12]。慘澹經營十多年後，胡詔鑿圳的事業終未能成功。胡詔的失敗，很大原因在於資金不繼。胡同隆墾號雖有萬兩以上的資金[13]，但還未能鑿成一條 8 里長

---

[11] 連橫《臺灣通史·卷 3 二·列傳 3》。

[12] 參閱尹章義《新莊志·卷首》。

[13] 同上，乾隆 20 年 11 月張吳文盡賣、海山莊田業的契約上載著：海山莊田業七股就四至界內田園、荒埔、館厝、竹圍、水圳，一土一木睿等兄弟先後已賣過張吳文番銀 8,910 兩。再加上貼銀 650 兩，共達 9,560 兩之巨，這是張吳文取得所有權所投資的數目，而胡詔所代表的胡同隆墾戶所投下的資金，當更不止於此。」

的水圳。可能福安陂所處的自然條件相當惡劣，但亦足見鑿圳之難，投資之險了。

　　水利興修成功之後，地租收入即可在業戶經濟中起作用。但在大、小業主，這些作用是很不相同的。大業主請墾的土地多，鑿的陂圳大，擁有的佃戶多，地租收入量也就很大，使得他的經濟容易進行擴大再生產。以施世榜為例，他鑿的八堡圳灌田 19,000 餘甲，他後代說：「康熙 58 年，裕高祖施諱世榜築圳升科，戶名長齡。年收租穀近四萬五千餘石，隸武東西燕馬各堡。按上中下則配供五千餘石、丁耗銀一千餘兩，額採三千石，番餉銀數百兩、餉穀數百石、每庄巡圳辛勞穀數百石、築圳辛勞銀八百餘圓。遇水崩圳，四館業戶傳單，另鳩額外加費，早晚兩季勻出」[14]。如果他這位後代沒有說錯的話，「額外加費」不算，施世榜支出的賦稅、番租和日常生產費用最多只有 15,000 石穀子左右，尚有 30,000 石的穀子可用於他的消費和積累。

　　小業主的情況就遠沒有大業主舒適了。以一個墾田百甲的業主而言，他一年只有 400 石左右穀子的結餘，以石穀 0.75 元計，年收入為 300 元。筆者曾估算過，一個租種一犁份土地的佃農，在水田墾成以後年收入有 74.5 元。如果考慮到他沒有官府不時需索和陂圳毀於自然災害這種重大危險的威脅的話，小業主（比如說墾田數十甲的小業主）的情況。比殷實的佃農好不到哪裡去。當然，只要沒有意外的情況，小業主的經濟也還是可以緩慢而穩定地發展的。以下我們來看兩個例子。

　　先看一份賣地契約：

　　　　立賣契字人丁作周，先年二次，有共贌墾得大武郡社土名濫港莊番地一所……四至明白為界。因康熙五十九年間，用本銀三百兩，於濫港溪作坡一口，開水圳二條，經番於雍正元年赴縣主大老爺孫給告示為憑。又雍正二年間，同十五年（？），於虎尾溪開大圳份下水分三分，共用本銀二百四十八兩七錢。二項共費用銀五百四十八兩七錢。因開圳乏銀費用，盡問房親族叔不就，托

14　《臺灣別錄》卷 2。

　　中管事吳松青前去運元行，引到行主吳林興借出母銀開圳費用，至今不能還清，致管事告官在案。茲公親議處，將所賺番地盡付與吳林興抵還本銀五百九十兩正，並無勒索利銀；其莊地即付銀主前去掌清丈，……。

　　　　雍正五年五月　　日

　　　　　　　　　　　立賣契人　丁作周（下略）[15]

　　據契約，他共借銀 548.7 兩，合七三銀 751 元左右，（以石穀 0.75 元計大約當穀 1,002 石）以鑿圳墾田（《大租調查書》第三章番大租・第二節番社給墾字收有丁作周向大武郡社贌買番地的文書三份）。從契約上來看，丁作周鑿圳墾田都是成功的。按照慣例，他於康熙五十九年鑿成的圳所開墾的水田從雍正元年起已可收取 8 石的大租，但因拓墾的規模小，在雍正元年至雍正五年的 5 年多裡，他無法積累 1,000 石的租穀，不得不以他拓墾的三處水田中最大的一處去抵債。丁作周抵債後尚有較小的二處水田，如無意外，還可以通過緩慢的積累擴大他的拓墾事業。像著名墾戶林成祖，他最初在興直莊僅投入一百多兩銀子，開鑿一條小圳，通過十六、七年的積累，也開發了 400 多甲的水田。據臺灣學者尹章義先生發現的張廣福文件（3—131--3）載：

　　同立合約林天成、陳鳴琳、鄭維謙因康熙五十九年合同陳楚蘭、朱焜侯、陳化伯公置北路淡水大加臘、八芝連林、滬尾、八里坌、興直等處五庄草地。其大加臘四庄已節次開墾，惟興直一庄未暇整理，是以致外人有請墾之舉。而陳與鄭在廈，林在淡，不忍抽手，出頭招佃開圳墾耕，貼納餉課。仍與楊、許互控多年，一肩獨任，計費有銀壹仟貳佰零壹錢貳分。但楊、許互控之案亦經憑公勸處冰釋，而興直應得之庄，林亦不甘歸己，兩相推讓。遂於本月初二日置酒會請公親會議，將興直五大股之庄作為拾小股，每股各得一分，其餘五分以酬林為數年勞苦費用之資，則此拾分之庄，林自得其柒分而陳得拾分之貳，鄭得拾分之壹，各照議約掌業……。

[15] 《大租調查書》第三章・番大租・第十一節・其他契字・第二號文書。

乾隆二年二月　　日
同立合同林天成、陳鳴琳鄭維謙[16]

據此可知：

1、林成祖數人集資數百兩銀子拓墾淡北，陳、鄭在廈，只有林成祖來臺實際參與拓墾，連橫《臺灣通史》曰：「朋輩助之，得數百金」。實為合股。

2、林成祖將數百兩銀子分別投資於大加臘、八芝連林、滬尾、八里岔、興直五處。

3、林成祖開墾興直成功，其他四處似乎亦有成效。

據合同文書，林成祖投資於興直的有 120.12 兩銀子（合七三銀 164.548 元）除去他的生活費用及零星費用，這點錢（就當他是 150 元）只夠開一條小圳。據尹章義先生研究，林天成在興直所鑿之圳已不知其名（適證具小），但他們在十六，七年裡拓墾了興直 400 甲水田。

墾戶經濟發展到一定規模之後，積累就會加快，擴大再生產的規模也就加大。以林成祖為例，他以在興直莊拓墾成的 400 甲水田為基礎，繼續拓墾擺接一帶。連橫《臺灣通史》記他「年老，猶日事農課，與眾同甘苦」、「鑿大安圳引內山之水以入，……灌田千餘甲，歲入穀萬餘石。既複鑿永豐圳，穿山導流，亦灌數百甲」，終於成為大墾戶。而像施世榜這樣的大墾戶，積累和擴大再生產就毫不困難了，他鑿成八堡圳後繼續開墾彰化平原，開鑿了福馬圳，灌田 4,000 餘甲，等等。

總之，在正常情況下，鑿圳成功的墾戶經濟是可以穩定發展的。

影響墾戶經濟發展的是意外支出——陂圳重大損壞的維修費用和官府的不時之需。

在當時的技術條件下，陂圳都是很脆弱的，一場大雨就可能造成陂圳的坍塌堵陷而花去業戶的大量修理費用。即以八堡圳來說，它用於常年維修的費用「巡圳辛勞穀數百石、築圳辛勞銀八百餘元」相對於每年 45,000 石的租穀來說實在算不了什麼，但「遇水崩圳……另鳩額外加費」

---

16 同 12。

的修理費就不一定那麼輕鬆了。道光年間，施世榜的後代在修圳問題上就因經濟困難而產生諸多麻煩，「遇有崩堤塞圳，重費更加難收，虧累致直年推託，視為畏途，埤匠乏資，貽誤水務。」甚至因貽誤水務「累報秀水施垂裕租館被毀」。[17]說話的雖是道光年間的人，但這種現象的發生恐怕要早得多。事實上，乾隆中期以前修築的陂圳，有許多在乾嘉年間就出現資金短缺，維修困難的事。如霧裡薛圳就因缺錢修圳而招新股入夥[18]。又如六館業戶之一的秦登鑑因無錢修圳，乾脆把他擁有的樸仔籬陂份額賣掉[19]。

當然，對業戶經濟危殆最大的還是自然災害──山洪。臺灣山勢陡峻，河川湍急，一遇大雨輒山洪暴發，圳渠常常因此被沖跨。如淡水的四百甲圳，六十甲圳，福安陂、瑠公圳等皆曾沖壞。其中的福安陂於乾隆二十二年築成，二十四年就被大水沖跨；瑠公圳乾隆 26 年築成，三十年就被沖跨。張氏家族根基深厚，在福安陂被沖跨後還有能力再修一條張厝圳，而郭錫瑠毀家修圳，一旦被沖跨，積憂成疾，於當年 11 月去世。至於林成祖鑿的大安圳「圳寬二丈四尺，長十餘里，過旱溪，埋土管於下，以相接續。而一遇洪水，輒壞，經營數年，糜財十餘萬，始成。灌田千餘甲，歲入穀萬餘石。」至其子海籌時，大安圳崩，傾資修之，產稍折。[20]洪水即使沒整個地沖掉林家的經濟，也使他嚴重受損。

至於官府的不時之需，也像洪水一樣嚴重地損害業戶經濟。清人說，「地方公事皆業戶出應，其用無定」[21]。公事，或公項是田賦之外官府向業戶的攤派，包含著官府和官吏個人兩方面的掠奪，具有很大的隨意性。有時這種負擔對於業戶經濟來說是難以忍受的。

以林成祖為例，乾隆年間他就不斷因為繳納公項而典賣大租業。他於乾隆二十七、二十八年將興直莊的大租 560 石典於傅蘊玉得銀 1,400 元；乾隆二十八年又將興直莊大租 200 石典於張廣福得銀 500 元，都是

---

[17] 同註 14。

[18] 平山勳編《臺灣社會經濟史全集》第七冊·殘存於臺北地方之土地契約書第 24 號文書。

[19]《臺灣私法物權編》第三章·物權之特別物體·第七節·埤圳·第十六號文書。

[20] 同 11。

[21]《彰化縣誌》卷 12。

因為「公項乏用」。以後又同樣因「乏銀輸納……供課、公項」而將以上產業洗貼乏盡而賣絕[22]。林成祖戶乾隆 4 年的絕賣契對他十幾年來的典賣行為不啻為一個概括的說明。該契內容如下：

> 立杜絕洗貼契林海籌、林登墀緣父、祖林成祖有原買林天成興直莊地灌溉，其四至界址載明原契。又買本莊鄭維謙租業二股，前年海籌等乏銀輸納擺接莊供課、公項，將父遺林、鄭各租業托中出賣於張宅上為業，租額銀價登載賣契並付對佃收租明白。三十五年又托中再向洗貼銀三百元，續立洗找契付據，並經張宅立戶張廣福推收在案，……又另有擺接芎林蕉腳社水租粟一百九十一石零，前已憑中立契賣與張宅，……只因積欠擺接等公項，奉文清追，無力完繳，因赴憲轅具控，幸蒙分憲成仁憫貧戶積欠無可措完，諭勸張宅幫助完公之資，並荷張宅高誼，篤念舊好，凜遵憲諭備銀三百大元付籌洗貼，即日當官交足收訖。此實是額外相周，其原賣各業租悉聽銀主前去照賣契、貼契掌管收租……
>
> 乾隆四十四年四月　日
> 立杜洗貼林海籌、林登墀[23]

從乾隆二十七年到乾隆四十四年，為完納供課、公項，林天成戶已將在興直莊拓墾的產業都典賣殆盡了。官府的需索，對於林家的經濟來說確實是一個重大的損害。只是由於林家已在擺接打下基礎，林成祖的子孫又都「能世其家」，繼續鑿圳拓田，林家乃能立於不敗，仍為一大墾戶。

林成祖戶代表了一般的，在自然災害和官府需索之間搖搖擺擺發展的墾戶經濟。

和林成祖、丁作周等中、小墾戶相對的是施世榜、張必榮等大墾戶。他們一方面資金雄厚，有較強的應付自然災害的能力，另一方面或通過捐納，或通過科舉而取得功名，有應付官府的能力，因此所遇到的困難

---

[22] 張廣福文件 A1──7──1，又 A1──8──1。載尹章義撰《新莊志‧卷首》第五章。
[23] 張廣福文件 A1──17，出處同上。

要比中，小墾戶少得多，拓墾也就更容易取得成功。

　　總之，早期業戶經濟存在於他興修的水利之中的，水利成功，其投資方能收回並積累發展。業戶的投資以佃戶租穀形式收回，水利的興修使得佃戶的土地開墾有了成功的保證，同時也保證了向業戶交納佃租。所以早期的業戶和佃戶是互相依賴的，他們分工興修水利和開墾土地，使得大片荒地得到開發，鄉村經濟也繁榮起來。

　　現在，我們可以回過頭來再看看富田芳郎所描繪的神岡，大雅一帶的景觀。其實際的結構乃是，張達京等墾戶共同投資修築了樸仔籬大埤，灌溉了神岡，大雅一帶平原，而眾多的佃戶則向他們佃種數甲不等的土地進行開墾，將土地分割成一塊塊。佃戶們所圍繞的，並非墾戶的權力或公館，而是墾戶興修的水利。如果光有權力而無水利，恐怕具有一定資本的佃戶就要轉移他處「別創」了。朴仔籬大埤的成功，使得眾佃戶的經濟得到保障，而佃戶的租穀也使得張達京等墾戶的經濟積累和發展，乃至「房屋，田園散佈四處」。這其中的關鍵是水利事業的成功，所以興修水利的業戶們，不論成功或失敗，不論大和小，在清代臺灣的開發過程中都起了重大的作用。

墾首考辨——清代臺灣後期土地文書 研究之一

　　墾首制向來被認為是清代早期臺灣（特別是中，北部平原和盆地）開墾的主要形式。我一直懷疑這種說法是後人的理解錯誤，因此，在研究工作中我總喜歡使用業戶（或業主）這個概念而不使用墾首這個詞。1988年8月，臺灣學者尹章義教授來我所作學術訪問，於交流中亦勸我在早期開發的研究中採用墾首這個概念。尹教授認為業戶有大有小，而墾首卻都是大且於開墾有重大作用者。但我始終不能無疑，又去翻閱資料，最終仍然得出結論：普遍對於墾首制這個概念的理解，與歷史實際之間存在著巨大偏差，不糾正這個偏差，會影響我們對臺灣開發史以至臺灣史的研究和理解。因不揣淺陋，寫出個人研究心得，以求教於尹教授和兩岸學者。

　　墾首是歷史上存在的一個名詞，我們應尊重歷史，不應隨心所欲按自己的意思去理解、運用。在分析當代人對墾首一詞的理解之前，我們先來看古人對這一概念的使用範圍。我們從土地文書入手。檢視《清代臺灣私法物權篇》和《清代臺灣大租調查書》中收載的大量土地文書中，[1]在康，雍、乾三朝的文書中，並未出現「墾首」字樣，無論是官給的執照或私人間的給墾字或其他文書，所出現的是業戶（或業主）和佃戶雙方。比如下例給墾字：

> 　　立招佃人業戶李朝榮，明買有大突青埔一所，……今有招到李思仁、賴束、李祿亭、梁學俊等前來承贌開墾，出得埔銀六十五兩正，情願自備牛犁方建坡圳，前去耕墾，永為己業。歷年所收花利照莊例一九五抽的，及成田之日……每一甲經租八石，車運到港交納。……
>
> 　　　　　　　　　　　　　　　　　　　　　　雍正十年十月[2]

---

[1]　臺灣學者與美國學者合作，收集並編纂了比這兩本集子豐富得多的「臺灣公私藏古文書集」筆者限於條件未能見到，十分遺憾。條件既有限制，疏漏在所不免。尚祈其他學者能利用更廣泛的資料予以指教。

[2]　「清代臺灣大租調查書」「第二章・漢大租・第一節・給墾字」第三號文書。

直到道光朝的土地文書中，墾首方才出現。以下為「大租調查書」和「私法物權篇」兩個集子中年代最早的有關墾首的土地文書：

> 同立給墾招佃字人墾首張居郎、潘奈正等，有先年同向水沙連社通事毛天福，社丁首黃林旺給出八關仙管內埔地一段……今給付與張天球叔前去自備工本開鑿水圳，招佃收稅納租，永為己業。三面言定三年之後，開墾成田，定例每甲並年配大租粟四石正，經明丈五分零一毫四絲正，年配納墾首大租粟二石零六合正……如有拖欠大租者，聽墾首招佃收抵……其田因佃戶自鑿水圳，工本浩大，日後價值千金，郎、正等永不得加增租粟……
>
> 即日收過埔底墾字銀二大員正完足，再照。
>
> ……
>
> 道光十年正月　日、上字第四號
>
> 同丈給招佃墾字人張居郎、潘奈正代筆人李永成[3]

這是道光年間埔里社盆地開發時墾首與佃戶間的一份墾字，類似給墾字在「大租調查書」還有 6 份，時間從道光 10 年至光緒 12 年，地點都是埔里社盆地的六社，內容大同小異，不一一列舉。

墾首有時也稱墾戶首，如下例文書：

> 立給單字人墾戶首陳化成，有墾過六社化番草地主六改二世管貓蘭社轄內頭股荒埔一所，東至陳歡田界，西至莊高生界，南至圳界，北至崁界；四至明白。經丈六分正，給付佃人陳壽官前去自備牛工、種子，竭力墾耕成業，逐年晚季納大租穀三石六斗正。即日收過陳壽官墾底銀三元六角正；隨即將埔踏明界址，交付佃人前去耕作。至期完納大租，務須到館重風煽淨，完納清楚，不許少欠升合；如是少欠升合，聽墾戶首起耕別佃，亦不得刁難滋事。此係業佃兩願，合給墾單字一紙，付佃執照。
>
> 即日收過墾底銀三元六角正，執照。
>
> 同治十三年三月　日給
>
> 代書人　黃大成

3　「清代臺灣大租調查書」「第二章・漢大租・第一節・給墾字」第七三號文書。

　　在場知見經丈人　陳陽載

　　這份文書所表現的關係，和上舉墾首張居郎，潘奈正的給墾字基本相同。類似這樣稱墾戶首的文書還有多份，不贅。

　　嘉慶中，容易開墾的平原，盆地及丘陵都已開發殆盡，於是拓墾就發展到交通不便的埔里社盆地。嘉慶19年水沙連隘首黃林旺與嘉義，彰化人陳大用、郭百年「擁眾入山」拓墾埔裡、水裡兩社番地，嘉慶22年，拓墾為當局所禁，拓墾者被逐出盆地，土地歸還番社。但人口的日益增加，土地的日形減少，使得拓墾之勢不可阻擋，不顧禁令而入墾者一直不斷，當局終於在道光末年同意漢人入墾埔里盆地。咸、同、光年間埔里盆地終於得到全面開發。上述給墾字就是道光至光緒間拓墾者之間的土地文書。將這些文書與早期業戶的給墾字進行一下比較，除了租率較低之外，無多大差別。

　　我們再來看墾首與番社訂立的文書。以下是一例水裡番社給與墾首的番社給墾字：

　　　　立出開墾字水社化番頭目草地主目改旦，有承祖父遺下草地
　　　　一所，址在木屐蘭毗連長寮內外茄道坑等處，……今因草地曠
　　　　遠，又兼凶番出沒之區，房親番等不能開耕種作，茲有吳忠鳳為
　　　　人慷慨、明幹耐勞，自備墾底銀五十五大元正，前來給墾。其草
　　　　地隨即踏明界址，交付墾首前去掌管，自備工本招佃開墾，收租
　　　　納課，永為己業……
　　　　同治十二年八月

　　　　　　　　　　　　　　　　　　　　　代筆人　　莊士希
　　　　　　　　　　　　　　　　　在場知見人　　黃天肥
　　　　　　　　　　　出開墾契字水社化番草地主　　目改旦[4]

　　從這份文書來看，像吳忠鳳這樣的墾首所擔任的是就獲取土地與番社打交道。將這份文書結合上舉一份給墾字來看，有的墾首似與早期的業主無多大區別，所做的就是從番社處獲得土地，再招佃開墾，收取大

4　「清代臺灣大租調查書」「第三章・番大租・第七節・草地租及亢五租」第一號文書。

租，惟租率較低。此外從別的文書中發現，尚另有一種墾首，只是作為自備工本進入埔里社盆地開墾者（墾戶）的代表與番社打交道而已。如下舉一例文書：

> 出分墾闖書字
>
> 立出分墾闖書字人日北番墾首陳老己，即孫陳登雲，緣咸豐四年，已與陳羅等有鳩集銀元貨物，向埔社化番草地主篤律，雅安、宇完、包完等給墾荒埔一所，址在東螺地邊生番股內，當時立有墾契，四至大界載明契內。其時分為二十七份，各拈闖份，自備工本開關成業。陳羅官份東至陳文生毗連為界，西至林有為毗連為界，南至雙寮股為界，北至吞霄股為界。每份逐年配納化番租穀九斗正；掌管耕種，已歷多年。但因當日墾契惟雲祖父一人名字，其餘同墾諸人並無契據，竊恐後日子孫不知底細，致生事端，以此陳羅等前來相商，各分出闖書契字一張，以作契券，情願備出佛銀五元，以為蓋戳、花紅、書筆資諸費。此係二比甘願，各無迫勒反悔，爰是立出墾闖書字二十七紙，各執一紙，陳羅永遠執炤。
>
> 即日當場陳羅實備出佛銀五元，稱三兩五錢，以為花紅筆資諸費足訖，炤。
>
> 第二十四闖陳羅
>
> 光緒十三年正月　日
>
> 　　　　　　　　　　　　　　　　　　　　代筆人　劉慶雲
> 　　　　　　　立分墾書字人　墾首陳老己（即孫陳登雲）[5]。

像陳老己這種墾首只是作為各個墾戶（自備工本墾者）的代表，與番社打交道。看來，他當墾首所獲得的只是後來陳羅備出的花紅筆資5元（給其孫陳登雲）而已。這種情況類似於嘉慶年間宜蘭平原開發過程中的結首制。

總之，埔里盆地開墾過程中的墾首基本有兩種，一種類似於早期的業戶，另一種類似宜蘭平原開發時的結首。

5　「臺灣私法物權篇」「第四章・物權之特別主體・第七節・共有」第十四號文書。

　　埔里盆地的開發時期是臺灣開發史上的第一個出現墾首制的時期。除此之外，尚有出現墾首制的第二個時期，即光緒年間當局開山撫番，開墾北路、中路，南路山地時期。下舉三例此一時期有關墾首制的文書：

　　諭示

　　……辦理臺東秀姑巒撫墾局候補儒學正掌劉，為諭給墾照事。案據該墾首邱霖送稟稱：竊查針塑莊左近有草埔一塊，土名頂平莊，……四至明白。霖送擬在該處地方，自備農器、牛種，招人耕作，以資生聚。懇乞給發諭單，執為管業等情到局。據此，查本局所轄地方，四抵遼闊，隙地甚多，既據稟請給諭開墾，自應准如所請，以盡地利，合行諭飭。為此，諭仰該墾首即便遵照，務須查明四抵內有無民番已開之田；如與民番無礙，方可認地插標，量力開墾；將來墾闢成熟，仍須報丈給單，按則升科，以杜爭競，而憑管業。切切，毋違，此諭。

　　右諭，仰頂平莊墾首邱霖送准此。光緒十八年四月十五日給[6]

　　墾諭

　　……統領臺灣後山中、南、北三路軍，辦理開山撫番事務，鎮守臺灣等處地方掛印總鎮誠勇巴圖魯吳，為諭飭遵照事。本年十二月十二日，據針塑莊墾首鄭玉華稟稱：為懇給墾約以垂久遠事。竊華世居彰化葫蘆墩九間厝，緣光緒四年正月間蒙招墾委員朱日升諭飭，充當墾首，招集素業農務民人，開闢璞石閣金瑯莊荒地。自墾闢以來，收成頗豐；惟荒郊寬互，開闢難周。光緒五年八月，曾在飛虎左營吳協臺處，稟假出山，招農民入夥，以冀人力足而開地方多。惟華自充墾首以來，未奉憲臺發給墾據……況後山打馬園羅阿兆等墾首，俱皆奉給墾約執據，合無仰懇給發墾約一紙……

　　……

　　　　　　　　　　　　　　　　　光緒五年十二月十三日[7]

6　「臺灣私法物權篇」「第一章・總論・第一節・土地開墾之沿革」第十九號文書。
7　「臺灣私法物權編」「第一章・總論・第三節・物權之得失」第六九號文書。

　　牡丹社之役後，清廷認識到臺灣在海防中的重要地位。於是「番政」一新，撫墾並行。沈葆楨奏請開山、募民往墾山地。劉銘傳於中法海戰後。更重視撫墾之事，設撫墾總局，大力開發山地。撫墾局一方面出錢出糧招募大陸和臺灣的人民往墾山地，一方面也召集有力者出資為首組織開墾，組織開墾的人就為墾首。前兩例之鄭玉華以及邱霖送就都是應募充當墾首，出資「自備農具，牛種，招人耕作」的。在沒人出資充當墾首的情形下，招墾局出錢出糧招募人民入山開墾。但撫墾局本身並不想成為業戶而希望提供錢糧的年限滿了以後「自此限滿截止口糧之後，所有各處墾民已開田畝，雖不能全為成熟，然已略有收穫，足資衣食，但准由該墾民自行雇人，以為民招民墾，民收民食。所墾之地，永為民業」[8]。而雇人開墾者。亦有可能成為墾首。

　　入山開墾最大的危險在於和山地的先住民發生流血的衝突。在這方面，墾首所負擔的責任似乎不多。有的墾首要出資備辦農具，有的則僅僅負責與官府打交道而已。但墾首要抽取一成的大租以及擁有其他權利，如下舉「合同字」所示：

　　　　立合同字人平埔劉文觀，吳添觀、潘三枝、趙順來等，因本年十月間，招墾眾佃戶移徙致居大埔莊，經向埤南新街張義春號當堂面議，日後開墾成田園，萬年永遠，眾墾戶每年季穀、麥、麻、豆、地瓜付墾首張義春號一九抽收。其錢糧正供，番粗，該眾佃戶願備完納，與墾首無干。此係兩願，各無反悔，恐口無憑，立合同字二紙，付執為炤。一、議者：高山八社平埔番人往來，眾佃戶應抵當，此據。

　　　　一、議者：遇眾墾民風水不調，棺槨衣衿之費十二兩五錢，應墾首抵當，此據。

　　　　一、議者：每年五穀欲有出糶者，盡付墾首收，不許他人採糶，此據。

　　　　光緒十九年歲次癸巳陽月　　日

　　　　　　　　立合同字人　張義春號墾戶　潘三枝

8　「臺灣私法物權編」「第一章‧總論‧第一節‧土地開墾之沿革」第五號文書。

劉文觀
吳添觀
趙順來[9]

　　從這張文書來看，像張義春這樣的墾首，除了負責與官府打交道外，只要負責死亡佃戶的喪葬費，但卻要抽取一成的大租，可算是坐享其成了。

　　綜上所述，古人所謂墾首制者，乃存在於清代後期，主要是埔里盆地和開山撫番的山地開墾過程中者，而非早期臺中盆地、臺北盆地及最南部的開發形式。當然，如果後人一定要把早期的開發形式命名為墾首制的話，似乎亦無不可，但這樣一來不但會造成混淆，而且會影響我們對臺灣開發史以至臺灣史的正確理解。以下結合「墾首制」這個名稱廣泛流傳的原因來談這個問題。

　　墾首制這個名稱之廣泛流行，首先在於簡單地將業戶（或墾戶，大租戶）等同於墾首。這種情況可溯自清末。古人無意去分辨早期業戶和後期墾首區別，而只看到兩者都是大租戶。這是一個盲點。光緒年間觸動整個臺灣社會的清賦運動進一步擴大了這個盲點。發動清賦的劉銘傳十分厭惡大租戶，認為他們是不勞而獲者，是清賦的主要障礙，在「清賦奏議中」，他有一段關於大租戶的著名論述：「臣渡臺以來，查悉民間賦稅較之內地毫不輕減，詢之，全係紳民包攬。如某處有田若干可墾，先由墾首遞稟承攬包墾，然後分給墾戶，墾首不費一錢，僅遞一稟，墾熟之後，墾首年抽租一成，名曰大租」[10]。劉銘傳所舉的一九分成的大租戶實際上是後期的墾首（大家知道早期的業戶與佃戶採取一九五分成即業戶得 1.5 成大租），但清賦實際所遇到的阻力主要是清代早期流傳到後期的業戶，劉銘傳簡單地用後期的墾首這個概念將前期的業戶也包括進去了。由於清賦和劉銘傳本人在臺灣歷史上的重大影響，這段話經常被引用來證明大租戶的貪婪和不勞而獲，不知不覺中，大家也不注意

9　「臺灣私法物權編」「第一章・總論・第一節・土地開墾之沿革」第二一號文書。
10　「清代臺灣大租調查書」「第一章・通論・第二節・大租之沿革」第十四號文書。

去分辨早期的業戶和後期的墾首了。今人亦往往陷入這個盲點之中，如有人毫無根據地就說：「墾首，在臺灣歷史也稱墾戶、業戶、業主、頭家、莊主等等。」[11]以為墾首和業戶是可以通用的。

但今人對於墾首制的錯誤看法，更重要的還源自對清代早期臺灣開發的佃戶的錯誤見解。很多人往往以為佃戶都是兩手空空。貧無所依的大陸移民，非得依靠業戶提供牛、種、農具及生活資料不能存活者，而業戶因提供了土地、牛、種、農具和生活資料而能在經濟上以及政治上控制佃戶，進而擁有某種類似行政上的權力而成為某種首領，「墾首」這個歷史上曾經存在的名稱就自然而然地被拿來應用了。比如，有學者說：「早期從大陸偷渡來臺的流民大多一貧如洗，他們必須投靠有資本的墾戶給予種子和農具。由墾戶向官府申請開墾權，而官府對這些流民的治安問題，也都交給墾戶自行負責。尤其是靠近生番之地需要自衛的武裝力量；此種開墾組織更屬必要，靠此種組織佃戶乃可獲得權利和生命的保障。所以墾戶和佃戶的關係，在此種邊疆的環境下，有一部分已超出了純粹土地租佃的經濟關係，而略有行政和司法的主從關係。因此墾戶不只是土地的業主，而且是這一開墾組織之首，故也稱為『墾首』。」[12]實際上，據筆者的研究，許多佃戶是擁有一定資本的，能夠自備牛、工、種子和生活資料以及興修小型水利而進入生產的[13]。他們無須十分依靠業戶。這種「墾首」的概念也就難以成立。業戶對於開發的貢獻主要在於投資水利建設，[14]佃戶的資本和墾戶的資本結合起來，臺灣的土地才得到迅速的開發。佃戶的資本，從個人的角度看，是一個小的量，但從整體的角度看這個量就非常大了。如果這個資本也由業戶提供的話，業戶或者不能負擔，或者就要大大減少水利投資，無論哪種情況，都將極大地延緩臺灣的開發。佃戶在經濟上既無須十分依靠墾戶，其他的依靠也就很難成立，這樣，從社會的角

---

[11] 「清代臺灣墾首制研究」。

[12] 陳其南，「清代臺灣漢人社會的開墾組織與土地制度之形成」。

[13] 參閱拙作「清代臺灣給墾字研究」載「臺灣研究集刊」1988年第二期。

[14] 參閱拙作「清代臺灣墾照與番社給墾字研究」載「臺灣研究集刊」1989年一期。

度來看，所謂墾首制的社會組織的基礎也很不實在。實際上，清代早期臺灣社會的狀況是十分模糊不清的，由於存在著錯誤的墾首制概念，因而簡單地認為「墾首的存在不僅為官方所承認，而且因此而發生的開墾組織似乎已經是一種社會制度」[15]，這就阻礙了對早期社會情況的深入研究。

　　總之，筆者認為過去普遍認可的「墾首制」的錯誤看法，有必要予以廓清。

---

[15] 陳其南，「清代臺灣漢人社會的開墾組織與土地制度之形成」。

清代臺灣土地開發史上墾首、業主、佃首等名稱的地理分佈

　　拓墾形態是臺灣開發史研究中的重要課題。長期以來,清代臺灣的拓墾形態一直被籠統地說成是「墾首制」。但稍許深入的探討立即表明,臺灣的開發過程中存在著各種各樣的關係和形式,並非「墾首制」一詞可以概括的。筆者以前曾經說過,墾首制的拓墾形態,見之於道光年間埔里盆地的開發和光緒年間「開山撫番」時,中路山地的開發之中。而一直被認為實行墾首制的早期開發,尤其乾隆中期以前,中、北部平地開發高潮中的拓墾形態,大部份表現為業戶出資興修水利(尤其是大型水利)佃戶出資開墾荒地的業佃合作形態[1]。對於乾隆以後,中,北部的丘陵、山地之開發則尚未涉及。

　　近閱臺灣師範大學地理系教授施添福先生文章《歷史地理學與臺灣史的研究》,筆者受極大啟發。施先生採用歷史地理學方法,結合歷史文獻和田野考察,將竹塹地區的開發分為三個人文地區,各有不同的拓墾組織和形式:

	漢墾區	保留區	隘墾區
開墾領導者	業戶	佃首(墾戶、墾戶首)	墾戶(墾首、墾戶首)

　　根據施先生所繪的地圖,漢墾區包括新竹沿海平原和桃園臺地,隘墾區則已進入山地、即清代居住於山地的先住民所佔據的「番界」,而保留區則介於二者之間。[2]竹塹地區文書契約中所呈現的墾首(或墾戶首)的案例,多分佈於隘墾區,即山地。聯繫筆者以前所說的存在墾首制的埔里盆地和「開山撫番」的中路一帶也都是山地(埔里盆地是山地之中的一塊小盆地)便使人產生一種想法、即墾首制這種拓墾形態是山地開發中的特殊形式。筆者以前未曾涉及竹塹地區,而竹塹地區的山地

---

[1]　參閱拙作《墾首考辨》,載《臺灣研究集刊》,1989年第2期:《清代早期臺灣中部北部平地的鄉村經濟和業戶經濟》,載《臺灣史研究會論文集》第二集。

[2]　施添福《歷史地理學和臺灣史的研究》載《臺灣史田野研究通訊》第14集。下引施先生文皆出自此篇。

及其它中、北部山地的隘墾形式在臺灣開發史上是佔有重要地位的。筆者深感以前披閱文獻資料不夠廣泛深入（當然，筆者在大陸，所能接觸的資料有限）。施先生說：「臺灣開發史的研究，近年來似乎是成為臺灣史研究的重點題目之一。關於開發史上的拓墾形態問題，學者之間好象意見略有不同，有主張墾首制的，也有主張業主制的，並且因而產生爭論。此外，對於擁有土地者，以及領導開墾荒地者的稱呼也相當多，譬如『業戶』、『業主』、『墾戶』、『墾首』『墾戶首』及『佃首』等等各種不同名目，學者也似乎甚少加以釐清，研究起來有時令人混淆難辨。」筆者亦有同感。因此，在施先生文章的啟發下，再仔細閱讀史料，並對業戶、墾戶、墾首、墾戶首、佃戶首等概念進行考察思索，獲得了一些新的認識，有些看法和施先生也不盡相同。在此將自己的心得寫出來，求教於施先生和其他學者。

墾戶、業戶、業主

　　從清代臺灣土地文書看，墾戶和業戶這兩個稱呼體現的是荒地開墾者、土地所有者和政府之間的關係。而業主體現的是私人間的權利關係。

　　墾戶之產生，在官府將墾照（墾單、執照）授予荒地請墾者之時，清初臺灣荒地甚多，有意開墾者，只要報請官府，呈明四至，於「民番無礙」，一般都可獲得批准。清末時人說：「……縣官出示招民開墾，冀以擴張疆界，而充益國課。無如臺灣島地廣人稀，阡陌之利未開，賦政之源未出，故凡有赴官衙請墾者，不問貴賤，悉行照準，祗以速成為效。官將原稟照抄，批示許可，字據蓋用縣印，給付墾戶執憑，聽其備咨招佃興工開墾，三年之後，照例稟報成科，配供納課。」[3]准此，獲得墾照即成為墾戶，有佔有並開墾土地的權利。開墾成功，升科納稅後即成為業戶。以早期臺北盆地的著名墾戶陳賴章為例，在官給其准墾的諭示中說：

---

[3]　《清代臺灣私法物權編》P.193《墾照說略》。

　　臺灣府鳳山縣正堂紀錄八次署諸羅縣事宋，為給墾單示，以便墾荒裕課事。據陳賴章稟稱：「『竊照臺灣荒地，現奉憲行勸墾。章查上淡水大佳臘地方有荒埔一所，東至雷厘、秀朗，西至八里岔干脰外，南至興直山角內，北至大浪泵溝。四至並無妨礙民番地界，現在招佃開墾，合情稟叩僉批准給單式，以便報墾陞科」等情。業經批：「准行』，『……並無妨礙……』」，據此，合給單示付墾。為此，示仰給墾戶陳賴章即便招佃前往大佳臘地方，照四至內開荒墾耕，報課陞科……

　　康熙四十八年七月二十一日。給發淡水社大佳臘地方張掛。[4]

　在諭示中，官府承認陳賴章有權開墾荒地，並稱其為墾戶。

　　一般認為，土地開墾成功，升科納稅以後，墾戶即成為業戶。但業戶對於政府來說，與其說是土地所有者，不如說是納稅者更為重要。只要納稅，仍稱墾戶亦無妨。因此，在實際運作中，墾戶、業戶往往被混合使用了。如下舉一例官給執照：

　　福建臺灣等處承宣佈政使司，為請定報墾給照之例等事。乾隆十八年五月十三日，奉准戶部咨，廣東司案呈，本部議覆浙江按察使司同德條奏；報墾荒地，令布政使司刊發執照，給業戶收執一案，請嗣後民間報墾荒地，令布政使司刊刻執照，鈐蓋司印，預行頒發各州縣，俟墾戶呈報勘明，即將業戶姓名、畝分、四至，歲底造開彙報藩司查核。……奉此，合行給照。為此，照給該墾戶即便查照收執，須至執照者。

　　今開：

　　宜蘭縣墾戶林隆報墾不入則田一分九厘二毫，坐落內外石空莊地方，東至山崙處，西至山崙處，北至坑底處，實係自墾田地，應以光緒二十年起科。

　　右照給宜蘭縣墾戶林隆准此。

　　光緒二十年九月　日給

　　布政使司　　布字四百十七號[5]

4　《清代臺灣大租調查書》P.2。

5　《清代臺灣私法物權編》P.236。

　　這張執照中的林隆，陞科納稅後仍稱墾戶。似此墾戶、業戶稱呼混用的例子尚多。由於墾戶、業戶兩個稱呼可以互相代替，因此，這兩個稱呼的地理分佈似乎無法硬性劃分。實際上，在施先生研究的竹塹地區，也有這種混合使用的例子。下舉一例承辦合興莊隘務的塹城殷戶陳長順的例子。合興莊在施先生所繪地圖的鹹菜甕附近，屬隘墾區，據施先生的劃分，應無業戶稱呼。但陳長順在官給諭示中被稱為墾業戶、業戶，在私人契約中，被稱為墾戶。諭示和私人契約如下：

諭示

　　欽加府街、署臺灣北路淡防分府胡，為給發諭戳，以專開墾責成事。本年九月二十九日，據墾戶劉引源、衛壽宗等稟請：該所地方無隘把守，凶番疊出，人民樵牧，被殺不計，無處耕種。緣本城有殷戶陳長順熟識墾務，頗有家資，茲蒙仁憲諭令陳長順為合興莊墾業戶，准給諭戳，以衛地方，深為德便。諭著陳長順自備口糧資本，在於合興莊等處地方開闢青山，備募隘丁，建造炮櫃。在要所駐紮，拒守凶番，人民無慮番害。備募丁佃開闢等所山林、埔地，田園以及大租，口糧等各項，概歸陳長順掌管，自收租納課，永為己業，彌補資本，報丈陞科各等情。據此，除出示曉諭外，合行給發諭戳。為此，諭仰業戶陳長順即便遵照，須要趕緊建隘防番，招佃給墾，開荒為田，按甲丈量，就佃取收大租、口糧，資本有歸，國課關重，地方攸關，毋致弛廢，備宜凜遵，毋違，特諭。

　　計開：

給發印諭一道，戳記一個。

嘉慶二十五年十月初六日諭。

總契字（私人文書）

　　同立總契字人九鑽頭莊、山豬湖……墾戶劉引源、新興莊墾戶衛壽宗等，為生番猖獗，時常出沒沿處擾害，各莊佃人王會三，……等會同各莊籌議，欲在於南河山坑建設隘寮三座，……一切需費難以籌辦。爰集眾莊籌議，歸於陳長順出首承辦，議將南河內及九鑽頭起，至水坑、下橫坑止，即就該地各處尚有未墾

餘埔，併及山林，即日當眾踏界，……情願歸陳長順自備工本，招佃開闢……永為己業。……經據各墾戶、通事呈請，即將前墾同為廢紙，無論前墾之人欲行該地墾種，另向墾戶長順承給，酌貼隘費，不敢違約。……

　　嘉慶二十五年十月　　日

　　……

同立總契字人墾戶衛壽宗、劉引源[6]

　　類似陳長順，我們無法分辨他到底是墾戶，或是業戶，實際上，我們與其去區分墾戶，業戶，還不如去區分墾戶和荒地開墾者，業戶和業主來得重要。自清代至今，很多人往往不注意區分這兩對稱呼，因而造成一些混亂。我們可以借用今天的術語，簡單地將這兩對稱呼區分如下。即墾戶和業戶猶如今天的法人，而荒地開墾者和業主猶如法人名下的自然人或自然人聯合體。墾戶、業戶的名字，只是開墾者和所有者在官府處立的戶名，是法人名稱，他們以這個戶名和官府發生關係。在私人關係方面，如果墾戶或業戶由單個人組成，他們既可以使用法人名稱，也可以使用自然人名稱。在多人合股組成的場合，往往是使用自然人姓名，或者法人名稱及自然人姓名並用。由此可見，在私人關係方面，使用自然人稱呼——業主的頻率要比使用法人名稱——業戶和墾戶高得多。這也是業主稱呼到處可見的一個原因。以下我們來看一張私人關係文書，作為法人名稱和自然人名稱並用的例證。這是一張業佃之間的給墾字：

　　立墾單字人業戶張和中，向官給串，開墾草地荒埔一所，……整頓農具，招至西螺新街佃戶高宗基等前來認主立單，開墾耕種，熟園遞年配納大租一九五抽得，凡有耕種五穀、雜子，冬屆之期，前來請主捐抽，以納供課。此系業佃兩相允諾，立字為憑，萬古遺存，永為己業。……

　　乾隆七年二月　　日

　　　　　　　　　　業主張□□

6　《清代臺灣私法物權編》PP.467-471。

　　　　　　　　　　　　　代書人姚瑞章
　　　　　　　　　　　　　立開墾單字業戶□□□[7]

　　由於墾戶、業戶為獨資時，其立戶名，往往保留自然人的姓而另取兩字為名字，因此最容易產生混淆。如因鑿築八保圳而著名的施世榜，其戶名為施長齡。這個戶名一直保留到清末。又如開發臺北盆地的張必榮，連橫著《臺灣通史》說他「淡水海山堡人，力田致富。」據輔仁大學教授尹章義先生考證，張必榮是戶名，其人姓名為張方大[8]。

　　墾戶、業戶如由多人合股組成，其取戶名，在早期，往往由合股者的姓或名合成，如上舉陳賴章墾戶即是，其由陳天章、陳逢春、賴永和、陳憲伯、戴天樞等人組成[9]。我們常常在土地文書中看到張陳石、何周沈、吳林興等，當亦屬這種情況。在中期，除了採用合股者姓和名合成戶名以外，很多戶名之首往往冠以金字。如著名的竹塹地區的大墾戶金廣福即如是，而廣字則代表粵人，福字代表閩人[10]。

　　現在，注意到戶與人的區別的人漸漸多了。但筆者認為，這個區別還可以進一步啟發我們去認識一些重大問題，比如說，困擾我們已久的墾首制問題。

總墾戶、墾戶首、墾首

　　雖然墾戶和業戶到處都有，但不同地區的墾戶所發揮的作用是不同的，必須加以區分。

　　漢人移民在臺灣拓墾，最重要的事務之一是處理和「番人」之間的事務。平地的墾戶只須和平埔族打交道，因平埔族生性善良，平地墾戶在這方面的事務只是以饋贈牛酒等手段結好番人，然後購買他們的土地進行開墾等和平事務而已，甚或經常籍著平埔族的溫和而欺侮他們。山

---

[7]　《清代臺灣大租調查書》P.65。
[8]　尹章義《臺北平原拓墾史研究》。
[9]　尹章義《臺北平原拓墾史研究》。
[10]　戴炎輝《清代臺灣之隘制及隘租》載《臺灣經濟史七集》。

地的墾戶就不同了。他們取得土地要通過武力手段，和居住於山地的先
住民（所謂「生番」,「野番」）爭戰而得。為防「生番出草」，要設隘「防
番」。「惟建隘防守，披荊斬棘；築埤開圳，事事費力費錢。既有殞命危
險，又有傾家蕩產之虞」。[11]所以山地墾戶的事務是非常繁難複雜的，非
平地墾戶所能比。因山地墾戶的事務既關係到「番政」，又關係到墾務
等社會問題，所以官府十分重視，往往授之以諭戳，給予一定的權力。
這樣，就容易使人以為墾首是由於擁有權力而產生。實際上，如果從稱
呼方面來看，墾戶有了權力後仍舊稱墾戶，（戴炎輝先生對山地墾戶和
隘墾研究最詳，可參閱戴撰《清代臺灣的隘制及隘租》），而地方上最有
權力的墾戶卻稱總墾戶而不稱墾首。墾戶首和墾首稱呼的產生，另有其
原因。

　　先談總墾戶。山地墾戶由於事務繁難，所以充當者要既有財力，又
有能力，並非人人都能勝任。上引陳長順之例，就是因其能勝任，而以
割讓一些荒地給他為代價，讓他當有權的墾戶而負責建隘「防番」。陳長
順為獨資，其墾戶一直存留到光緒 13 年劉銘傳清丈取消隘糧大租時[12]。
據前文所引用有關陳長順墾戶的文書，其所負責的範圍內，包含有劉引
源、衛壽宗等墾戶。但官府授予陳長順諭戳時仍稱其為墾業戶，民間亦
稱他為墾戶。陳長順所負責的權力和範圍還不夠大，所以沒有稱總墾戶
的資格。而像金廣福墾戶這種負責的範圍和權力都極大的墾戶，就有這
種資格了。

　　金廣福原為塹城的閩粵合夥商號，道光 14 年 12 月官諭飭建隘開
墾。其負責範圍極大，包括塹城附近的石碎崙、金山面、雙溪、大崎、
圓山仔，及西南沿海的茄冬湖、鹽水港、南埔等一帶。這裡面包含著許
多墾戶是毫無疑問的。金廣福為這一帶的首領，卻不因此被稱為墾戶首
或墾首，而是被稱為總墾戶。如下舉官給諭示：

　　　　署臺灣北路淡水總捕分府范，為曉諭完納，以資隘費事。案

---

[11] 戴炎輝《清代臺灣之隘制及隘租》載《臺灣經濟史七集》。
[12] 《清代臺灣私法物權編》PP.471-472。

據南興莊總墾戶金廣福稟稱，……於道光十四年，蒙前實任憲李示諭，在塹南橫岡頂建隘三十六座，雇募隘丁二百六十九名。……雖蒙李前憲諭著招佃開墾，就地取糧，不敷尚多。……為此示仰大北埔莊管下各戶及耕佃民番人等知悉：爾等所有前經撥歸金廣福管收隘糧穀石，每年仍須照舊向南興莊總墾戶金廣福如數貼納，以資給發隘丁口糧。自示之後，倘該業戶、墾戶、耕佃人等再敢違議抗納，經該總墾戶金廣福指名具稟實，即嚴拏究追，決不姑貸……。

道光二十年十月　日給發貼曉諭。[13]

總墾戶這種形式一直保留下來，如光緒年間，黃南球任竹南二堡一帶總墾戶，且「守隘得力，蒙憲臺所深知」[14]。戴炎輝先生認為墾戶為鄉職之一種，由官府諭示。以山地（隘墾區）論：固亦不錯，但如用於總墾戶身上，則更為合適。只是不知什麼原因，尚未見論及總墾戶者，而汲汲於墾首權力者倒不少。我們下面就來弄清墾首這個稱呼之產生。

筆者認為，墾首稱呼的產生極可能經由墾戶首，而墾戶首者，為合股墾戶之領導或代表。就是說，假如我們將墾戶視同法人，墾戶首則如同法人代表。金廣福墾戶的契字為這方面提供了例證。

金廣福商號充當墾戶時，內部訂有契約如下：

塹之東南山樹木叢雜間，有數處隘寮，祇為私寮隘，力寡難支，……上年十二月間，廳憲李念切民瘼，更建隘樓十五座，雇募隘丁分駐巡防，守望相助，其所以為民計者，至詳且悉矣！本年二月間，蒙諭飭捐本生息，招佃墾耕，備支隘費，僅以遵諭籌議等事，僉請蒙批在案，……爰是公同妥議，捐勸出本銀經營生理，兼收山利，以為開墾備支隘費之用。將來生理已有贏餘，收成之日，就本的利照份均分，仍將開墾已成田園丈明甲數，照份均分，田園按甲配納大租隘糧，以供隘費，以垂永遠。凡在同事之人，務宜秉公慎察，不得徇私故違。合將一切條規開列于左：

一、議：官給墾戶金廣福之公戳，存在公所，公舉收掌。遇

[13] 《清代臺灣私法物權編》PP.485-486。
[14] 《清代臺灣私法物權編》P.474。

有公事應用，公同取蓋，並鬮修二人戳記，合批明，照

一、議：……

一、議：姜秀鑾、林德修二人為墾戶首，務宜盡力設法開墾。至墾成田園之日，有功在前，酬勞在後。應分別大、小功勞，先踏出二人功勞田外，餘作三十份攤分，合批明，照。

一、議：金廣福生理得利銀元，先作二八抽分付與。

一、議：在莊抽的收租，並洽賣草地田園，除給奉隘糧開費外，餘概作三十份均分，合批明，照[15]。

由此可知，金廣福墾戶為 30 股組成（有可能不止 30 人），而姜秀鑾、林德修（後林德修為周殿邦取代）為墾戶的領導和代表——墾戶首。由其他官方文件來看，這一點也是很明白的，如一份諭示的開頭稱：「……卷查南興莊閩粵總墾戶金廣福，墾戶首姜殿邦稟稱……」[16]用現代的話來說，將法人和法人代表分得清清楚楚。

墾首是否由墾戶首簡稱而來，筆者尚未讀到直接明言的文獻資料。但大致說，墾戶首稱呼之產生是在墾首之前。據施先生對竹塹地區文書的統計，有墾戶首稱呼的文書的年代分佈為嘉慶、道光、咸豐，而墾首的分佈則為同治、光緒。

就所能接觸到的資料來說，筆者曾讀到過同一人而在不同文書中分別被稱為墾首，墾戶首，亦曾讀到過一張文書中，墾戶首、墾首共用的例子。

前者為一番墾戶首（或墾首），其為彰化東螺屯大突社番潘岱。今移錄其一於下：

立遵示招墾字東螺屯大突社隊目斗禮……有……養瞻屯埔，……。旋因本社離遠，無力自耕，且恐誤公，……爰遵示于道光己丑年，再僉舉墾戶首潘岱，招得民佃唐斯虞自備工本開圳墾……，壬辰年起，每年供納養瞻租穀一石正，限定早、晚兩季認向隊目，墾戶首協同監收，………

---

[15]　《清代臺灣私法物權編》PP.475-476。

[16]　《清代臺灣私法物權編》P.486。

……

立遵示招墾守東螺隊目　　斗禮[17]

另一份文書為嘉慶 24 年潘岱替大突社招民佃的，在其中他被稱為「墾首番潘岱」。存在著番業戶或番墾戶是眾所周知的，因此也就有可能產生番墾首或番墾戶首。

墾戶首和墾首在一張文書中共用的例子為埔里社盆地開墾時的事。筆者讀到 2 例。今舉其一於下：

> 立給分墾字人墾戶首曾德成，有自己向官給出鹿槌一帶草地，今有佃人沈池自備工本開墾旱田一段，……經丈一分七釐九絲二忽正，交付沈池掌管耕作，永為己業。……每年該納大租穀七斗一升六合八勺正，……自運到館完納，聽墾首完納供課，不得濕冇抵塞短欠等情；如有等情，聽墾首將田起耕收抵，……
>
> ……
>
> 光緒十六年六月　　日

……

立給分墾人墾戶首、曾德成[18]

由上例看，許多地區是不分別墾戶首和墾首的。

總之，由於山地墾戶事務繁多，因此合股墾戶須選舉有資財有能力者充當他們的領導和代表──墾戶首或墾首。平地的合股墾戶較無此種需要。他們事務簡單，只要交稅，官府也不多來管他們。而當內部利益不均有矛盾時，則往往是分割產業，散夥了事。所以我們看不到平地地區的土地文書中有墾戶首或墾首的稱呼。

佃首、佃戶首

佃首這一拓墾形態。以前是較少被談到的。因佃首之設，係於屯田，

17　《清代臺灣大租調查書》P.794。

18　《清代臺灣大租調查書》PP.135-136。

而研究者多詳究屯制，對於佃首，倒注意得少了。但佃首既係於屯制，因此是比較容易弄得明白的。

臺灣屯丁，始於乾隆 53 年福康安奏設。其「約挑選壯健番丁四千名，分為 12 屯」，而「屯丁、屯弁，毋庸籌給月餉，應酌撥近山埔地，以資養贍。……有未墾荒埔五千四百四十一甲，……入官荒廢埔地八千八百餘甲；均屬界外之地，逼近內山，任其荒廢地利既屬可惜，而愚民趨利如鶩，亦難保無越境私開情弊。應請將新設屯丁四千名，每名撥給埔地二甲；千總每員十甲；把總每員五甲；外委每員三甲，令其自行耕種」[19]。此即屯丁、屯地之由來。其時噶瑪蘭未開，臺灣縣無界外埔地，只有淡水廳及彰、嘉、鳳三縣有屯地。

但屯丁或不諳耕作，或因埔地「離社窵遠」而不願耕作，因此只得招佃耕作，而官為收租，再分發給屯丁。民人耕墾屯田，由理番同知給照。但四縣做法有所不同。鳳山、嘉義的屯租是官收官發，而彰化、淡水則設佃首管理。又，淡水、鳳山有「存俟墾成充分項下」埔地。鳳山僅有 160 多甲，而淡水共有 621 甲，分佈於楊梅埔、九芎林、大科嵌。淡水這些埔地「交佃首黃燕禮、姜勝智，通事尚夏、阿生等督佃開墾」[20]。因此竹塹地區的佃首形態是比較發達的。

屯地「均屬界外之地，逼近內山」。界者，即土牛線，內山者，即「生番」佔據的山地，也即後來的隘墾區，所以屯地是介於平地和山地之間的。施先生所說的處於漢墾區（平地）和隘墾區（山地）之間的保留區，也就是屯地。

淡水廳原設佃首 5 名，「查官收租穀，現在議設五佃首經收，以專責成……其選充之佃首應照民收佃租之例，每名給辛勞穀六十石，以資辦公」[21]，選充之佃首有劉維網、劉碩產、黃燕禮、姜勝智。嘉慶 15 年，據閩浙總督方維甸調查，「訪知官給各屯未墾之地多被奸民、通事等串通欺詐，誘令典賣，越界霸佔，屯務廢弛。其應徵屯租，續經地方

---

[19] 《清代臺灣利法物權編》PP.396-433。

[20] 《清代臺灣利法物權編》PP.396-433。

[21] 《清代臺灣利法物權編》PP.396-433。

官令屯弁自向民戶徵收，散給屯丁，不復官為經理，以致刁民抗缺積累甚多……」[22]。佃首為經管屯租者，以上這些弊端很難說和他們沒有關係。《彰化縣誌》說：「屯餉雖有八圓，而官設佃首徵收，非諉之佃人之抗欠，即推之官司之挪移。」至於霸佔屯地，佃首姜勝智就是一例。據竹塹社的一份文書說：

> 立給墾批字竹塹社土目潘文起，緣有先年承祖父遺下應得土牛界外埔地，墾闢以為口糧，……案據在九芎林、五股林等處地方，原系土牛界外之業，先年係起募丁堵禦生番，招佃墾闢。不料佃首姜勝智、林國寶等混給爭墾，因伊互控，至嘉慶十五年間，蒙方督憲委薛理番憲前來清丈九芎林屯租足額，將姜勝智混給墾批吊銷，仍將五股林等處地方原歸與番墾辟在案。……[23]

方維甸清丈屯地只能是一時性的，而佃首仍會持續不斷地和屯番爭奪界外埔地的，所以九芎林以至整個竹塹地區的佃首給墾形式一直保留到光緒年間。

嘉慶 15 年，楊廷理以噶瑪蘭的餘埔召墾，令漳、泉、粵三籍頭人「各舉殷實之家充當佃首，責令召募佃戶承耕，按甲年議番租四石，計丁勻配」[24]。所以宜蘭地區也有佃首的稱呼。

至於佃戶首的稱呼，則出現在彰化，如下一例文書所示：

> 立招開墾字阿里史業主屯外委潘永元，屯丁首后肉老功……有養贍屯埔一處，……原丈埔地額二百五十六甲。前經屯弁潘習開招得墾佃林阿見開墾不成，後屯弁阿四老六復招墾佃林追亦開闢不成，田業拋荒數載，養贍口糧無所依靠。眾屯丁等本欲自闢，奈住居遠涉，缺乏工食，難以開鑿。是以邀同眾屯丁等實議，前來招墾佃戶首彭財振等出首承墾，當日面議財振等實備出埔底佛銀五百大員正，……其管下養贍埔地，隨即踏交財振等自備工本築莊，及架造房屋，開鑿坡圳灌溉通流，開成單季水田。……

---

[22] 《清代臺灣利法物權編》PP.396-433。

[23] 《清代臺灣大租調查書》P.399。

[24] 《清代臺灣大租調查書》P.611。

……

道光(戊子)八年七月

　　　　　　在場屯丁首　　□□□
　　　　　　立招開墾業主屯外委　潘永元[25]

　　彭財振這種佃戶首，看來只是眾多佃戶的領頭人而已。

　　以上所談的為筆者對清代臺灣各種拓墾形態中一些稱呼的考察和思索。有的稱呼用得比較廣泛，有的用的範圍就比較小。施先生說：「北部地方（指舊制淡水廳所轄）的拓墾形態，不但不能以『業主制』，而且也不能單純地以『業戶制』或『墾首制』來冠稱。究竟要用哪一種名稱，必須視地區而定。對我來說，研究臺灣的開發，應忌將臺灣當作一個同質的單位。以竹塹地區而言，它是一個整體區域，但不是一個同質的單位。」我非常同意施先生的說法，而且認為，不僅竹塹地區和舊淡水廳，就是整個臺灣也同樣如此。但我的看法和施先生還有點不同，我想，墾戶、業戶、業主這幾個稱呼是適用於全臺灣各種地區的，佃首、佃戶首則適合於屯地（保留區），而墾戶首、墾首側適合於山地。

25　《清代臺灣大租調查書》P.791。

關於「墾首」及「墾首制」研究的訂正與補充

　　墾首及墾首制曾經是清代臺灣史研究中的重要概念。最早關於墾首的印象，在晚清、日據初期已經形成。當時人說「如某處有地若干可墾，先由墾首遞稟承攬包墾，然後分給田戶墾辟。墾首僅遞一稟，不費一錢，墾熟之後，坐享其成。」[1]墾首成為不勞而獲的代名詞。日據時期，日本學者東嘉生說：「豪族初則由先住民取得土地，繼則對其農民供給衣食，使其開墾，並為保護農民免為無賴之徒或先住民的襲擊起見，需要武力，因此，對其開墾地就獲得了一種權利，每年向佃戶徵收一定的租穀。這種權利，亦為政府所許可，所有正稅，則由豪族負擔，佃戶的身份，亦由豪族保證。如此，除了極少數的例外，臺灣豪族擅制之風，更甚於中國大陸。墾戶『內有數百甲之土地，外則代表幾百千之農民』，其勢隆隆，隱然如小諸侯。」[2]為墾首制奠定了基礎。其次，這個概念擴展到社會生活當中去，陳其南曾經說：「早期從大陸偷渡來臺的流民大多一貧如洗，他們必須投靠有資本的墾戶給予種子和農具，由墾戶向官府申請開墾權。而官府對這些流民的治安問題，也都交給墾戶自行負責。尤其是靠近生番之地需要自衛的武裝力量，此種開墾組織更屬必要，靠此種組織佃戶乃可獲得權利和生命的保障。所以墾戶和佃戶的關係，在此種邊疆的環境下，有一部分已超出了純粹土地租賃的經濟關係，而略有行政與司法的主從關係。因此墾戶不止是土地的業主，而且是這一開墾組織之首，故也稱為墾首。」[3]如此，墾首及墾首制形成了清代早期臺灣開發史上的指導性概念。筆者卻不能無疑，以為晚清去清初的開墾已一兩百年，當時人對清初的狀況已不甚了了，墾首概念實有釐清之必要，曾撰文考證，墾首乃是清代中後期埔里社盆地開墾與光緒

---

[1]　程家穎：《臺灣土地調查報告書》，見《臺灣文獻叢刊》第184種，第18、19頁。

[2]　東嘉生：《清代臺灣之地租關係》，見《臺灣經濟史研究》，臺北，南天書店有限公司，1995年。

[3]　陳其南：《清代臺灣漢人社會的開墾組織與土地制度之形成》。

年間「開山撫番」中，中部山地開墾中實行的模式，並進而質疑「墾首制」開墾模式。[4]

其時，筆者利用的資料主要是日據初期舊慣調查資料《清代臺灣大租調查書》及《臺灣私法物權編》等，資料有限，錯漏難免。近日，隨著臺灣史資料的開發與兩岸的交流，筆者接觸到更多的土地文書及其他原始資料，深感以前讀書不多，所作考證，實有補充訂正之必要。

「墾首」與「墾戶首」

所謂「墾首」，實乃墾戶首之略稱，而並非「開墾組織」之首。筆者在《墾首考辨》一文中已指出，《清代臺灣大租調查書》及《臺灣私法物權編》當中，入墾埔里社的漢人、平埔族人的土地文書中頻繁出現墾戶首、墾首互稱的狀況。因《清代臺灣大租調查書》及《臺灣私法物權編》中這類土地文書，年代最早的是嘉慶道光年間，筆者因此斷定墾首出現於清代中後期，這是不對的。實際上，墾戶首在清代早期中部、北部平地的開墾中已出現，下舉一例，為乾隆初，臺北盆地文山堡大坪林地方修築水利的合同文書：

> 全立公定水路車路合約字人大坪林五莊墾戶首金合興即蕭妙興，股夥朱舉、曾鎮、王綸、簡書、陳朝誇、吳德昌、江游龍、林棟材等，切為先前墾戶首金順興即郭錫流，自乾隆五年前來青潭口，破土鑿陂圳。無如地險番猛，樹林陰翳，屢次興工，損失不安，因遲之悠久。至乾隆十七年，再行開築，均未得成功。妙興思，圳不成與荒陂無異，雖欲耕得乎？搔首躊躇，奈何奈何。爰率業主與流相商，情願將大坪林地界聽流開鑿圳路，通流灌溉外莊。併指山邊大潭設立陂地，付流防築，以補元前作事謀始之奇功。流亦青潭所創陂地，交興等續接。實為兩便。興欲合眾人之力，即將墾首金順興改為金合興。是日也，向官稟請告示牌照，給定圳路，率股夥深入其地，周章四顧。眾皆曰潭深山高，圳路

4　參閱周翔鶴：《墾首考辨》，載《臺灣研究集刊》，1989 年第 2 期。

皆石，難矣哉。興勸於眾曰，磨杵可以成針，琢石可以成磚，要心堅耳。心堅則愚公可以移山，有何難哉！隨擇日興工，設流壯為護衛，請石匠以開鑿。勞心焦思，無一暇刻。興日日指麾，勉於眾曰，生番咆哮兇惡，狡計百出，前後夾攻，埋伏截殺，路有神出鬼沒之機，雖孫臏吳起再生，難以獲料，我等深入其境，宜慎宜慎。自乾隆十八年續接，日與血戰，多歷年所，至乾隆廿五年圳路穿過石腔。石匠鍾阿傳等即將乾隆廿五年刻字勒石於圳旁，以垂萬世不朽。（下略）[5]

在該文書中，墾戶與墾戶首互稱。蕭妙興（戶名金合興）與郭錫流（戶名金順興）都是墾戶或墾戶首。其中，郭錫流當是郭錫瑠之誤。郭錫瑠為清代臺灣開墾史上著名之墾戶，其最顯著的功績為開築了瑠公圳。該文書似表明，清代臺灣開墾史上，自始至終都存在著墾首或墾戶首。那麼，墾首或墾戶首是一種什麼樣的角色呢？

析墾戶首

從上引水利文書來看，墾戶首蕭妙興與郭錫瑠領導修築水圳，艱苦卓絕，甚至苦口婆心勸誘眾佃戶與墾戶。日據初，總督府的調查人員看到該圳時[6]，歎為觀止，以為日本國內的農民自身從未修過如此浩大的水利工程。但我們在上述文書中所能看到的主要是蕭妙興在經濟組織（水利組織）中對合夥者的領導作用，並未顯現他在行政與司法上的身份地位。

今日所能見到的清代早期土地文書，主要有官府給予墾戶的「墾照」、「墾單」；墾戶向平埔族村社買墾的「番社給墾字」；墾戶給佃戶的

5　該文書摘自臺灣總督府民政部殖產課《臺北縣下農家經濟調查書》第112—113頁。該調查書1899年8月於臺北印行。

6　該圳似乎就是著名的瑠公圳。據陳培桂修《淡水廳志》卷三、志二、建置志「瑠公圳（又名金合川圳）在拳山堡，距廳北一百二十里，業戶郭錫瑠鳩佃所置。其水自大坪林築陂鑿石穿山引過大木梘溪仔口，再引至挖仔內過小木梘到公館街後拳山堡內……」與前引文書中所述情況頗為吻合。

「贌耕字」，平埔族村社或個人給佃戶的「番大租字」；還有各種地權交
易文書等。「墾照」與「墾單」是官府准予墾戶進行開墾的文書；「番社
給墾字」、「番大租字」體現的是漢人移民與平埔族人的關係；「贌耕字」
體現的是墾戶和佃戶的關係。在這些文書中，都未能顯示墾戶首的身份
地位及其在行政、司法上的作用，我們只能另闢蹊徑。

　　首先，我們把土地開墾看作一種職業行當，再來看官府對各種職業
行當的管理模式。官府在其運作以及官員在日常生活中，是要和各種職
業行當打交道的，比如各種泥水、竹木匠作，搬運工、抬轎夫等等。一
般認為，前近代中國的行政體系只達到縣一級，其體系之中，沒有對各
職業行當實行管理的職能機構，為求運作順利，官府在各種行當中設立
「匠首」制通過匠首來對各職業行當實行操控。在《淡新檔案》有許多
此類文書，如下舉一例：

　　　　臺北府正堂為給發牌戳事
　　　　特調福建臺北府正堂，加三級、隨帶加二級、紀錄十次林為
　　特飭吊換事。照得各匠首原領，向係按任頒給牌戳，責令奉公，
　　並令約束小匠，毋許滋事，歷經飭遵在案。茲本府蒞任，除另票
　　吊銷裁缺淡水廳前給戳記外，合行換給。為此牌，仰某匠首某某，
　　即便遵照，承領牌戳，約束小匠，伺候辦公。毋許窩藏匪類，開
　　場聚賭，並入番界抽籐吊鹿、燒醃、煎栳及一切不法情事。如有
　　不遵約束，許即指名稟究。仍即查照小匠名冊呈送，核給腰牌，
　　均毋違誤。須牌。　　　　計發戳記一顆
　　　　右牌給木匠首蕭秋月　灰匠首金萬和　泥匠首蔡和全　瓦
　　匠首楊合興　鐵匠首蔡　叢　竹篾匠首蔡叢　炭匠首柯永求
　　　　光緒肆年參月初十日承許廉稿　行[7]

　　從上引文書來看，匠首制的設立，有兩方面的意圖，一者為官府使
喚方便，一者是將該行當從業者納入管理。如果我們把墾戶看做是一種
職業的話，那麼，墾戶首制（墾首制）就是官府為方便管理墾戶而實行
的一種制度。

7　《淡新檔案》第一冊《行政》，第 32 頁。

　　工匠充當匠首，要具結並要保人擔保，如上引文書中的灰匠首金萬和具結文書如下：

　　　　具認充結狀人金萬和　今當

　　大人臺前，認得和接充灰匠首額缺，在衙當差，自當小心奉公，不敢玩誤差事。合具認充狀是實。

　　　　光緒四年三月　日具認充結狀人金萬和(畫押)

　　光緒四年三月　　日，具認充結狀人金萬和[8]

　　其保人為衙門的工總書，保結狀如下：

　　　　具保結狀。工總書許廉，今當

　　大人臺前，保得金萬和一名，為人誠實，兼有家室，堪以接充灰匠首額缺，柯永求一名，接充炭匠首額缺，小心當差，不敢玩誤。如有玩誤，惟廉是問。合具保結狀是實。

　　光緒四年三月　　　日，具保結狀工總書許廉（戳記未蒙給發）[9]

　　具結狀及保結狀都是交給官府的，墾戶首是否要具結並要保人擔保，有待於今後對清代官府檔案的發掘。

　　官府既要匠首約束其他工匠，就要給他一定的許可權，並發給憑證——牌戳。我們在前引文書中已看到臺北府正堂發給各種匠首牌戳。同樣，我們在前引水利文書中也看到蕭妙興向官府請領告示、牌照。實際上，有許多墾戶的牌戳流傳至今。因此，我們也可以認為墾戶首對墾戶及佃戶有一定的行政上的、司法上的權力，但這種權力是十分有限的，主要出自治安上的考慮，墾首並非「其勢隆隆，隱然如小諸侯」。

　　墾戶或墾首其權力有限，主要是因為佃戶並非一貧如洗的流民，須仰賴墾戶。筆者曾撰文考證，清代早期臺灣的土地開發（主要是中部和北部平地的開發）是由墾戶和佃戶共同完成的。墾戶投下鉅資，向原住民「買墾」，獲得土地開發權，並興修大型水利，將荒地贌租給佃戶；佃戶也付出小額投資，自己提供牛、農具、種子等生產資料，開荒種地

---

[8] 《淡新檔案》第一冊《行政》，第 32 頁。

[9] 《淡新檔案》第一冊《行政》，第 32 頁。

並自己興修田頭引水溝渠。[10]除了向墾戶租贌荒地，佃戶並不依賴墾戶，因此，那種認為墾首對佃戶擁有莫大權力的墾首制開墾模式，依然是不能成立的。

10　參閱周翔鶴：《清代臺灣給墾字研究》，載《臺灣研究集刊》1988 年第 2 期；《清代早期臺灣中部北部平地的鄉村經濟和業戶經濟》，載《臺灣研究集刊》1989 年第 3 期；《清代臺灣墾照與番社給墾字研究》，載《臺灣研究集刊》1989 年第 1 期。

關於清代臺灣一田二主制的一個分析模式

本文試圖用產權學派一個分枝的理論模式,對清初臺灣一田二主制的產生作一個解釋。當代產權經濟學認為,排他的、明晰的產權能產生激勵而有助於經濟的增長:Daniel W.Bromey 將產權學派的邏輯歸納為:

經濟盈餘＝f（產權）（1）

上式的意義是:「當產權朝著排他性私人權利方向演進時,從一塊土地上獲得的盈餘（yield）將增加。」W.Bromley 提出一個與上式相反的式子:

產權＝g（經濟盈徐）（2）

他定義經濟盈餘為長期預期值,因此上式的涵義是經濟上可行的結構是經濟剩餘的函數。[1] W.Bromley 的目的在於探討公共政策,假如我們將研究範圍仍然限定在產權結構本身,那麼第二個式子僅是第一個式子的反函數。仍然定義經濟盈餘為長期預期值,則第二個式子的含義變為產權結構是人們基於對經濟盈餘長期預期的選擇結果,筆者希望它能成為清代臺灣一田二主制的一個分析模式。

清初（康熙中、後期,雍正,乾隆時期）的臺灣盛行一田二主制,尤其是中部、北部平地,大小租制是地權結構的一種主要形式。對一田二主制已有許多研究,楊國禎研究各地區的土地文書契約後指出:「在大陸東南地區,大小租關係有的是從田主層分化發源的,有的是從佃戶層分化發源的;而在臺灣,主要是從佃戶層分化發源的。」[2]日本學者松田吉郎則認為,由於佃戶在土地上投入了工本,修了水利（應該說,佃戶修築的主要是田頭引水的小水利,而水利主幹系統大多是業戶修築的）等等而形成了工本償還權,該償還權的發展遂形成小租權。[3]筆者

[1] Daniel W.Bromey 1989《Ecnomic Interests and Instiution》中文版。上海:三聯書店上海分店。
[2] 楊國禎 1988（明清土地契約文書研究）北京:人民出版社。
[3] 松田吉郎 1992（臺灣の水利事業と一田二主制）收於陳秋坤、許雪姬編《臺灣歷史史上的土地問題》中央研究院臺灣研究室論文集—1。

認為，上述看法基本上都能成立，但尚未最後解決問題──既然水利的主幹系統都是業戶修的，他們為什麼不把田頭小水利也都修好，再將土地租給佃戶，這樣他們就可以獲得全部的地租，而不像在一田二主的情況下，和佃戶分享地租，而且往往僅是小部份的地租。實際上在大陸和臺灣都存在一田一主制，而且從古到今都有許多人認為一田二主制是一種奇怪而不正常的地權結構。因此，問題變成是：業戶為什麼願意接受這種地權安排。

康熙中期，清廷平定臺灣後，中部、北部的「草地」以及山地丘陵面臨著拓墾的高潮。大約從康熙四十年以俊，許多來自閩粵的移民以及臺島南部的居民或從海路、或從陸路北上，來到彰化平原、臺中盆地、新竹沿海平原、臺北盆地進行拓墾，他們的首要目的之一，自然是獲取土地。在拓墾中，移民形成了墾戶（即後來的業戶）與佃戶兩個階層。下面，我們以墾戶為中心，來探討移民們對地權結構的選擇。

一般以為，墾戶大都挾鉅資而至，向官府請墾大片荒地，他們投人巨大資金，將大片荒地拓墾成田而成為大業主。陳宗仁說「向官方請墾只是一道手續，但取得了土地開墾的權利，卻轉化為私人的財產。」[4]似乎墾戶請墾後即穩獲地權，但事情不是這樣的。清初對於請墾的資格並無特別的規定，戰亂之俊，各地都鼓勵墾荒，官員、地主、農民都在鼓勵之列，但所墾之地，限年陞科，陞科之後，土地權利才得到官府的承認。陞科年限因時因地而異，從三年到七年都有，一般以三年為准[5]。臺灣作為一個邊疆地區，除了涉及土著民族的護番保產政策以外，也沒有其他特別的規定。陞科年限大致定為三年。雍正五年巡臺御史尹秦說「定限三年，比照內地糧額起科。」[6]大約是對以前墾荒的總結和建議。從墾照上來看，幾乎所有墾照，都載明「照例起科」、「開荒耕墾，報課陞科」等語；從年限來看，有三年的，如康熙二十四年墾戶沈紹宏的墾照載明「招佃開墾，三年來輸納國課」等語，也有隨墾隨報的，如雍正

4　陳宗仁 1996《從草地到街市》臺北：稻鄉出版社。
5　郭松義 1980《清初封建國家墾荒政策分析》收于《清史論叢》第二輯北京：中華書局。
6　尹秦《臺灣田糧利弊疏》。

二年，墾戶薄升傑的墾照載有「隨墾隨報，照例陞科」等語。[7]對於墾戶來說，趕快把請墾的土地開墾出來，報課陞科，才能獲得土地所有權。

　　清初臺灣拓墾高潮到來之時，許多豪強有力之士都在請墾，墾戶在請墾時，大都把請墾範圍報得很大。清人沈起元謂：「漢民開墾，向來開墾，混以西至海，東至山為界，一紙呈請，至數百甲而不限。」[8]如陳賴章墾號，其報墾的四至為「東至雷匣秀朗，西至八里坌干脰外，南至興直山腳內，北至大浪泵溝。」據尹章義的研究，「其請墾『四至』分別涵蓋了郁永河、陳夢林所謂的武勝灣（新莊平原）和大浪泵（狹義的臺北平原）兩處可容萬夫之耕的平原」。[9]陳宗仁亦謂「此告示中的四方界限推算，開墾的範圍包含了淡水河西岸平原全部及基隆河以南的淡水河東岸平原。一個墾號能否開墾如此大的區域？相當值得懷疑，[10]陳賴章墾號如此，其他墾號當亦不甘示弱，都把報墾範圍儘量劃得大一些，以至報墾範圍互相重疊。比如陳宗仁指出楊道弘墾號報墾四至：「東至港，西至八里坌山腳，南至海山山尾，北至干脰山」，與陳賴章墾號的報墾範圍有重複之處[11]。固然，這是當時官府對於人民請墾處理上的草率，雖有飭行差役查明，恐怕只是表面文章」，另一方面卻也表現了墾戶對於土地的爭奪。

　　雖然墾戶在報墾時就對土地展開了爭奪，但報陞才是獲得土地所有權的關鍵，因此，許多墾號之間出現了「競墾」，比如說，尹章義、陳宗仁都認為興直地區的拓墾中出現了林天成墾號與楊道弘墾號競墾的事。尹章義發現的「張廣福文件」3－B1－3號中載有：

> 同立合約林天成、陳鳴琳、鄭維謙因康熙五十九年合同陳夢蘭、朱昆侯、陳化伯公置北路淡水大加臘、八芝連林、滬尾、八里坌、興直等處五莊草地。其大加臘四莊，經已節次開墾，惟興

---

[7]　《清代臺灣大租調查書》（臺北：臺灣銀行經濟研究室，臺灣銀行刊，臺灣文獻叢刊第152種），第一章通論，第一節墾照。

[8]　沈起元《敬亭詩草》《敬廳詩草》卷六（雜著）、〈治臺私議〉。

[9]　尹章義 1989《臺灣開發史研究》臺北：聯經出版事業公司。

[10]　陳宗仁 1996《從草地到街市》臺北：稻鄉出版社。

[11]　陳宗仁 1996《從草地到街市》臺北：稻鄉出版社。

直一莊未暇整理，是以致外人有請墾之舉，而陳與鄭在廈，林在淡，不忍袖手，出頭招佃開圳墾耕，貼納餉課，仍與楊，許互控多年……。

而《大租調查書》收有雍正八年彰化縣正堂發給墾戶楊道弘的告示，載有：

> 福建臺灣府彰化縣正堂張，為叩墾給示嚴禁，以杜混累事。據墾戶貢生楊道弘具稟前事，詞稱：弘於雍正五年間，請墾興直草地一所，東至港，西至八里岔山腳，南至海山山尾，北至干荳山，經蒙前任老爺查明給單在案。緣招佃未有人，未曾報陞，茲現在募佃招墾，遵例陞科。第弘離莊窵遠，即有照顧弗及，佃人罔知功令，窩容奸匪，以及鄰莊越冒混累，合情叩懇，伏乞恩准給示嚴禁，庶佃人有知功令，而鄰莊不敢越混擾累，沾恩靡涯等情。據此。合行給示。為此，示仰莊佃人等知悉：嗣後務須恪遵功令，毋許窩容奸匪，及鄰莊不得侵越混冒；如有等情，許該墾戶立即指名稟究，以憑按法治罪；而墾戶亦不得藉端滋事，各宜凜遵，毋違，特示：
> 雍正八年九月二十日給。
>
> 發貼興直掛諭

尹、陳二學者認為因競墾而與林天成墾號互控的楊，就是楊道弘墾號，而楊道弘所指的他人「越混擾累」也指的就是林天成墾號。從本文的目的出發，競墾的雙方是否林、楊二墾號並不重要，重要的是兩個墾號的文書都表明尚未報陞的草地難免別人競墾，要趕快把草地開墾出來「報陞」，才能獲得土地權利。

土地開墾主要依賴佃戶，所謂「召佃開墾」是也。「召佃」有兩種形式，一是佃戶自備牛犁種子等工本，自蓋房舍，有時往往還要提供一份「埔價銀」，進行開墾；第二種是墾戶提供牛犁等工本。對墾戶來說，兩種方式哪一種更有效呢？筆者曾經估計過，開墾一個犁分（五甲）的

土地、一個自備工本的佃戶須付出 100-137 左右的銀元[12]。假如不計算他的生活費及埔價銀，亦需數十元。開墾數百甲土地、就須數千數萬元。這是一筆不小的資金，如果這筆資金由墾戶來提供的話，對他來說是一個很大的負擔。一般來說，都以為墾戶是「有力之家」，尹秦說：「所有平原，總名草地。有力之家，視其勢高而近溪澗淡水者，赴縣呈明四至，請給墾單，召佃開墾」[13]。「有力之家」情況究竟如何，研究不多，尚不是很明瞭。除了施世榜因經營蔗糖成為豪富，開鑿八保圳拓墾中部地區以外，對其他「有力之家」情況尚缺少明確的證據和深入的分析。而有的墾戶，其起點卻明顯非富豪。尹章義研究通事在拓墾中的作用，指出賴科、張達京、林秀俊等通事後來都成為著名的大墾戶[14]。筆者曾到張達京原籍地廣東大埔縣赤山鄉採訪過。張家原非素封，據傳說張達京在康熙後期渡臺。第一次只走到潮州，錢就花光了。第二次渡臺的盤纏是他姑姑資助的。來臺後充通事，至大規模拓墾展開，其間為 20 年上下，說他豪強固然可以，說他已積聚了巨大的財富，則恐怕尚未必。許多墾戶的情況恐怕相差無幾。土地開墾費用對他們來說是一筆沉重的負擔，因此，很多墾戶傾向於採取佃戶自備工本的模式。筆者亦曾指出，充當佃戶的移民，大多是來自大陸東南沿海，備有一定資金的農民，他們為尋求土地而來[15]，他們在家鄉已通曉一田二主制的地權結構，因此在臺灣中北部的拓墾中他們很自然而容易地就付出埔價銀，投入墾地工本，以獲取永佃權，他們期望這永佃權日後能轉化為小租權，而確實他們中的許多人也獲得了小租權。

　　清人方傳燧說「業戶之設，其弊無窮，始不過豪強有力，十數人出領墾照，名為自出工本，募佃墾荒，實則其人工本無多，仍鳩合朋充，

---

[12] 周翔鶴《清代臺灣給墾字研究》收于葉顯恩主編《清代區域社會經濟研究》頁 987－999，中華書局。

[13] 尹秦《臺灣田糧利弊疏》。

[14] 尹章義 1989《戈臺灣開發史研究》臺北：聯經出版事業公司。

[15] 周翔鶴《清代臺灣給墾字研究》收于葉顯恩主編《清代區域社會經濟研究》頁 987－999，中華書局。

私立契約。及其墾成，報官勘丈，業戶一人，而界廣甲多。」[16]正是墾戶和佃戶相結合，拓墾中北部的情況。採取大小租制，墾戶大租份額占地租比例雖然小，然而墾戶通過這種方式能獲得大片土地的大租，所以對他們來說仍然是非常有利的。以張達京為例，他招佃開墾的方式，就是佃戶自備工本，下面是他的一張給佃批：

> 立招佃業主張承祖，有埔地一所，坐落土名甲霧林莊。茲有謝登南兄前來贌墾，犁份一張，配丈五甲正。當日議明每甲首年納大租粟四石，次年納租粟六石，三年納粟八石，俱系斗租，三年以後，每甲八石，永為定例，年有豐凶，不得短少升合。其租粟要重風乾淨，不得以濕有抵搪。其租穀要車運一半到鹿港交倉，一半運至彰化；倘不車運，照莊例每石貼車工銀五分，交業主自己備車，其銀隨租秤明，給發車工。其莊中修埤圳及橋道雜費等，俱係佃人自己料理，不干業主之事。亦不得隱藏匪類等情；如有此情，聽業主稟逐另招別佃，其佃人倘欲別創，及退回內地，必先問明業主，查無拖欠租粟車工，併承退之人誠實，方允頂退，收回犁頭工本銀兩。今欲有憑，立佃批一紙付執為炤。
>
> 乾隆元年十二月　日　　　　　　　　立招佃批　業主

張承祖，尹章義認為是張達京所立的一個戶名，（另一個大家比較熟悉的戶名是張振萬，黃富三則認為張承祖為張達朝的戶名。）（大租調查書》中尚有幾份張振萬的給佃批，和上舉文書基本相同。張達京後來成為著名的大業戶，「房屋、田園到處散佈」，是盡人皆知的事。

墾戶提供工本的召佃方式在土地文書中屬罕見，墾戶楊道弘的例子是有代表性的。貢生楊道弘於雍正五年請得墾照，準備拓墾興直一帶，以下是他的墾照：

> 特簡州正堂管彰化縣正堂張，為請墾荒埔，以裕國課事。據貢生楊道弘具稟前事，詞稱：農為民事之本，產乃國用之源。弘查興直埔有荒地一所，東至港，西至八里坌山腳，南至海山山尾，

16　方傳穟《開埔里社議》載周璽《彰化縣誌》藝文志。

北至干荳山，堪以開墾。此地原來荒蕪，既與民番無礙，又無請墾在先。茲弘願挈借資本，備辦農具，募佃開墾。爺臺愛民廣土，恤士裕國，恩准給墾單告示，弘得招佃開荒，隨墾陞科，以裕國課等情。據此，飭行鄉保、通事查明取結外，合就給墾。為此，單給貢生楊道弘即便照所請墾界，招佃墾耕，務使番民相安，隨墾隨報，以憑轉報計畝陞科，供納課粟，不得遺漏，以及欺隱侵佔番界，致生事端，凜之，慎之，須至墾單者。

右單給貢生楊道弘准此

雍正五年二月初八日給。

　　楊道弘於雍正五年「備辦農具，募佃開墾」，但結果並未募到佃戶，這從前面所引雍正八年彰化縣正堂發給他去興直張貼的告示中可以看出來，楊道弘因招不到佃戶，未能開墾報陞，因此有鄰莊「越冒混累」之事發生。楊道弘於雍正五年募佃招墾招不到佃戶，可以理解為佃戶不喜歡墾戶備辦工本的開墾模式，因為墾戶備辦工本，他們就得不到永佃權及小租權了。楊道弘後來再招佃開墾的情況如何不很清楚，但是看來，他的拓墾是不怎麼成功的。至今尚未發現雍正八年後關於他的資訊。從土地文書來看，大多數墾戶和佃戶都傾向於選擇一田二主制。或者說，一田二主制是墾戶和佃戶共同選擇的結果。

　　以上圍繞起科問題談了墾佃雙方對於地權結構的雙向選擇，起科問題一變，雙向選擇無法一致，地權結構也將隨著改變，以下舉兩個例子。

　　一是土著民族岸裡社的例子。岸裡社從狩獵採食向定耕農作轉化，與通事張達京大有關係。陳秋坤指出，由於張達京及六館業戶以水換地，將水利灌溉農作方式引進部落，岸裡社不得不將原來公有的草地分為公田社地與私口地，並將私口地分給各社男丁婦口。張達京不但引進了定作農耕，並且引進了漢人的租佃制度。陳秋坤指出：一般而言，敦仔（岸裡社頭人）以三種方式經營地權，一是由漢佃自行開荒闢田，換取永佃權，形成所謂的「開墾永佃」關係；二是漢佃提供「埔底銀」，直接向業主買下田底權。三是業主提供佃人必要的農作生產配備，包括必要的農具、禾埕、菜園以及可堪遮風避雨的茅屋等等，佃農則自出粒

種、勞力、從事耕田勞動，按期交租。佃期屆滿，雙方再行續訂佃約或另招別佃。[17]清代臺灣的「草地」原則上都屬番地，而番地無起科之例，岸裡社又因軍前效力有功，蒙官府「賞賜」大片草地，因此，其土地所有權特別明確，鄰近部落雖曾挑戰其所有權，但其地權合法性問題未曾動搖過。岸裡社土地因此不存在著競墾的威脅，其地權經營乃朝向第三種方式發展，在這種地權形式下，岸裡社業主擁有全部地租，形成一田一主制。進人乾隆朝以後，臺灣西部大部分地區「草地」資源漸形枯竭，新來的移民向擁有田底權的佃戶租田耕作，乃從佃戶層發展出了小租主，為中北部平原的一種普遍形式。岸裡社則仍就其一田一主的形式，且田租率有不斷提高的趨勢。陳秋坤據岸裡文書整理潘家田業的租額、租期，在乾隆七年（1742）至乾隆三十四年（1769）水田租額在每甲20-30 石之間，而乾隆三十六年（1771）以後水田租額則從 30 石/甲上升到 70 石/甲，80 石/甲，與每甲 8 石的大租相比，顯然岸裡社業主佔有全部的租額。

　　另一個例子是宜蘭平原的拓墾。如所周知，宜蘭的拓墾採取結首制，農民（習稱佃戶）組成「結」占地自墾。由於官方最初對宜蘭的開墾持消極態度，對吳沙等人的報墾並未接受，佃戶的開墾遂形成「私墾」。嘉慶十五年噶瑪蘭設治後，官府認可了佃戶的私墾，佃戶直接向官府納糧陞科，其土地所有權得到官府的承認。在佃戶與官府之間無其他人插足的餘地，大租權遂無從發生。淡水人何繪、趙隆盛、柯有成等人雖積極謀充業戶，終究無隙可乘。宜蘭地區遂形成一田一主的地權結構。

　　地主與農民是地權結構中對立的雙方，各方無不企圖獲得更大份額的經濟盈餘。千百年來，地主階級因掌握完整的地權而佔有絕大部分經濟盈餘，他們並無意願主動讓出部分地權而失去一些經濟盈餘的份額，除非這種地權的部分讓渡存在著從其他地方獲得更大收益的可能，而在清代臺灣的土地拓墾高潮中，這種可能性是存在的，一田二主制遂由此

---

[17] 陳秋坤《清代臺灣土著地權》中央研究院近代史研究所專刊（74）。

而生。利用 W.Bromley 的模式，可以對此進行很好的解釋。但一個理論模式的涵蓋往往是有限的，清初臺灣的狀況雖可用 W.Bromley 的模式得到完滿的解釋，但在大陸東南許多地區從田主層分化出一田二主的情況，運用再分配理論則將更完滿許多。

從契約文書看清代臺灣竹塹社的土著地權問題

摘要

　　清代臺灣平埔族在和漢人移民的接觸中，引進了漢人移民的地權觀念、租佃習俗和農耕模式，使平埔族群內的生活發生了巨大的變化。以竹塹社為例，利用土地文書，研究這一變化的進程和由此產生的平埔族社群內部的貧富分化。

　　關鍵字：平埔族、地權、竹塹社、土地文書

　　清代臺灣史研究的一個重要內容是平埔族問題——平埔族與漢人移民的關係以及他們的漢化等等問題。在漢人移民大量來到臺灣之前，臺灣西部以及東北部平地散佈著許多平埔族村社，平埔族人以狩獵為生，有些村社已經有刀耕火種的「遊耕」農業。此時，平埔族基本無私有財產觀念，土地等生產資料為村社共有，無所謂地權問題。漢人移民絕大多數為追求土地而來，他們來到臺灣後，通過購買、侵佔等各種方式從平埔族村社獲得土地進行開墾。平埔族人通過和漢人移民的交往，獲知了他們的地權觀念和租佃習俗；另一方面，漢人移民開墾荒地（俗稱「草地」）使得平埔族狩獵用的「鹿場」急劇減少乃至消失，平埔族人不得不轉而學習漢人的農耕方式，以農業為生。在引進漢人農耕方式的過程中，他們同時也完全接受了漢人的地權觀念和租佃習俗，在平埔族內部也就出現了土地私有和貧富分化。

　　系統地研究平埔族地權問題的是陳秋坤教授的《清代臺灣土著地權》一書。他以岸裡大社為例，研究平埔族人接受漢人的農耕模式和地權觀念的過程，詳細探討了岸裡大社的地權形成、分配及土地經營形態的變動；同時對地權形成後岸裡大社內部體制的變革、財產關係的消長以及番產外流和土著貧困化問題做了分析。[1]岸裡大社是臺灣西部平地最大的番社之一，其漢化和地權問題具有典型意義。但其他番社由於所處的外部環境和內部情況的不同，在漢化和地權問題上尚有各自的特徵和問題。比如鍾幼蘭研究平埔族群和埔里社盆地的開發，指出，道光初，鄰近埔里社盆地的各族社在貓丹社（水社）的仲介下，有組織、有計劃地入墾蛤美蘭社（埔里社）社域，而蛤美蘭社則將土地交給移入的族社移民「掌管墾耕，永以為業」，[2]這就和清初漢人移民向平埔族番社贌耕土地的情況非常相似，展示了平埔族各族群在接受漢人移民地權觀念及漢化過程上的時間差異所形成的歷史圖景。對於竹塹社來說，最大的特

---

[1]　陳秋坤：《清代臺灣土著地權——官僚、漢佃與岸裡社人的土地變遷 1700-1895》，臺北，中央研究院近代史研究所專刊（74）1994 年 4 月。

[2]　鍾幼蘭《平埔族群與埔里盆地的開發》，轉引自洪麗完《從契約文書看中部臺灣平埔村社生活領域之變遷——以大突社為例》，載《彰化文獻》第二期，2001 年 3 月。

點則在於其介於漢人移民和山地土著（高山族）之間的特殊位置上。漢人移民移墾臺灣總體來說是選擇易於開墾的平地入手的，平地的土地開發得差不多後再轉入丘陵山地。新竹沿海平地因此也是漢人移民率先拓墾的地區之一。但新竹沿海平地十分狹窄，土地資源有限，因此，乾隆中後期的拓墾即轉入新竹丘陵山地。山地的開墾侵蝕到山地土著的活動範圍，同時山地土著有「出草」獵首的風俗，因此就產生了「番害」問題。為了「防番」，山地的開墾就有了隘的建設，形成了隘墾制。隘墾制為清地方當局所認可，並且為了「隔絕番漢」（隔離漢人移民和高山族）而令竹塹社處於高山族和漢人之間以為緩衝。竹塹社於此緩衝地帶學漢人移民設隘開墾，引入了漢人移民的隘墾制土地關係。隘墾制下的土地關係因此成為竹塹社地權的一大特色。

　　清代臺灣平埔族各族群在引進漢人的稻作農耕和地權形態上有其共同點，也有各自的特點，對於這些共同點和不同特點的歸納分析，將有助於我們深化平埔族問題的研究。平埔族由於漢化之深而造成了研究上的困難，但平埔族各族群在與漢人移民發生土地關係以及族群內部的土地關係上尚留下一些土地文書，對於我們深入研究平埔族問題大有裨益，以下就利用這些土地文書來探討竹塹社平埔族地權問題的一般性與特殊性。

一

　　如所周知，新竹沿海平地是漢人移民最早移墾的地方之一。鄭氏晚期同安人王世傑就已在這裡拓墾。[3]清初，許多閩南人和廣東人紛紛跟進。[3]清初臺灣中北部平地的拓墾多採取墾戶招佃的模式。[4]墾戶首先向

3　關於康熙、雍正年間漢人移民在新竹沿海平地的開墾活動歷來多有論述，其著者如連橫《臺灣通史》；盛清沂《新竹、桃園、苗栗三縣地區開闢史》（上），載《臺灣文獻》第三一卷第四期，1980 年；日人波越重之在其《新竹廳志》對康熙、雍正年間拓墾新竹地區的漢人移民亦有較詳細的敘述。除了較著名的王世傑、汪淇楚、徐立鵬等人以外，還涉及了陸豐人徐里壽、黃君泰，同安人曾國詁，海豐人郭青山，陸豐人黃海元、張阿春，同安人范善成、李尚、惠安人郭奕榮等等許多人及他們的拓墾地點。

官方「請墾」，官方批准後，墾戶還得向平埔族村社「買墾」，並貼納番餉或交納番大租。因為漢族移民所要拓墾的荒地（俗稱「草地」）原先或為番社的「鹿場」，或為他們刀耕火種的土地。「買墾」所需不多，有時僅需付予番社牛酒花紅即可，番大租的租率一般也十分低。漢墾戶和番社通過「番社給墾字」把雙方關係確定下來。[5]墾戶買墾後尚須開築埤圳，招佃戶進行土地開墾、耕種，並向佃戶收取大租。漢墾戶所收取的大租要比番大租高許多。[6]這樣，在土地關係上就形成了番社──墾戶──佃戶，這樣三層的關係。

當日，王世傑在竹塹社拓墾，據說是以牛酒花紅換得竹塹社「草地」的，至於他有沒有和竹塹社簽訂「番社給墾字」，則不得而知。現在所見到的較早的竹塹社給墾字是雍正十一年竹塹社土官一均等與閩南惠安人郭奕榮所訂立的契約：

> 立永賣契人竹塹社土官一均、大裡罵、大孛禮，甲頭魯夢、龜角老，老番麻投、搭樂海、萬仔月勞仔，斗限普棟，白番肖裡佳、斗限卓丁老尉、貓老尉、勝螺老尉，因本社餉課繁重，捕鹿稀少，無奈於去歲八月間以番貧課缺懇乞充貼社餉等事赴大老爺尹臺前呈請，隨蒙親臨踏勘地界，給示恩准招募漢人墾耕，毋致拋荒懸課在案。茲緣均等番貧乏本開築埤圳，闔社番眾公議，願將呈墾荒埔貓兒錠草地一所，東至鳳山崎，西至海，南至鳳山崎腳大溪，北至山頂，四至明白為界，托通事引就與漢人郭奕榮承買。公議時價銀貳拾兩正。其銀即日憑通事交訖明白，即將契內四至草地踏付與郭奕榮前去出本開築埤圳，招佃墾耕，陞科報課，永為己業。仍歷年貼納本社餉銀貳拾兩。立契之後聽其自立戶名，推收過割，收租征納。所有開築埤圳水道，無論田園荒埔

[4] 關於墾戶招佃的拓墾模式，可參考楊國楨《明清土地契約文書研究》第六章《閩臺土地契約和農業經濟》，北京，人民出版社，1988 年 2 月。

[5] 關於「買墾」，請參閱周翔鶴《清代臺灣墾照和番社給墾字研究》，載《臺灣研究集刊》1989年第 1 期。

[6] 關於漢墾戶和漢佃戶的關係，請參閱周翔鶴《清代早期臺灣中部北部平地的鄉村經濟和業戶經濟》，載《臺灣研究集刊》1989 年第 3 期；關於漢大租和小租，請參閱周翔鶴《清代臺灣給墾字研究》，載《臺灣研究集刊》1988 年第 2 期。

任從開鑿疏通灌溉。此草地的係本社之業，並無別社交加，亦無重張典掛不明等情。如有不明，均等番眾出頭抵當，不干買主之事。後日亦不敢言找言贖。買主亦不得越界侵墾累餉。此係二比甘願，各無反悔異言。今欲有憑，同立永賣契一紙為炤。

　　即日收過契內銀完足再炤。

代　書　人　　　林友譚
知見人夥長　　　鐘啟宗
為中人通事　　　陳　喜
　　　　　　　　大裡罵
竹塹社土官　　　一均
　　　　　　　　大宇禮

雍正拾壹年拾月　日
（下略）[7]

　　此契字面上為「永賣契」，其實質卻是「番社給墾字」。[8]郭奕榮以20兩銀子的代價獲得貓兒錠草地進行開墾，每年要貼納番餉20兩銀子（形同番大租）。買墾後，郭奕榮就可以開築埤圳及招佃戶開墾、耕種土地。一般而言，墾戶從番社買墾所得的「草地」往往有數十甲、上百甲，甚至數百甲。荒地墾成水田後，佃戶每甲水田要向墾戶交納8石的漢大租。相比之下，墾戶所得的漢大租就要比番社所得的番大租高出許多。「社番」是不難懂得這一點的，時間一長，他們就從漢人移民那裡學會了當墾戶，招漢佃開墾荒地。下面這份文書表明了這一點：

　　立給佃批竹塹社土目一均、大裡罵等，因本社有祖遺埔地一所，坐落土名霧崙毛毛埔。原係社番自種什子。因旱園歉收，番等乏力開築圳水。茲托通事願招漢人佃墾水田，以資番食丁餉。今有藍品周自備牛隻工本，認墾犁份一張，每張犁份連厝地、菜園、禾庭、車路、圳路以陸甲為準。其丈篙以臺灣裁縫尺一丈肆

[7]　張炎憲、王世慶、李季樺主編《臺灣平埔族文獻資料選集——竹塹社》，臺北，中研院臺灣史田野研究室，1993年5月，以下簡稱《竹塹社資料》第157頁。

[8]　清代臺灣土地文書所涉及的地權關係與文書的名稱、形式往往出現脫節、變異。關於這點，請參閱周翔鶴《清代臺灣的地權交易》，載《中國社會經濟史研究》，2001年第2期。

尺柒寸為一篙。即日丈明付佃人前去耕作。議定首年每張犁分約
納租粟貳拾石滿斗，次年圳水此田按甲清丈，每甲約納租粟捌石
滿斗。永為定例，豐歉不得增減。其租粟務要乾淨，車至本社倉
口，聽業主煽鼓交收，不得短少，如有短少租粟，收田底聽業召
佃別耕。若租粟無欠，日後佃人要別創聽其退賣頂耕，不得阻當。
如要開築大溪埤圳，工資銀兩肆陸均出，業主出肆，佃人出陸。
至於田頭分灌小圳乃系佃人之事。其溪頭以及埤圳後或有崩壞應
該修理亦係肆陸均出。此係兩願，各無異言，合給佃批付炤。

　標明此項庄地，日後倘土目乏力報課或售賣他主管掌報課納
糧等，佃人應向新業主換給佃批，照依舊佃批內所約租粟交納，
以供賦課不得刁難再炤。

　中見　周岱宗（見印一）

　乾隆拾壹年十一月　日　給佃批竹塹社土目　　龜　角　老
　　　　　　　　　　　　　　　　　　　　　　一　　　　均
　　　　　　　　　　　　　　　　　　　　　　大　裡　罵
　　　　　　　　　　　　　　　　　　　　　　霄　女　加
　　　　　　　　　　　　　　　　　　　　　　甲頭斗限改
　　　　　　　　　　　　　　　　　　　　　　斗限夫厘氏[9]

　　此份文書已與番社給墾字（比如上面所舉文書）截然不同，而與漢
墾戶與佃戶之間訂立的給墾字相同：漢佃自備牛只工本認墾一犁分，墾
成水田後每甲納租 8 石，佃戶有永佃權（若租粟無欠日後佃人要別創聽
其退賣頂耕不得阻當）等等。特別值得注意的是，這份文書和上一份文
書同是一均、大裡罵、龜角老等人與漢人移民訂立的。雍正十一年，他
們和漢人移民訂立的還是番社給墾字，十幾年後，他們已懂得了漢人移
民的大租權等觀念，自己招佃當墾戶。這一份文書所記載的尚是較早時
期平地開墾時竹塹社成為墾戶的情況，乾隆中後期，拓墾進入丘陵山地
後，竹塹社招散佃開墾的情況就很普遍了，如下舉文書：

　　立給佃批竹塹社通事什班，土目斗限、比底、同眾番等，今

9　《竹塹社資料》第 81 頁。

有員山仔溪北犁頭山隘邊草地一所，未經開墾。茲蒙大憲奏明委官勘丈，劃入界內，准番開墾，業經呈明分府給示墾種在案。茲番乏力開墾，愿得漢人林拱寰自備牛隻、工本，前來認墾犁分半張，第□分即當丈明，每張五甲，分定界址；其丈篙係東興莊裁縫尺一丈四尺七寸為一篙。議定三年內不得抽的；三年之外，圳水到田，每甲納租八石，旱園納租四石。其穀車運至社倉，租斗量納，不得少欠。如佃人要別創退費頂耕，務須向社對佃過名，不得私相授受。如要開築陂圳，議定工資銀兩四六均出，業出四，佃人出六。至於分灌小圳，係佃人之事。其陂圳日後或有崩壞，亦係四六均出。其佃人務要安分守法，不得窩容匪類；如有窩匪及拋荒拖租累課情事，即將田取回另招別佃承耕。此系兩愿，各無異言。立給佃批付照。（下略）
　　乾隆五十年十二月　　立給佃批[10]

　　吳學明指出竹塹社將頭前溪中上游員山仔一帶「草地」分成一份一份的，給墾於漢佃。而不成片的小塊土地也分別零星地租給漢人散佃，如下舉文書：

　　　立給墾批竹塹社通事里老允、土目什班、甲頭大裡罵、皆只乃等，今有承祖遺下員山仔荒埔一塊，東至坑仔為界，西至員山仔外山下為界，南至外山坑為界，北至園頭頂為界，西北至田頭頂為界，情因離社遙遠，社番無力耕種，又缺乏口糧，是以邀集眾番商議，情愿招給漢人蔡朗成觀前去開闢，永為己業。自四十六年至四十八年開荒三載，照例不得收租，至四十九年應納社租五石，永為定例。日後豐荒不得加減，運至塹社精幹交納。倘日後朗成欲轉他人，通土等不得阻當。至於耕作居住之人不得窩匪等情。今欲有憑，立給墾批一紙付執，永遠為照。
　　乾隆四十五年三月　　日給[11]

　　吳學明認為這些散佃向竹塹社租的土地均屬小塊，平均只得 1.45

---

[10] 轉引自吳學明《頭前溪中上游開墾史暨史料彙編》，新竹縣文化中心，1998 年 6 月，以下簡稱《頭前溪史料》第 143 頁。

[11] 《頭前溪史料》第 142 頁。

甲。[12]從存留至今的竹塹社土地文書中可以看到，乾隆後期到清末，有著許多番社給佃批、給墾批，表明竹塹社已經完全成為墾戶。

　　竹塹社將土地租給漢人移民是清代臺灣普遍的「番產漢佃」的現象。早期，番產漢佃普遍經歷了番社將大片「草地」出贌給漢墾戶和番社自當墾戶招佃這兩個階段。第一個階段，在漢墾戶包墾大片「草地」，只貼納番餉或交納番大租的情況下，平埔族的業主權並沒有得到充分的體現，只有當番社成為墾戶以後，其業主權才真正得到實現。平埔族是如何懂得要掌握真正的地權的，其細節尚無從得知。陳秋坤指出：「目前既有的知識並無法告訴我們平埔族群是在哪種情況下，接受漢人的水稻農作以及租佃習俗的。」岸裡大社經由漢人通事張達京以水換地而引進水稻農耕和漢人移民的租佃習俗，目前所見到的資料尚未顯示出竹塹社有相應的顯著人物和現象，但這並不排除他們在和漢人移民的交往中學得漢人移民的地權觀念。假如把王世傑入墾竹塹地區作為竹塹社接觸漢人移民地權觀念和租佃習俗的起點，到乾隆初中期平埔族真正掌握地權，那麼，這一習得過程大約有 50～60 年左右的時間。

二

　　乾隆十四年，竹塹溪氾濫，竹塹社從原來住地遷移到金門厝、鳳山崎一帶，修築番仔陂，引犁頭山的水源，灌溉農田。[13]也就是說，引進了漢人的稻耕農作。

　　對於漢人移民地權觀念和租佃習俗的學習，如果和對漢人農耕模式的引進結合在一起，則將會更普遍和更徹底，並引起平埔族族群內部的變化。最重要的變化就是私有地權的普遍化。陳秋坤指出 18 世紀中葉以後「武勝灣社、阿侯社、吞霄社和竹塹社等大型部落，曾將全社草埔區劃為公口社地和私口田業。前者歸由社主或通事土目部落領袖共管，收益作為納餉和通事公務之用。後者則按成年男丁婦口平均分配自管自

---

[12] 吳學明《頭前溪中上游開墾史暨史料彙編》，《上編頭前溪中上游開墾史》。

[13] 參閱波越重之《新竹廳志》第五篇，《番社及番社的沿革》。

收，形成私有地權。」[14]私有地權的產生，打開了通向「番產外流」和貧富分化的道路。

先說「番產外流」，這是番社以及「社番」個人通過和漢人之間的租、典賣、找洗等地權交易發生的。我們前面所舉的文書涉及到的都是番社和漢人之間的土地關係。竹塹社有了私有地權後，「社番」個人漸漸也和漢人發生土地關係。從今天所能見到的土地文書來看，乾嘉之際竹塹社「社番」個人和漢人的土地交易漸多，如下舉文書：

> 立給墾佃批竹塹社通事錢文，今有山林草地一所，坐落……為界。又帶坑水，任佃作陂通流灌溉，遞年供納林娘成水穀。四至界址分明。今因離社窵隔，前來招得漢人謝福章兄弟出首承墾，自備工本、牛隻、糧食前去開墾田園，至庚申年起納，每年田園、山埔、果木共供納大租粟三石五斗，日後不得加減，永為定例。其埔委係承父分授，並無包給他人物業，亦無重張典掛他人為礙。其埔山墾成田園之日，倘佃別創，任佃退賣，業主不敢異言阻擋等情。如有上手來歷不明以及番親生端滋事，係文出身一力抵當，不干佃人之事。此係業佃甘願，各無反悔，今欲有憑，立給墾佃批一紙，付執永遠為照。
> 乾隆伍拾捌年正月　日立給佃批（下略）[15]

這是通事錢文將他父親分到的土地出贌給漢人。一般，平埔族與漢人移民的土地關係都是從出贌開始，繼而典賣。竹塹社人在典賣土地時往往會結合漢人移民分割地權的習慣（大小租制）和族內來源於公口社地的口糧概念，將地權進行分割，為自己保留口糧大租。比如，嘉慶二十四年十月六股莊屯白番衛裡字抵六同孫林秀將均分的私口業地（水田）和他買的水田總共8分賣給漢人藍業時，賣契上注明「即日批明，當中議定其田每分每年承人藍業要供納賣主抵六口糧，每分田要出大租穀四斗正，合共三石四斗正。其斗頭穀依上下田鄰規例。」[16]而「社番」

---

[14]　前引陳秋坤著作，第 24 頁。

[15]　《竹塹社資料》第 95 頁。

[16]　《竹塹社資料》第 186 頁。

最終再將口糧租典賣於漢人的話，就造成嚴重的「番產外流」問題。嘉慶年間，竹塹社這個問題已經很嚴重。清政府從「護番保產」的政策出發，一再禁止平埔族和漢人移民間的土地交易，嘉慶初，地方官即特意在竹塹社發佈「曉諭」：

> 特授臺灣北路理番駐鎮鹿港海防總捕分府加五級記錄十次吉，為稟懇示禁奸棍踞社等事。本年五月十八日，據淡屬竹塹社通事茗萊湘江、土目衛福星等具稟，詞稱：江等番社附近城郭，每有漢奸包藏禍心，來往踞社，即為社棍。窺伺社眾誰者業多，誰者業少，專工放債，重利翻算，俾估剝刻，番愚將業定價，逼寫典契，些需找足，占為己有，至親備價向贖，刁揹不容取贖。……據此，查漢奸踞社，例禁森嚴。為此，示仰附近竹塹社等處莊人知悉：爾等務須改過從善，遷徙他方，別圖生計，不得依然踞社重利放債，俾估番業，逼寫契字，刁揹取贖……自示之後，倘敢恃頑不遵，盤踞滋事，許該通土茗萊湘江、衛福星等擒解赴轅，以憑按法究辦。……
>
> 嘉慶九年六月　日　　給發貼曉諭[17]

但地方官的禁令難以發生作用，一直到清代後期，竹塹社人典賣私口業田的現象都存在著。如光緒十年，「竹塹社番衛立源、潘廷鑾」將「承祖父遺下有大租口糧壹座」典賣於原來的佃戶。[18]

「番產外流」並非竹塹社獨有，而是清代臺灣平埔族遇到的普遍問題，歷來對此多有關注，但對平埔族引入漢人移民的租佃關係後族群內部的變化則關注較少。實際上，私有財產觀念一旦被引入，貧富分化就不可避免。貧富分化又通過族群內部的土地買賣而加劇。今日所見的竹塹社內部地權交易大約出現於嘉慶中期，如下舉文書：

> 立杜賣盡洗根水田契衛裡孛旦全男加巳旦等，今有先年同眾均分應得有水田一處坐落下膀灣務田為界，……原帶大陂圳水通流灌溉。今因別創乏銀應用，父子願將此田出賣，先問至親伯叔

---

[17] 《臺灣私法物權編》第 316-317 頁。

[18] 《竹塹社資料》第 379 頁。

兄弟侄人等，俱各不能承受外，托中送於堂兄文興出首承買。當日仝中三面言定出得時價佛頭銀貳百大員正。其銀契即日仝中兩交各親收足訖，中間並無債貨准折短少等情。其田須即同中沿踏，即付銀主兄文興任從掌管招收利，永為己業。保此田委系裡孛旦父子同眾均分應得物業，與內外房親人等無干涉，亦無重張典掛他人為礙等弊，亦無上手來歷不明等情，如有此情，係裡孛旦父子一力抵當，與文興無干。此係價極業盡，界內無留寸土，一賣千休，永斷葛藤，日後賣人及子孫人等永不敢言及增洗取贖滋事。此係伯侄甘願，並無反悔，恐口無憑，立杜賣盡洗根水田契一紙付執永照。

　　嘉慶貳拾年乙亥歲玖月　日（下略）[19]

此契與漢人移民內部的杜賣契已無不同。

　　對於竹塹社內部捲入土地交易者的詳細情況尚缺乏進一步的資料，但通事、土目等領袖人物處於優勢地位則無疑問。自竹塹社和漢人移民發生土地關係以來，他們就一直利用其職權獲取好處。下舉一份文書表明了這個情況：

　　立給佃批竹塹社通事丁老吻、土目什班等，自祖遺下埔地壹所，坐落土名員山仔番仔湖等處。今思埔地離社遙遠，種作不敷，給予漢人洪名顯第貳分半張，第陸分半張。係顯自備工本前去鑿池開築陂圳灌蔭成田，永為己業。遞年所收大租谷石為眾番口糧。當日議定圳水到田耕種禾稻，每甲首年貼納大租谷貳石，次年貼納大租谷肆石，三年貼納大租谷陸石。以後永為定例，年冬不得增減。其大租谷係佃人自備牛車運至社倉，鼓煽乾淨量交足訖，給出完單，不得少欠。此埔委係本社祖遺物業，與別社並無干涉，日後再不敢異言生端，倘有他人爭阻埔地，係通土社番一力抵當。此係二比甘願，各無反悔，口恐無憑，立給佃批字存炤。

　　批明員山仔番仔湖典納大租谷參拾石，柯仔壢供納大租谷拾五石，三分仔供納大租谷壹石，合共大租谷肆拾陸石，其肆拾石土目辛勞，后存陸石歸社公收，再炤。

[19]《竹塹社資料》第184-185頁。

乾隆三拾玖年拾月　　日[20]

　　這份文書表明，番社公地出贌後的絕大部分租穀都被土目所佔有，很小部分才歸番社公有。這種利用職權獲取利益的情況恐怕是一直存在著的，張炎憲就列舉了同光年間竹塹社土目侵奪公款的幾個事例：

　　1.同治六年四月，竹塹社番五房長具告被革通事錢國殿私典租業；

　　2.光緒十二年四月，竹塹社生員衛朝芳通事錢玉來等具告廖瓊林抗吞蒸嘗；

　　3.光緒十三年九月，竹塹社通事衛紹基具告前通事錢玉來錢國揚等同謀黨收社租分肥；

　　4.光緒十六年閏二月，衛璧奎瞞充頭目侵佔社租；[21]等等。

　　從經濟關係的角度來看，平埔族內部的地權交易應是其漢化的一個標誌性階段。從乾隆早期竹塹社懂得掌握完全的地權到嘉慶中期族人內部的地權交易浮現，其間大約 60 多年。如果從王世傑算起，大約 120 年左右的時間裡，竹塹社基本完成了對漢人移民土地關係的引入。

　　當然，一百多年的時間尚不足以完全徹底地改變平埔族群的傳統、習慣。就土地關係而言，竹塹社內部和外部還是存在一些差別的。

　　一個突出的現象是，我們尚未見到竹塹社內部存在「贌耕字」。贌耕字是漢人移民中現耕佃人和佃戶訂立的土地文書，大約出現於嘉慶年間。現耕佃人是土地的實際耕種者，他們要向佃戶交納數倍於大租的小租，而佃戶通過收取小租而成為小租戶。如所周知，平埔族引入漢人的農耕模式，平埔族租土地給漢佃而收租，許多平埔族人貧困化，等等，但貧窮的平埔族人有沒有向族人贌耕土地，或他們為什麼不贌耕土地，值得深入研究。

---

[20] 王世慶《臺灣公私藏古文書彙編第八輯》，轉引自《頭前溪史料》第 137 頁。

[21] 張炎憲《歷史文獻上的竹塹社》，載《竹塹社資料》第 16 頁。

三

如前所述，竹塹社由於其所處的地理位置，在引入漢人移民的租佃習俗中的一個突出特點是同漢人一樣實行隘墾制，而乾隆後期實行屯制後，隘墾制和屯制互相結合，對竹塹社的生活產生了許多影響。

施添福指出，從康熙末年起，清廷就採取分疆劃界的辦法使臺地「番」、民「止可令其各安本分，不可令其互相固結」的策略。「此一策略最初僅以隔離漢民和「生番」為目的，但到了乾隆年間，卻逐漸演變成漢民、「熟番」「生番」的界限，即『使生番在內，漢民在外，熟番間隔於其中』。」[22]為此，在彰化縣和淡防廳一帶，「以山溪為界，其無山溪處，亦一律挑溝堆土，以分界限。」[23]形成了一條「土牛溝」。福康安赴臺平定林爽文之變後，設立屯制，竹塹社成為大屯之一。福康安奏準將近山未墾埔地 5,441 甲支給「屯番」成為屯地，沒官地 3,800 餘甲為養贍埔地；還在已支給「屯番」的近山埔地和民人的土地之間立石定界，嚴禁民人越界私墾。這樣一來，竹塹社就處於山地土著和漢人移民之間的緩衝地帶上，並且擁有了界外埔地的地權。但這緩衝地帶並不能阻擋漢人移民追求土地的步伐，他們或租種屯地，或設隘「防番」，開闢山地，史載「淡地內山處處迫近生番，昔以土牛紅線為界，今則生齒日繁，土地日闢，耕民或逾十里至數十里不等，紅線已無蹤跡，非設隘以守，則生番不免滋擾。」[24]同以前平地的開墾一樣，在山地的開墾中，竹塹社和漢人移民相處，漢人移民的農耕和拓墾模式難免被他們所引入和模仿。而在這種引入和模仿中，表現出了竹塹社內部的差別。有的人簡單地採取租的方式，將屯地租給漢佃或漢人隘墾戶，坐收屯租；有的人則積極地參與隘墾，成為山地開墾中的領袖人物。

先來看第一種情況的例子。以下是一份「屯番」和漢人隘墾戶訂立的契約：

---

[22] 施添福《臺灣歷史地理記》，《臺灣風物》，第三十九卷第二期。

[23] 《清高宗實錄選輯》，臺灣銀行文叢本第 186 種，第 126 頁。

[24] 陳培桂《淡水廳志》，臺灣銀行文叢本第 172 種，第 50 頁。

　　同給墾批契字竹塹社麻薯舊社屯番阿老四、阿敦骨、敦老里，及通事衛金生、土目潘文起，暨眾番等，緣因屯餉缺額，經屯弁阿敦骨乃等稟請印諭，願將橫山、猴洞等處山林埔地，給與漢人墾戶劉阿富、劉引源自備工本，建隘堵禦，招佃開墾成業，除墾戶工本諸費以外，言定配屯租一十七石六斗六合，以補屯餉缺額，殊屬允妥。阿敦骨乃即邀同眾番到橫山、猴洞等處指界其山林埔地，……並帶大河陂圳水通流灌溉充足。四至界址，沿界踏明，交付墾戶劉阿富、劉引源自備工本，堵禦生番，招佃開闢成田，收租掌管，永為己業。一給千休，永斷葛藤，日後番眾等永不得異言反悔，另生枝節等情。此乃番、漢相商，比比甘願，兩兩相安。共享升平之福矣！今欲有憑，同立給墾批字一紙，付執永照。（下略）[25]

　　此份文書表明的是「屯番」將界外埔地給墾於漢人隘墾戶的情況。給墾之後，「屯番」難免走上始而租，繼而典賣的道路，同平地開墾時期一樣，又形成「番產外流」。

　　和許多「屯番」將屯地出贌不同，一些竹塹社人自己出來當隘墾戶，開闢山地，他們一般是通事，土目。比如通事錢旺富及其前任大約嘉道年間曾在員山仔實行隘墾，道光十五年，他和金廣福墾隘訂立的一份文書，載：

　　同立合約字人金廣福、錢旺富等，因竹塹社通事錢旺富承前通事在員山仔莊開闢田園，恐番出擾，設有隘丁巡守，年需隘谷壹百伍拾三石。又各佃每甲貼谷玖斗。但山面袤長，丁少力微，照顧難周，不無被害之慘。茲因金廣福奉憲諭飭，在塹南一帶設隘，募丁分駐巡防，就地開墾以固地方，每年應需隘糧不敷尚多。蒙諭著富等隘谷割佃歸收。以便分發，以專責成。該富等遵諭，隨同到地踏明界址，堆作土墩為界。土墩內已經開成□佃，現耕之田園歸於塹社通事收租執掌，土墩外所有隨墾隨拋及未墾未開之山林埔地，一概歸與新墾戶金廣福招佃開墾，就地取糧，以資隘費。……（下略）

---

[25]　《竹塹社資料》第 146-147 頁。按，本份文書未載年月，揆其時間當在乾嘉之際。

　　　　道光拾伍年乙未　　月　　日[26]

　　根據這份文書，錢旺富等人設隘還是取得一定成效的。塹城南面設隘「防番」是一項浩大的工程，道光年間官府出面發動組織了金廣福大隘，不僅錢旺富，還有其他一些隘墾戶，也都被組織到金廣福大隘裡。

　　比錢旺富更成功的竹塹社隘墾戶當屬衛阿貴。他於乾隆五十六年已奏准開墾界外埔地，今日所見的最早相關文書是嘉慶二年他所立的招墾批：

　　　　立招墾批隘首衛阿貴，經蒙淡分憲點充美里庄即新興庄隘首，自備工本建隘募丁防禦生番，護衛民居。所有該處埔田准貴招墾耕種，以資口糧等因。茲招佃人黃三貴前來承墾深坑仔埔地山林壹所，……面踏分明，付佃黃三貴自備工本，開築坡圳墾闢永管耕供。當日言定開成水田埔園按丈甲聲，水田一甲遞年限早季供納精燥風乾隘糧谷陸石，埔園一甲供納參石。運隘交收，給單執憑。保此委係奉憲設隘准墾，並無來歷不明等情，倘有奸民阻撓，係貴一力抵當。至該佃不得窩匪聚賭，日後倘有頂過，務須聲明查核，不得私相授受。合給墾批付照。

　　　　嘉慶貳年三月　　日　　　　　立給墾批　衛阿貴[27]

　　衛阿貴留下的給墾批、招佃批還有多份。比較與衛阿貴同時同地的漢人隘墾戶連際盛的給墾批，二者已無不同。下面是連際盛的給墾批：

　　　　立給招批美里墾戶連際盛，奉淡防分憲示諭，八張犂後美里地面建設隘寮守固地方，併蒙示給就地墾闢以為隘丁鄉勇工食。茲盛備出貲本造隘蔡，招募鄉勇隘丁把守隘口。今有佃人江阿祿前來承墾草地犂分貳塊，每張丈定五甲，俟三年墾熟成田每甲供納大租穀六石，其穀限早季收成運至倉前，煽淨精幹滿斗量納，給出完單。不得少欠，以便分給隘丁鄉勇工食，貼納社租等項。自給墾後永為己業。倘欲別創，任從退手。不許窩匪聚賭滋事。合給招批付執為炤。

---

[26]　《竹塹社資料》第 139 頁。

[27]　《竹塹社資料》第 98-99 頁。

......

乾隆六十年十月　日　　　　　　立給招批　連際盛[28]

　　漢人隘墾戶連際盛後來無力防禦「番害」，棄墾權而去，佃戶乃商請衛阿貴做其墾戶。衛阿貴所立的新興庄，其拓墾事業一直持續到晚清，其拓墾事業是相當突出的。

　　一般都認為，土著部落接受漢人移民的私有地權規範，並被捲入商品貨幣經濟和土地市場後，因地權的疏離而導致普遍的貧窮化。誠然，大部分「社番」都因「番產外流」而貧困，然而，平埔族內部也是存在差別的，許多人，尤其通事、土目，通過引入漢人移民的開墾模式當墾戶而成為強者，只是後來他們漢化太深，在歷史上失去了蹤影。

---

[28] 《竹塹社資料》第 97 頁。

清代臺灣的地權交易——以典契為中心的一個研究

內容提要：本文認為中國傳統社會民法不發達、產權概念含糊，因此難以用西方近代法學框架去理解中國傳統社會中的地權交易。

本文以清代臺灣土地文書為基礎，分析典、抵押、買賣、租賃等各種地權交易形式。認為抵押、買賣、租賃等本來在產權交易上意義明確的形式，在交易實際中逐漸模糊而向典這個本來就意義模糊的形式轉化。

以典為中心的土地交易形式，兼顧了人情，但犧牲了效率。

關鍵字：地權交易形式，典、傳統社會。

一

　　中國古代很早就有土地買賣，也存在典押、租佃等地權交易形式，這些交易體現在古代文書契約當中，今日所能見到的契約，以明清兩代為主。但中國古代民法不發達，對產權形式並無嚴格界定，各種交易形式往往含混不清。我們如何通過這些含混的情況去理解古人的經濟關係呢？

　　日本學者岸本美緒指出：「……（以往）或明或暗地作為這些研究基本前提的都是西洋近代法的各種概念和以生產關係為中心的發展階段論，而這些理論前提是否能夠提供理解中國社會中契約關係的有效框架現在看來卻很成問題。」[1]

　　我們確實可以看到以西方法律體系為框架來理解古代，尤其是明清土地契約關係的情況，比如說，張晉藩就把地權當作物權，而取所有權、永佃權、典權與抵押權各種形式；契約關係則被他定位於「債」的總目之下。而將各種契約分類為買賣契約、租佃契約、租賃契約、借貸契約、合夥契約、族產管理與分家析產契約以及典約等幾類。[2]應當說，西方近代法律體系不失為一個方便和有用的框架，但是，同西方以演繹邏輯為基礎的法理概念所嚴格界定的產權概念相比，中國傳統社會中產權概念之含糊，二者形成強烈的反差。以西方近代法概念為框架去觀察明清契約關係，許多交易實際將被削足適履地塞進這個框架之中而失去了其在現實生活中所體現的意義，我們也就無法真正理解明清時期的契約文書中所包含、反映的當時的社會生活和經濟關係。因此，我們不如借用人類學「主位的理解（emic understaning）」的方法，去理解明清時期地權交易的各種含混的方式及其所以產生的原因，要比利用現成框架去做

1　岸本美緒：「明清契約文書」，原載滋賀秀三主編《中國法制史──基本資料的研究》，東京大學出版社 1993 年。中譯載《明清時代的民事審判與民間契約》，法律出版社，1998，北京。

2　張晉藩《清代民法綜論》中國政法大學出版社，1998，北京。下引張晉藩文均出自該書，不再一一注明。

一個客位的（ethic）判斷來得有意義些。[3]下面本文將主要利用清代臺灣一些契約，[4]圍繞著典權來探討中國傳統社會土地交易形式問題。

二

　　我們先來看一張典型的典契。

　　　　同立典契字人高金課、關柳、松柏等，有承父遺下股份十五股，應得一大股，開墾公田二段，過坑二坵，屋角一坵，共三坵，坐貫南村寮莊，其四至界址及大租、水圳牛路通行流灌踏明，悉載在契字內明白。今因乏銀費用，欲將此田典出於人，先問房親人等不欲承受，外托中引就向典主葉坪觀出首承典，即日同中三面言約時值典價佛面銀六十大元正。其銀即日同中，課兄弟親收足訖，願將踏明四至界址明白，付典主坪前去起耕掌管為業，不敢阻擋。保此田業係是課兄弟應得承父之業，與房親人等無干，亦無重張典掛來歷交加不明為礙；若有此情，係課兄弟等出首一力抵擋，不幹典主之事。言訂五年外冬至前止，限滿之日，應備足字內銀贖還；如過限無銀贖回，依舊照字內耕管行用。此係憑中甘願，不敢反悔，恐口無憑，今欲有憑，立典契字一紙，付執為照。

　　　　即日同中，課兄弟親收典契字內佛面銀六十大元正完足，再照。

光緒八年十月　日。

　　從上契來看，典之意義，明顯地是以不動產作為借款的擔保，如上契以土地作為借銀 60 元的擔保。但如果以近代法理學概念為框架來看的話，標準的擔保物權應是抵押權。典權則是含糊不清的，在西方法學框架中存身不牢的。清代臺灣原也存在抵押借貸，稱為胎借，所謂胎，

3　明清時期東南沿海及臺灣地區的地權分割為大、小租已為學界所詳細討論，本文不以地權分割為討論對象，而將大、小租等均視為地權，討論其交易形式。

4　文所引用的契約均出自日據初期「臨時臺灣舊慣調查會」，《臺灣私法·附錄參考書》之《清代臺灣大租調查書》，《臺灣私法物權編》，以下不再一一註出。

即抵押物（胎可以是不動產，也可以是動產，這裡僅涉及不動產）。而
典權與標準的抵押權有所不同，含義不清，難以界定。張晉藩認為，典
權之不同於抵押權，主要有三「典主有佔有，使用，收益和一定的處分
權，押主則無此項權利；出典不需付利息，而出押人則需付利息；典是
長期質，押則有較短的回贖期。[5]從上引典契來看，基本上是符合張氏
給典權歸納的三個特徵。但如果我們回過頭去看抵押權（胎權）的話，
卻可以發現它在實踐中和典權的三個區別極易模糊，最後甚至難以區
別、混為一體。我們先來看一份典型的胎借契約：

> 立胎借約字人布嶼堡崙背莊廖朝晏等，有承祖父遺下鬮分應
> 份水田一處，土名坐落在新竹園莊西北勢，其甲數、丘段、東西
> 南北、水分，俱載上手契內分明。今因欲銀別創，自情願將此田
> 出借為胎，托中問到本保新竹園莊李媽答身邊借過鏡銀三十大元
> 正。即日立字同中親收足訖；其銀母言定行利加三六，面限至週
> 期，母利一應清楚完明，不敢少欠。銀還字還，兩不刁難。如若
> 至期無還，願將此田付原銀主掌管，招佃耕作，收租納課完糧，
> 以抵利息，永不敢異言生端等情。此乃二比甘願，並無迫勒反悔，
> 今欲有憑，特立胎借約字一紙，付執為炤。
> 　　光緒十六年十一月　　日。

從上契來看，胎借，其原意是以不動產作為借款母利的保證，符合
擔保物權這個界定，但實踐過程中，它漸起變化，以至和典相混，難以
區分。這種變化先從以租穀付利息開始。如下契所載：

> 立胎借銀字人馬芝遴保三塊厝前莊劉加蕊兄弟等，有承父鬮
> 分應份水田一段，垃數不等，耕種五分正，坐在本莊門口洋，東
> 西四至登載上手司單印契內明白，年配納大租票一九五抽的。今
> 因乏銀別置，將此田先問叔兄弟侄不能承借，外托中引就向與鹿
> 港菜園莊黃春盛號胎借出佛面銀一百五十五大元正。其銀即日同
> 中親收足訖。其銀每年約納利息票一十八石零五升正，早季該利
> 票一十二石零五升正，晚季應納利票六石正，二季完納，不敢短

欠升合；如是短欠，將田聽銀主起耕招佃，別稅他人，收租抵息，不敢阻擋。保此田係是蕊兄弟鬮分物業，與房親人等無干，亦無重張典掛他人不明為礙；如有不明等情，蕊自出首一力抵擋，不干銀主之事。此係二比甘願，各無反悔，恐口無憑，立胎借銀字一紙，並繳鬮書一紙，共二紙，付執為炤。

……

道光二十四年十二月　日。

此契計算利息，以租抵利，多出的田租應仍歸借款人，此外，此契表明佔有權尚未轉移，田產只是作為擔保，在短欠利息的情況下才會發生轉移（「將田付銀主起耕招佃，別稅他人」）。凡此皆似抵押，但此契不書回贖期，和典已有相似之處了。只要採取以租穀抵利的形式，發展下去抵押就往往會演變成典，因此，我們看到典胎，胎典之類的契約，就不會感到驚奇了。以下是一份典型的「典胎借銀字」：

立起耕典胎借銀字人蔡茂，緣有承祖父遺下大溪內五層蛇莊界內水田連山場，其東西四至悉在丈單合約字內，自帶圳水通流充足。今因乏銀別創，願將此水田、山場盡行起耕典胎借，先問房親人等不欲承典，外托中引向與黃小番官手內起耕典胎借出佛銀一百二十元正。其銀即日同中交茂親收足訖；隨即將田並山場踏明四至界址，交付起耕典主掌管出贌，收租抵利。三面議定每元銀全年利息加一五行，計共該利息銀一十八元正，就田、山租控抵清楚。其田大份全年贌穀六石，小租贌陳文生作份。收成之日，將租穀依時結價抵利並完課；不足，將山租補足；有剩，會算湊還業主。其銀自光緒十七年冬至前起耕限借，不拘年限，措備母利銀齊足，送還典主，贖回丈單字據，各不得刁難。此係二比甘願，各無反悔，口恐無憑，筆乃有據，立起耕典胎借銀一紙，帶丈單三紙，合約字一紙，計共五紙，付執為炤。

即日同中交茂親收過立起耕典胎借銀字內佛面銀一百二十元正，再炤，行。

此契尚會算租利（「將租穀依時結價抵利，……有剩會算湊還業

主」），並定有期限，猶有胎借的意味，但它轉移佔有權（「交付起耕田主掌管」）具有典權最重要的特質了。再進一步的發展，則有的胎借契盡租抵利，空有胎借的名義，實際上已是典契了，如下契：

> 同立招耕胎借銀字人李林氏，緣李林氏有承先夫祖遺下在番墾內結得埔園一所，址在青潭大溪內，土名灣潭莊下浦，東至大溪，西至山，南至李寶園，北至黃家園各為界，四至界址明白。今因乏銀費用，願將此業與人為胎，先問房親人等不欲承受，外即托中引就向與黃綱官身上借出番銀二十大元正。銀即日同中交收足訖；園亦同中踏明，付綱耕管。其銀無利，其園無稅。約限六年：自光緒甲午年起，至庚子年冬止。因溪埔荒地，綱若栽插樹木、果子等項東西，如是限滿，業主若要取贖起耕，須要業佃商量妥當。保此業與親疏人等無干，亦無重張典掛他人不明為礙；如有不明等情，林氏一力抵擋，不干黃綱之事。此係二比甘願，各無後悔，口恐無憑，同立招耕胎借銀字一紙，付執為炤，行。
>
> 即日同中李林氏親收字內胎借番銀二十大元正完足，再炤，行。

此契除了年限較短（六年）以外，已具備了典契最重要的特徵了。而實踐過程中，到了期限出典人無銀可贖，契約可再延期乃是常見的事。

將以租抵利形式的胎借與不動產的典相比，典就變成「盡租」，即以所有的租為利了，而胎則僅以部分租為利，所以從利息計算的角度來看，胎借要比出典有利。確實，周力農曾在《臺灣公私藏古文書影本》的契據中發現一個例子，咸豐年間邱河順，春福等人作為銀主，承典曾協美的田業厝宅，其典契載「同立起耕典田屋契人曾協美，有承叔父昆和遺下田業厝宅，……托中引就邱河順，春福前來出首承典。當日三面議定，時值典價銀一千四百大元正。即日銀契兩相交訖，其田並屋宅等業同中踏明，交銀主前去耕管，收租納課。」但邱河順等人似乎沒有什麼銀子，所以他們以這份典業為胎向王作霖借銀湊典，其胎借契約載：「立胎借字人邱河順、春福、春祿，有承典曾協美田業厝宅，……今因

乏銀湊典，三人同中商議，將此承典之業向得王作霖等胎借出佛銀一千大元正。三面言定，每元周年貼早利粟一斗二升七合，每年計共早利穀一百二十七石。」[6]

邱河順等人充分利用胎借利穀與盡租典之間的差價，徒手博利，可謂長袖善舞。然而這種情況並不多見。一般人願意按較高的利率（盡租）出典土地，目的在於以後容易回贖。我們可以這樣理解，如果按胎借利率算的話，出典人原可以以同一塊地借更多的款項，但他寧願以高利率計，少借一點，回贖起來容易。因此意義明確的抵押權，漸漸向意義含糊的典權轉化。假如出典人無力回贖土地，則他可以「找洗」盡典而補足地價，土地也就如同賣了，下面我們來看典與買賣的關係。

三

出典人如果無法贖回田產的話，典出的田產就如賣出一樣了，所以典與買賣也經常混淆不清，我們先看一張典契：

> 立繳典契字人嘉邑白沙墩保下埔姜侖仔莊，現時住笨北中秋街蔡天註，有承祖父鬮分應份沙園一坵，土名坐落新莊仔胡東勢。此園原典過本邑本保瓦磘仔莊蔡世宗，東至宅園，西至吳宅園，南至胞姪恆九宅園，四至明白為界，年帶納叛產依例抽的。今因乏銀費用，先盡問房親人等無力承受，外即托中引就與本邑本保瓦磘仔莊黃華觀、黃佑觀同出首承典，三面言議依時價出佛銀「六八」二十六大元正。銀即日同中交收足訖；其園隨踏界址分明，前付銀主去起耕掌管，永為已業，不敢阻擋。保此園係是世宗自置已業，與房親人等無干，亦無重張典掛他人及拖欠租課不明為礙；如有不明等情，世宗自出首抵擋，不干銀主之事。此園不限年，銀主不敢向討；園主要徵討者，備足契面銀取贖，不得刁難。此係二比兩願，各無反悔異言生端滋事。口恐無憑，今欲有憑，立繳典契字紙，並繳上手契二紙，合共三紙，付執為炤，

---

[6]　周力農：《清代臺灣的胎借銀》，載《清史論叢》第三輯，中華書局，1985，北京。

行。

即日同中收過契銀「六八」二十六大元完足，再炤，行。

……

大清光緒七年八月　日。

上引契約一方面說「銀即日同中交收足訖，其園隨踏界址分明，前付銀主去起耕掌管，永為已業。」另一方面又說「此園不限年，銀主不敢向討，園主要征討者，備足契面銀取贖，不得刁難。」雙方均無所謂所有權，使用權等概念，只是達成一個共識，即出典人來贖，土地就交還給他，如果沒有來贖，就一直留在承典人的手中，「永為已業，」時間長了，就有點類似賣了。所以當代人也有將典視為「活賣」的。如1978年版《辭海》「活賣」條釋文為「中國舊時田宅出賣後，賣主保留回贖的權利，稱活賣。此種買賣契約稱活契。回贖有一定期限，過期不贖即成絕賣。一般典田均為活賣。」

從另一方面說，典之所以被看作是活賣，還在於中國傳統社會中不動產買賣很難「杜賣」或「絕賣」，賣主多年後要求回贖的現象十分普遍，能夠回贖，則和典沒有什麼兩樣了，即使無力回贖，也要「找洗」，「加找」。[7]典，同樣可以「加找」而「盡典」。所以在明清兩代的田產交易中，買賣和典兩種方式往往膠葛不清，典買、典賣之契屢見不鮮，產生了許多矛盾衝突。明清兩代中央和地方政府屢屢發佈條令，試圖釐清兩種交易方式，但是收效總是不大。如清雍正八年《會典事例》定「賣產立有絕賣文契，並未注有找貼字者，概不准貼贖。如契未載絕賣字樣，或註定年限回贖者，並聽回贖。……儻已賣絕，契載確鑿，復行告找告贖，……俱照不應重律治罪。」乾隆十八年《大清律例》又定：「嗣後民間置買產業，如係典契，務於契內注明回贖字樣。如係賣契，亦於契內注明絕賣永不回贖字樣。其自乾隆十八年定例以前，典賣契載不明之

[7] 關於傳統中國社會中不動產交易中「加找」問題，可參閱楊國禎《明清土地契約文書研究》第五章；人民出版社；陳鏗：「中國不動產的找價問題」，載《福建論壇》，1987年第5期；張富美「清代典買田宅律令之演變與臺灣不動產交易的找價問題」，載《臺灣歷史上的土地問題》，1992，臺北。

產，如在三十年以內，契無絕賣字樣者，聽其照例分別找贖，若遠在三十年以外，契內雖無絕賣字樣，但未注明贖者，即以絕產論，概不許找贖。」

　　從上述條例來看，清廷當局努力去界定的是賣、絕賣、典這些概念，而不是類似所有權、使用權、收益權等等西方法理學框架中的產權概念。對於告到官府的爭產案件，當局可按照契面上所寫的是絕賣、或是賣、典的字樣加以判決，但如果不告到官府呢？考慮到爭產訴訟只占田產交易的小部分，我們可以認為混淆不清的典賣作為一種普遍的交易方式為民間百姓所認可。在許多分家文書中，我們往往可以看到典或買的田產同樣都可以被遺傳。典，成為一種置產方式，如下引的分家的「鬮書約字」：

　　　　同立鬮書約字人葉其華、葉其禎、葉其盛等。竊謂木有本而分枝，水有源而分派，人之兄弟亦然。……禎等因奉毋命，再四思維，慎終於始，欲圖久遠之計，惟將先父在日所置產業，迄母親手或置或棄，而今現有存者一齊錄明，除預籌母親等養瞻並以留存為後來永遠輪公外，同請族長公親秉公設法，僉議作三房均分。……。

　　　　……

　　　　謹將現存田園、店屋一盡錄明：

　　　　……

　　　　一、買過過杜求長園一所，……契一宗共七紙，契價銀一百二十元，現歸長孫份額。

　　　　一、買過潘揠店屋一座，……契一宗共八紙，契價銀二百九十元……。

　　　　一、典過黃標記園一所，……契一宗共九紙，契價銀一百八十元，……。

　　　　一、典過王朝陽田園三宗……契一宗共十紙，典價銀五十元。

　　　　　以上田園計契九宗……

　　　　一此系第一鬮，編作福字號。

　　　　……

光緒二十三年十二月二十二日。

葉家兄弟三人將產業分成福、祿、壽三份拈鬮繼承,以上所錄僅為福字號,從福字號所繼承的產業來看,其田園有買來的,有典來的;祿字號與壽字號情況完全相同,因文長難以盡錄。承典的田園和買的田園一樣傳留後代,表明社會習慣在不動產產權問題上已將典與買等同看視。

四

典買、典胎等從字面上已顯示了田產買賣、抵押與典的關係,而租佃與典的關係尚未見到這種詞語上的關聯,但在實際生活中卻是存在的,這主要是通過押租來實現的。交押租而租田種,在閩南、臺灣稱贌耕。

清代中後期,佃戶租田時,要交納一筆押租,以備欠租時被田主扣抵。押租在臺灣稱磧地銀或壓地銀。《淡水廳志》載「有佃戶焉,向田主贌田耕種也。有磧地焉,先納無利銀兩也。銀多寡不等,立約限年滿,則他贌,田主以原銀還之。」即是對此的說明。以下一契是典型的無利磧地銀的例子:

> 立收壓地銀字人鹿港大街吳明記,有置得李厝莊後莊消涵口水田一段,又旱園一段,共四分零,年配納大租粟二石二斗滿。今有李厝莊後陳番官前來,贌去李厝莊後莊水田並旱園二段,歷年言約早季納乾淨小租粟九石七斗滿,又晚季納乾淨小租粟四石滿,又帶納大租粟及水圳銀等費仔,佃人完納。即收來壓地佛銀一十三大員,言約銀無利,限五年為滿,聽明備壓地銀清還,取回原田園並原字;若有欠小租粟並大租粟等費,應將壓地銀扣起,不得異言。今欲有憑,立收壓地銀字一紙,付執為照。
> 　　咸豐二年　月　日。

但磧地銀在某些情況下,會從無利變為有利,如下契:

> 立贌耕字人東螺東堡五百步莊陳兩琴,有自己建置園一所,

址在本莊蕭家南勢，東、南俱至自己園，西、北俱至蕭家田；四至界址明白。前因要銀別置，愿將此園贌出，托中向與本莊蕭嬰出首承贌耕作，明約全年園租粟三石。時嬰備出壓地銀十二元，愿貼每員銀全年利粟一斗五升，計共一石八斗扣抵利粟，尚剩粟一石二斗，分作早、晚二季完納。其銀即日琴收訖；其園隨即踏明界址，付與銀主耕作，明約不拘年限，任其耕作納租⋯⋯。此係二比甘愿，各無反悔，口恐無憑，今欲有憑，立贌耕字一紙，付熱為照。

即日親收過贌耕字內佛銀一十二大員正完足，再照。

同治十三年三月　日。

上契中的有利磧地銀數量相對不大，扣抵利息後，佃戶尚須交納租穀，在磧地銀數量相對大的情況下，就變成「田無租，銀無利」表面上是租賃契約，實際上已是典契了。如下契所示：

立贌耕收磧地銀字人張井養、張阿王，偕侄全福、英華、贊賢五房等，有承祖父遺下水田一甲一分，址在揀東上堡七張犁莊後北勢，東至大溝界，西至林大人田小溝界，南至林大人田，北至林寨田界，四至界址面踏分明；配大甲溪坡圳水通流灌溉充足，年納業主王大租併車工穀道斗一十二石正，年贌小租道斗五十二石正。今因乏人耕作，中招得合吉號、林仕櫃等出首前來承贌，當日三面言定磧地銀一百七十六大元六角。其銀、字即日同中兩交收足訖；其田隨即踏明界址，付銀主前去耕作。限贌九年半：自己巳年六月起，至戊寅十月終收成止。限滿之日，養、五房等備齊原磧地銀一百七十大員六角，交還佃人；而佃人即將田交還養、五房等自耕。如至期無銀清還，愿將此田仍付銀主耕作，以抵銀利息，後不拘年限，銀到田還，各不得刁難。此乃二比甘愿，田無租稅，銀無利息，各無抑勒反悔，今欲有憑，立贌耕收磧地銀字一紙，付執為照。

即日同中見收過字內磧地銀一百七十大員六角正足訖，再照。

同治八年（己巳）六月　日。

即日春

上契雖然還採用贌耕字的字樣，其實質已是典契了（典小租）。這可能是殷實小農獲取土地的一個途徑。

（五）

以上的分析所要表明的是，在傳統中國社會民法不發達，產權模糊的背景下，買賣、抵押、租佃等本來在產權問題上應具有明確意義的土地交易形式趨向於轉變成「典」這種在近代民法學框架中地位尷尬產權含糊的形式。

當代產權經濟學認為，排他的、明晰的產權能產生激勵而有助於經濟的增長。Daniel W.Bromley 將產權學派的邏輯歸納為：經濟盈餘＝f（產權），他又提出一個相反的式子，產權＝g（經濟盈餘），第二個式子的含義為：產權結構是人們基於對經濟盈餘長期予期的選擇結果。[8]對比兩個式子，第一式強調的是效率，第二式則不但具有經濟學解釋能力，還有社會學上的意義。顯然，傳統中國社會中以典為中心的土地交易形式應以第二式為主來解釋。

在近代工業出現以前，土地是傳統中國社會最重要的生產資料，是爭奪的焦點。在正常情況下，爭奪主要以交易的形成出現，而交易的各方經過長期的實踐，最終達成「典」這一形式的默契。典，意味著以較低的價格出讓地權，但保留了回贖的權利，如無力回贖，則有「找」、「洗」的慣例加以補償。另一方面，典，也給資金力量不足的人提供了置產的機會。總之，典，給爭奪雙方提供了一個地權爭奪的緩衝地帶，而這個地帶容納了傳統——人情、道德、習俗等等。然而，典犧牲了效率，對於資源配置是不利的，顯然，在土地可能被贖回的情況下，承典人是沒有什麼意願去改良土地的。傳統經濟習慣在當今並未完全絕跡，產權模糊的狀況也未完全改變，效率與人情，魚與熊掌是否可能兼得，凡此皆值得我們深究。

8　Daniel W.Bromley〈Economic Interests and Institution〉，中文版：三聯書店，上海。

清代臺灣宜蘭水利合股契約研究

內容提要：本文以清嘉慶、道光年間臺灣宜蘭水利合股經營為個案，研究傳統中國農村合股經營企業狀況。通過對 300 多份水利合股契約的分析歸納，本文認為在資本、勞動、土地、技術諸要素中，資本在農村企業中發揮最重要的作用，圍繞著資本、農村企業建立起明晰的產權關係。在農村企業的組成和運營上，等量資本佔有等量利潤是一個根本性的原則，在這個原則的基礎上，通過大股套小股等方式，形成了少數人合夥或一定範圍內多數人以小額資金入夥等不同合股經營模式，有利於企業的形成、發展。但由於缺乏近現代信用制度，農村企業在吸資範圍和融資管道上均受到限制，不利於企業的運營和發展。

關鍵字：清代、水利契約、合股經營

　　合夥、合本、合股的經營形式，在我國已有悠久的歷史，至明清時期更是十分普遍。然而，長期以來它是經濟史研究中獲得學術關懷最少的領域之一，近年才開始受到重視。早幾年如楊國楨研究明清以來的商人合本經營，認為「『合本』，又稱『合夥』，『合股』，……是兩人以上共同提供資本或技術、實物等，共同分配盈餘或承擔債務。」合本明確見於史料在唐代，而明清兩代已是十分普遍。[1] 較近的，如徐建青研究清代手工業中的合夥制，以全國為對象，將合夥制分為勞動合夥、資本與勞動兼有的合夥、資本合夥幾種形式，其中資本合夥又分出資者有否參加勞動、經營管理二種。徐氏認為「從勞動合夥制到資本合夥，表明其形式在不同層次上的發展，這種形式上的區別看來與生產本身的發展程度有關。在資金較少、生產規模較小，管理簡單的組織中，常見的是合夥制前二種，……在礦冶井鹽等行業中存在的資本合夥的二種形式，是適應這些行業中企業向大規模發展的需要而出現的。」[2] 而彭久松、陳然所研究的自貢井鹽業的契約股制，就屬於中國傳統企業中大規模者。他們考察了自貢井鹽業中股份制的合夥模式、股東類別、集資機制、股份特點、有限責任制、兩權分離等等，認為自貢井鹽業中的股份制「是一種近乎股份有限公司又具有自己鮮明個性特點的公司形式。」其中，「井債井還」的有限責任制比西方的有限公司股份制要早出現 100 年。[3] 楊、徐、彭、陳諸氏的研究表明了明清時期合夥、合股經營已十分普遍，並形成了一些共同規範，但在不同地區、不同行業、不同規模的產業中存在著各種不同的情況，有待我們進行更廣泛、更深入的研究。本文所要探討的是清代臺灣開發進程中的水利合股經營。這種水利合股經營存在於農村之中，最具傳統特色。

　　從臺灣的拓墾史來看，明代就有大陸漢人到臺灣進行開發，荷據時期在臺灣進行農業生產的漢人移民估計有數萬人。鄭成功收復臺灣後軍

---

[1]　楊國楨：《明清以來商人的「合本」經營的契約形式》，載《中國社會經濟史研究》1987 年第 3 期。

[2]　徐建青：《清代手工業中的合夥制》，載《中國經濟史研究》，1995 年第 4 期。

[3]　彭久松、陳然：《中國契約股份制概論》，載《中國經濟史研究》，1994 年第 1 期。

墾民墾並舉，以臺南為中心的南部一帶得到開發。但臺灣的全面開發是
清代的事。從康熙中期起，大陸移民源源不斷到臺灣進行拓墾。移民們
拓墾的首先是臺島西岸中部和北部的平地。這裡土壤肥沃，水資源充足，
適宜稻作。移民們在西岸中部、北部平地的拓墾中修築了八堡圳、樸子
籬大埤、瑠公圳、萬安圳、劉厝圳等大大小小許多水利系統，這些水利
系統幾乎全靠私人集資修築。有墾戶集資，如樸仔籬大埤，由張達京為
首的六館業戶集資而成；有墾戶與佃戶共同出資，如萬安圳，由墾戶劉
和林和眾佃戶集資而成。在這些水圳的灌溉下，佃戶所拓墾的土地得以
形成水田，種上雙季稻，此即臺灣開發史上的水田化運動。而水圳的業
主通過向引水的佃戶收取水租，使得水利本身成為一個十分盈利的事
業。但今日所見的西岸平地的水利文書較不完整，不及宜蘭地區豐富。[4]
宜蘭地處臺島東北角，土壤肥沃，水源亦充沛，是傳統農業理想之地。
但因雪山山脈叢崖錯雜，林莽深密，交通十分不便，一直到嘉慶年間才
得到開發。宜蘭平地的開發模式和西岸有所不同。拓墾宜蘭的移民們先
是採取結首制的模式，他們數十人形成一個結，推其中一個有勇力有貲
力者為結首，若干個結組成一個圍。結首制下的移民採取武裝佔墾的形
式。他們驅趕平埔族人佔領土地之後，結中的每個人（習稱佃戶）都能
分得一份土地。嘉慶十五年宜蘭設治（時稱噶瑪蘭），其時宜蘭濁水溪
（又稱蘭陽溪）以北的平地已大部分被拓墾，溪南平地也有部分開墾。
官府將溪南未墾「餘埔」「召墾」。召墾制下的移民每人也分得一份土地。
因此宜蘭的開發以小農為主，沒有形成西岸平地的墾戶——佃戶制，但
在水利開發方面則採取和西岸相同的私人集資模式。拓墾宜蘭的三籍
（漳、泉、粵）移民以漳州人為主，他們有的來自大陸，有的則是從西
岸來的二次移民。[5]這些移民有的有小額積蓄，有的則賣掉他們在西岸
的產業，積蓄要多一些。這些積蓄成為清代宜蘭水利資金的一個來源。

---

[4]　臺灣學者王世慶統計現存的臺灣水利古文書有 600 多件，其中屬宜蘭地區的有 328 件，占了
　　一半以上。

[5]　關於宜蘭開發中的二次移民，可參閱臺灣學者陳進傳：《宜蘭傳統漢人家族之研究》第三章
　　「宜蘭漢人的移動」第三節「從各地遷移到宜蘭」，宜蘭縣立文化中心《宜蘭文獻叢刊》8。

另外，如前所述在西岸平地的拓墾中水利事業已成為一種十分盈利的投資，因此西岸已開發地區的一些富戶也來到宜蘭進行水利投資。這樣，清代宜蘭的水圳有完全由小農合作修築的，如溪南的八寶圳；有完全由富戶投資的，如溪北的金復興圳；也有由富戶和小農（包括結首和佃戶）共同投資的，如金大安圳，等等。這些水利事業和西岸一樣，都是一些合股經營。

　　清代宜蘭共修有大小埤圳 50 多條。現今所存宜蘭水利文書 328 件則涉及其中的 38 條。這些文書都收於日據初期殖民當局的臨時臺灣土地調查局編印的《宜蘭廳管內碑圳調查書》中（以下簡稱《調查書》）。所有文書均按圳編排。為行文方便，本文有時將於文中直接說明所引契約為某圳某號文書而不再另行注出。

一、水利合股經營契約關係的形成

　　328 份清代宜蘭水利文書大致包含以下內容：用水的佃戶與埤圳所有者圳戶之間的合約，圳戶內部股份所有者之間的合約，埤圳股份的繼承、買賣，典胎契約，以及官府的相關檔案。文書表現了以水圳為中心的各種權利義務和人們之間的關係。這些關係以契約的形式固定下來，並得到社會的承認和官方的認可。我們先來看有關水利事業產權關係形成的狀況。

　　由於缺乏抽水技術，清代閩南、臺灣的水利系統多是修一條圳道將水引至灌溉地，水源或是泉水、潤水，或是在河流中築壩（埤或陡門），將水導入圳路，因技術所限，一般只能在小溪流中築壩。一條圳的修築，需要資金，勞力、技術、土地（圳道用地）四種要素。新制度經濟學認為要素的擁有者通過締結合約，將要素轉讓他人使用而收取利潤，就形成了企業關係。[6]那麼，在清代宜蘭的水利修築中，四種要素的所有者之間形成一種什麼樣的契約關係和企業形態呢？埤圳受限於自然條件

6　參閱張五常：《企業的契約性質》，中譯載《企業制度與市場組織》，上海三聯書店、上海人民出版社，1996 年版。

頗多，水源的遠近，圳道地質地理條件的好壞，對四種要素的需求是不同的，並影響到要素之間的關係。從清代宜蘭水利文書來看，土地、技術兩個要素的重要性最低。宜蘭的拓墾中，無論溪北結首制下或溪南召墾制下的小農，水利對他們的重要性都是不言而喻的，因此他們在分割土地時（這種分割一般採取鬮分的形式）都會留有圳道用地，或以他處土地置換被用作圳道的小農份地，比如林寶春圳第一號文書就是關於圳道用地的，其載：

> 立合約字人林國寶、林秀春、范阿兼、羅天祿等，情因上年奉憲墾闢甲子蘭東勢地方。我粵界惠潮應作三大結均界招墾。茲「兼」結界內十一份，西界背有埔地一所係十三份均分。先日眾議將十三份內抽出一份作為圳路，灌蔭中興莊背之田。其公抽出埔地係第一份，東至十一份為界，西至陳宅埔為界，南至山為界，北至溪為界，餘地勢太低，不能放水通流。是以傳齊約議……即將十三份內公抽出埔地一份移換十一份之人公眾補額。自補換之後，任從開闢成田收租納課，永為己業。此係經眾妥議均安，永無反悔。今欲有憑，立合約字二紙，各執一紙為照。
>
> 立合約字人（略）
>
> 嘉慶十七年二月　日

大片土地開墾成田以後，水圳或因擴大或因受災損壞必須改道，所需用地則以購買方式解決。如金泰安圳被洪水沖塌，改組成金結安圳，就「再行買田，重新□圳」。[7] 又如八寶圳於嘉慶十九年修成，二十四年因擴大需要買田作為圳路而留有一份賣地文書，其載：

> 立甘愿讓地築陂開圳人管華鳳，今有承買林睦淑埔地內，情愿踏出照圳路民戈三戈闊於黃開伯二爺、元帥爺祀內，邱聯芳等圳戶內築陂開圳。當日三面言定該處築陂開圳埔底，時值價銀壹拾貳員正。其圳路橫闊三戈，直長任開起水。即日銀字兩相交收足訖。（下略）
>
> （簽字略）

7　《調查書》金結安圳第二號文書。

嘉慶二十四年正月　日[8]

　　宜蘭這種情況，和西岸平地是一樣的。比如乾隆二十八年，臺北新莊平地的萬安圳改修時，為圳路用地需要，業戶劉承瓚就以高價買斷小租權。[9]清代臺灣的水利事業中，土地這個要素，就通過購買的方式為資本所取代了。

　　由於傳統埤圳技術含量不高，因此，在修圳時或修成後的維修管理中，技術都是受雇於資本的。《調查書》所涉及 38 條圳，僅金大安圳文書提及技術要素問題。該圳原系眾佃合修，「鳩集眾佃立約，雇工人古玉振等出頭理辦，開鑿成圳。」，但圳尚未成而被水沖毀，眾佃乃改請張伯亨等三人出資為圳主「用本銀請工開築埤圳」。[10]張伯亨等請徐治負責技術，蔭徐乾股一股。後來徐未能出水，乃退回乾股。[11]金大安圳後來未再見提及技術要素問題，其修成後有股份總數為十股，可見後來的技術要素純係雇傭。除了金大安，其他水圳的文書均未見涉及技術要素問題，個別文書偶爾言及傭工修圳事，如金長安圳第一號文書載柯濟川出資成為圳主，「傭工開築」；又如金復興圳第二號文書載「（各股）陸續合出本銀，交張閣轉付林永，負責雇募人夫」，開成圳道，等等。這種情況也和西岸一樣，如清代臺灣最大的水圳西岸中部的八堡圳，由施世榜獨自投資。初次修築，圳成而不能出水。後得林先生者「相度形勢，指示開之法……，世榜從其言，流果通。」圳修成後，「世榜張盛宴，奉千金為壽，辭不受，亡何竟去，亦不知其所終」，連名字都未曾留下。[12]林先生的故事也反映出清代臺灣水利修築中技術受雇於資本的狀況。

　　清代宜蘭水利興修與西岸不同的是勞動這個要素所表現出來的重要性。此固與拓墾模式不同，宜蘭的佃戶具有較高的獨立性與行為能力有關，[13]另外一個重要原因是自然環境不同。西岸平地一般比較遼闊，

---

[8]　《調查書》八寶圳第二十三號文書。

[9]　參閱尹章義：《臺灣開發史研究》，聯經出版事業公司(臺北)版，第 102-104 頁。

[10]　《調查書》金大安圳第一、第三號文書。

[11]　《調查書》金大安第十號文書。

[12]　連橫：《臺灣通史》卷 31 列傳三，施世榜。

[13]　關於這點，請參閱拙稿：《埤圳·結首制·「力裁業戶」——水利古文書所見拓墾初期宜蘭

水源遙遠。而宜蘭平地較小。宜蘭的地形可分為山麓沖積扇、三角洲平原和沿海沙丘帶三個部分。宜蘭降水豐沛，山麓沖積扇水源充足，地多湧泉，可以作為水源，但土質較差，不宜稻作，所以這裡水田不多。三角洲平原土質優良，清代宜蘭稻作都集中在這裡。三角洲平原又視地勢高低可分為兩部分。靠近山麓沖積扇地勢稍高者，水源較豐富。除了有湧泉以外，一些小溪亦可作為水源。而離沖積扇較遠，地勢較低的平原地帶水源條件較差，既無湧泉又因地處溪河下游難以築壩或因缺乏抽水技術無法利用河水。在遇到颱風暴雨時亦容易因地勢窪而造成災害。至於沿海沙丘帶，指距海岸 50－200 米內的狹長地帶，這裡土壤多係沙質，且易遭風害，稻作不多。[14]將西岸平地與宜蘭平地的自然條件作一個對比的話，可以發現西岸平地的水利工程浩大，小農無法自己修築，而宜蘭在水源條件好工程簡單的情況下，佃戶是有可能合作修築水圳的。這種合作包含勞力與資金兩個方面。從《調查書》所載的文書來看，這種合作有成功的，也有不成功的。一般而言，成功者多位於沖積扇或高平原靠近水源處，工程量不大的小圳。其情況有如下表：

《調查書》所見佃戶、業戶合築的水圳

圳名	修築年代	所在地	水源	灌溉面積（甲）[15]
打那岸陡門圳		低平原	承接他圳餘水	85
沙仔港陡門圳	嘉慶中期	高平原	湧泉	100
番仔圳		高平原	溪水	104
八仙田圳	不詳	低平原	湧泉	50
十九結圳	同治六年	沖積扇	溪水	70
紅柴林圳	光緒十七年	沖積扇	溪水	40

社會狀況》載《臺灣研究集刊》1997 年第 3 期。

[14] 關於宜蘭的地形劃分，可參閱黃雯娟《清代蘭陽平原的水利開發與聚落發展》，臺灣師範大學地理研究所碩士論文。

[15] 甲：清代臺灣土地面積單位，1 甲約當 11.3 清畝。臺灣學者多認為灌溉面積的甲要大於土地面積單位的甲。

| 八寶圳 | 嘉慶二十年 | 高平原 | 湧泉 | 384 |

資料來源：《調查書》相關各圳文書

　　上表中僅八寶圳較大，餘者皆為小圳，技術簡單，工程量小。如打
那岸圳、沙仔港圳、八仙佃圳等，其主要工程就是修造擋水入渠的陡門。
以八仙佃圳為例，據日據初的調查，每 10－15 年修造一次陡門，每甲
收取 5 元陡門費，不足部分陡門修完後再按甲分攤。1901 年的平均費
用是每甲 8 元多。[16]八寶圳因工程較大，合作過程中充滿了矛盾、糾紛。
據八寶圳第三號文書：

　　　　立合約字人八寶莊佃戶吳雲漢……等，今因元帥爺圳戶前歲
　　經中興莊林國寶、太和莊魏盛來同伊眾佃等共立合約，圳水包伊
　　灌蔭二莊之田，願貼水租。初時係接老埤開圳。向開者計一百零
　　分。茲因水不敷蔭，加造埤圳。前開圳之人任傳不齊，蔭水佃戶
　　嘵嘵不一。漢等傳齊再議，將二莊之水租公除一百石為元帥爺香
　　祀外，概作本莊一百三十五佃均分……，倘要公費緊用，即向經
　　理人津收，如有銀不付用者，又復奸玩不出者，即將分名註銷。
　　此係眾佃甘願。永無反悔。立合約四紙，各執一紙為照。（簽名
　　略）

　　　　嘉慶二十二年三月　　日

　　結合該圳第一、第二號文書來看，嘉慶年間八寶莊 135 戶佃戶共同
開挖了一條水圳。嘉慶十九、二十二年，其下游太和、中興兩莊村民請
求將原水圳擴大、延伸以灌溉兩莊土地。因原來水圳為八寶莊佃戶共
有，因此延長擴大部分亦由眾佃戶共同出資出力，而眾佃戶也成為圳
戶。但合作過程中眾佃戶「任傳不齊」，影響了水圳的修築，引起太和、
中興二莊佃戶不滿。八寶圳最後合作成功，應歸功於設立了元帥爺圳
戶。元帥爺應是八寶莊佃戶信奉的神明。清代閩南、臺灣的不少村廟具
有協調、組織的功能。但類似元帥爺圳戶在宜蘭未見第二例，其他工程
較大或較難的水圳，或一開始就難以合作，或先合作，最終難以為繼而

---

[16] 《調查書》八仙佃圳部分。

改取其他模式,如:長慶源圳:位於高平原,水源係湧泉。原為東勢莊5個結的佃戶自行開築,後因「佃戶人力不齊,財本不敷」而不能「成圳出水」,乃改請長慶源號為圳主修圳引水。後來長慶源圳與邱吳成圳合併,成為清代宜蘭最大的水圳。金結安圳:位於低平原,承接他圳餘水。嘉慶十三年五圍佃戶修築了泰山口圳灌溉本圍的土地。下遊鄉勇圍因乏水灌溉,乃請五圍佃戶充當圳主,將泰山口圳延長到鄉勇圍,名為金泰安圳。嘉慶十八年,金泰安圳被洪水沖塌,須重新修築,眾佃戶無力支持,乃由李裕等人投資接辦,改組為金結安圳。灌田384甲。李寶興圳:位於沖積扇,以溪水為水源。嘉慶年間眾佃戶就修了一條水圳,因系沙質地易滲漏,圳水不足。眾佃戶原來「意欲集腋成裘,共鋪埤頭圳底及原圳一併修理」,但「礙眾佃太多,難以鳩集」經商議乃請李元峰為圳戶,投資鋪設圳底及一應修理事務。佃戶每甲納水租5石。該圳灌田100甲。金源春圳:位於低平原,承接他圳餘水。原來眾佃築有小圳,嘉慶二十三年被風雨毀壞,且埤頭太低,「眾佃欲鳩集填築,奈力不齊,缺乏工本」乃請吳惠山為圳主。吳病逝,改請周士房、周天喜為圳主投資修建埤頭,圳路,眾佃戶每甲納水租2.4石。灌田250甲。三十九結圳:位於沖積扇。四圍堡三十九結佃戶原築有水圳,道光初被洪水損壞。眾佃原欲合作修理,但「無如眾心難一,人心不齊」,乃共商請結首吳為圳戶出資維修,眾佃每甲納水租1.2石。灌田50甲。金長安圳:位於高平原。嘉慶年間召墾時,眾佃分得份地後,原來「議欲各自鳩工奋築,」但因「工費浩大,各佃貧苦,人力不齊,難以成就」,乃請柯濟川充當圳戶,出資雇工修築,眾佃每甲納水租1.5石,灌田370甲。金慶安圳:位於低平原。嘉慶二十二年,溪北四圍大茅埔等處佃戶「備料鳩工,備圳地,……築設檔門」,欲引水入圳,但圳首高浮未能成功,「埤以傾頹」,「欲再鳩築,恐工本浩太,成敗難卜,各懷畏意」,眾佃戶乃共商請蘭登峰為圳戶築埤修圳。眾佃戶每甲納水租3.6石。灌田220甲。[17]

---

[17] 《調查書》相關各圳文書。

　　上面的歸納表明，一般只有在小規模的範圍內，勞動這個要素的所有者才可能進行合作，規模一大或局面一複雜，合作便難以維持。這種情況用當代產權經濟學是容易解釋的。阿爾欽與登姆塞茨提出團隊生產（team production）假說。其認為現代企業的生產關係是各要素所有者之間的協作關係。他們作為一個群體出現在生產過程中，各要素的貢獻大小難以計量和監督，這就造成了偷懶和搭便車的動機與行為。[18]宜蘭一些水利文書之所以載明「眾心不一」等等，原因就在於此。

　　在團隊生產效率不高，不利於資源優化的情況下，拓墾宜蘭的移民尋求新的制度安排，即分得份地的佃戶請資本擁有者投資開圳，承認他們對所開築的埤圳擁有產權，因引用圳水而向他們繳納水租。《調查書》收有多份佃戶與圳戶關於修圳與水圳產權安排的合約，茲舉一例：

> 　　同立合約字人噶瑪蘭圳戶金大成、結首石沙……同眾佃友等。緣沙等先年，同墾戶首吳沙官入蘭破土，每人均分得份埔地一張，……乏圳水灌溉，難以墾築田園，是以通同議請金大成等出首為圳戶頭家，即時妥議約定金大成等自備出工本開築大陂圳水……認付金大成等永為己業，收取水租。……此係二比甘願，各無抑勒反悔，恐口無憑，同立合約字二紙一樣，各執一紙為炤。（下略）（簽名略）
>
> 　　嘉慶十六年十二月　日[19]

　　清代臺灣拓墾與水田化進程中，出資的圳戶擁有埤圳產權為移民所公認，在社會公認的基礎上，圳戶往往還要呈請官方批准在案，發佈「曉諭」以及印戳，以保障其產權。《調查書》中收有多份曉諭，文長不錄。

　　綜上所述，清代宜蘭的水利修建中，資本是最重要的要素。資本的所有者購買土地，雇傭技術和勞動，形成水利企業。

---

[18]　　A‧阿爾欽、H‧登姆塞茨：《生產、資訊費用與經濟組織》，中譯載《財產權利與制度變遷》，上海三聯書店、上海人民出版社 1994 版。

[19]　《調查書》金大成圳第二號文書。

二、清代宜蘭水利合股經營的集資機制

當代產權經濟學將企業的產權結構分為企業主制、合夥制及股份公司制三種。顯然，從資本組成上講，企業主制為獨資，合夥制為兩人或數人共同投資，而股份公司制則從社會上廣泛吸取資金。前面已經說過，清代宜蘭的水利資金來自西部富戶的投資和佃戶的小額資金。這些資金不同的結合情況使得水利企業的產權結構也出現了獨資，合夥與類似股份公司制的共有形式。而後兩種企業產權結構的契約形式都是以合股面目出現的，以下就來分析各種水利合股契約所包含的產權結構。

《調查書》所載宜蘭獨資的埤圳有：金榮發、金長安、三十九結圳、抵美簡、火燒圍、金同春、林德春、阿里史莊佃圳、三堵圳、金源和圳等。上述諸圳許多是小圳，如抵美簡圳灌田 30 甲，火燒圍圳灌田 90 甲，金源和圳灌田 90 甲，等等，投資較少，可以獨資承擔。另一類是佃戶已築有小圳，需擴大，或佃戶曾合作修圳，因「眾心難一」，無法完成，但已有基礎，所需投資較少。如林德春圳，阿里史莊佃圳皆是在番社已有的小圳上擴展，火燒圍圳、抵美簡圳則是佃戶原先已開挖過小圳，等等。這種圳的水租通常要低一些。[20]

小圳投資少可以獨自承擔，而較大的圳或工程難的圳，投資既大，一般就採取合股的形式。我們先看兩人或數人合夥的情況。《調查書》所載這一類圳有金大成、金復興、金結安、金新安、林寶春、金大安、萬長春（由長慶源、邱吳成兩圳合併而成），金豐滿、金慶安、金源春、武煙圳諸圳。其投資者有來自西岸的富戶，也有本地的結首、佃戶。典型的數人合夥的例子為金復興圳，嘉慶十二年，西岸下港人張閣為首招集淡水人許守仁、鄭聰選、高鍾祖等到宜蘭溪州投資修築金源興圳（金源興圳後來改組為金復興圳），據金復興圳第一號文書載：

> 同立合約字人許守仁、張閣觀、鄭聰選、高鍾祖等，緣於嘉慶十二年冬有噶瑪蘭溪洲義首高培助、林永福觀及眾結首等立約

---

[20] 以上各圳的情況，見《調查書》所取的相關各圳文書。

每甲願納水租粟四石，公請閣等大出資本就溪頭開築埤圳……，時閣等公立圳戶名金源興號，分作六大股合出工本銀元。原約許守仁得一股，鄭聰選得一股、高鍾祖得一股，張閣觀得三股共合作六大股。所有應開費項各就股額均出。其大圳經已開透水道……，爰是閣等夥計公司會算，先後共費本銀一千九百八十大元，每股應開銀三百三十大元。即日會算明，將來歷年所收水租粟不論多寡，應就六股均分。至於小股依照股內均攤。又有公置溪洲頭草地一結，日後墾成田園，亦照六大股均分。……至所有應開費及開墾草地用銀，亦宜按照六大股攤出，不得推諉，……（簽名略）嘉慶十六年三月　　日

金源興圳由六股組成，上舉文書所載「所有應開費項各就股額均出……將來歷年所收水租粟，不論多寡應就股額均分」表明了傳統合股組織的基本原則——等量資本佔有等量利潤。清代宜蘭的水利合股組織都是在這一原則的基礎上建立起來的。

等量資本佔有等量利潤原則的進一步運用，就出現了大股套小股的方式。當每一股資金較大時，它可自行再由若干小股組成，小股亦按出資額分攤利潤。以金大成圳為例，它亦是由張閣為首，會同吳日、張元及鄉勇首（結首）林彪等人作四股共同出資，由嘉慶十二年正月開挖，至十六年正月完工，共費去本銀 4867 元。每股該攤 1216 元多，數且不小。[21]林彪一股即由他和林泉兩人組成，金大成圳第三號文書載：

同立合同圳份約字人林彪林泉等，於嘉慶十二年二人有合出本銀同吳日觀、張元觀、張閣觀等合圍金大成號埤圳……，約作四大股出本銀，……彪、泉二人共得一股。歷年所有開用諸費及有收得水租應作四大股均分。經有同立公約四紙，每股各分執一紙存照。茲因所分公約內未有書明林泉字合本圳分，是以邀同四大股內諸夥眼因，重立私約，分執為憑：彪等二人其得一股圳分，其本銀係彪、泉二人均出，先前及約後所有開用諸費及收得水租務須彪、泉二人對半均分，不得爭長競短，以均苦樂……今欲有

21　見《調查書》金大成圳第一號文書。

憑，同立合約字二紙一樣，各執一紙為照。……
（簽名略）
嘉慶十八年四月　日

　　林彪與林泉每人各承擔 608 元，也不是一個小數目，說明他們還是頗富貲力的，普遍佃戶大多沒有這個貲力。大股套小股的方式充分發展，小股變得十分多的話，合夥的水利企業就變成類似股份公司制的企業。《調查書》所載這類水利企業有泰山口圳、金泰安圳、八寶圳、金長源圳等。五圍的泰山口圳及鄉勇圍的金泰安圳可作為典型，這是兩條上下關聯的圳。五圍在今宜蘭市區一帶，嘉慶七年「九旗首」率漳籍移民攻佔該地，每個移民分得一份五分六大小的土地，習稱五分六佃。五圍的幾個結首為首，在佃戶中集資，修了泰山口圳灌溉自己的土地。他們的下游鄉勇圍（又稱民壯圍，主要由粵籍移民組成）因無水源，乃請五圍佃戶將泰山口圳延長到鄉勇圍。五圍佃戶乃再集資，所開挖的新圳就叫金泰安圳。金泰安圳位於低平原，自然條件不好。它後來被洪水沖塌，重修需要大量資金，眾佃戶乃退出，由其他富有者集資修復，改組成金結安圳。兩圳的文書今日已都不全。在《調查書》中我們可看到金泰安圳設立時的文書，泰山口圳設立時的文書卻已不見了，但可以看到由佃戶組成小股時的文書。結合兩圳的文書，便可看到當日如何在佃戶中廣泛集資修圳。據金結安圳第二號文書所載：

　　　　同立合夥築陂鑿圳約字人五圍陳奠邦、沈開成、張坎觀、林養觀、林妙、吳順、簡利興、李培園、鄭喜、郭媽援，簡扶成等，為同心立約以杜後悔事……緣鄉勇圍自始以來望水如渴……立約邀請五圍各結首人等築鑿陂圳通流灌溉，願納費票。爰是鳩集各結合議，仍就五圍、鄉勇圍新舊陂圳呈因更在以灌充足。共約為僉股，每股先鳩出本銀三百一十元，日後倘工本浩大費用弗足，照原出本銀均配加增。先盡問五圍各佃友，要份者每佃一小份，包在其結內一大股。如是股內不要份者，其股內應出本銀結內包理。至於陂圳事務，各結首同於請出誠實之人辦理其事。傳信定期，預備交納本銀。如至期交銀者。於股約字內俱要批明某

股某人交銀若干。或是至期無銀可出，則任徑別股出本項，其股額諸夥計約字亦要批明某人出銀本若干。如無批明交銀條目，雖有約字不得執為有份股額。至築鑿陂圳完竣，共計合本銀若干，照本銀為股額，歷年鄉勇圍水費粟實收除費用外，所有餘剩粟額均分。……恐口無憑，特同立合約十一紙，各執一紙存照。……

（簽名略）

嘉慶十三年十一月　日

上舉文書表明了金泰安圳以結為單位向眾佃戶集資的情況，在文書上簽名的應是各結結首，其中陳奠邦、鄭喜、郭媽援等均是宜蘭開發史上有名的結首。金泰安圳各大股內部小股如何組成沒有文書保留下來，而泰山口圳設立時的文書雖未保留下來，但一些小股如何組成大股的文書卻保留了下來。如泰山口圳第二號文書載：

同立合約字人賢、灶、妙，緣五圍泰山口十二股半鳩出本銀，鑿築埤圳灌溉五圍田畝，我等幫成一股。其中本銀加減不一，且又十二股半大合約十三紙，我本股應執一紙，係交灶收存。特恐異日不知原由，是以邀同立約記明銀額。我一股合共出本銀五十大元，灶出銀十七元，賢出銀十七元，妙出銀十六元合成一股足額，原照十二股半攤出本銀。至本股逐年該得水租若干，仍照銀額加減對佃分收。……再批明，倘日後有公費，應照銀額加減攤出，不得推諉……

（簽名略）

嘉慶二十年四月　日

從上舉文書看，泰山口圳共十二股半，每股 50 元，林灶等三人出資 16 或 17 元組成一股，屬小額資金。大股套小股可吸收到非常小額的資金。如泰山口圳第十一號文書載：

同立合約字人江漢、游日、遊德崇等，緣五圍十二股半鳩出本銀鑿築泰山口埤圳，灌溉五圍田畝。我員山仔莊結內佃人，同結首簡勇等共湊幫成二股半。其十二股半結約十三紙，我本結應

執二紙。但我本結二股半之中，原做一百二十五份均出本銀。茲除簡勇等七十四份收約一紙另為結約，其餘五十一份，吾儕十八人湊出本銀，其大合約一紙，係交遊日收存，但份額人數數多，是以邀同立合約，記明游日十份，游宗貴一份，遊添三份、游宗健一份、游燕二份、遊記二份、遊秤二份、遊德捧二份，遊德崇四份、江漢六份、江媽佑一份、江尾二份，江臨坤三份，江臨法一份、江招元一份、江葉秀二份、朱素四份。自此以後，逐年分收水租十二股半攤及我五十一份，每份該得若干，對佃分收。今欲有憑，立合約十八紙，各執一紙為炤。

……

嘉慶二十年三月　　日　　　（簽名略）

據上舉文書，員山仔莊眾佃戶鳩合資金湊成二股半，總計 125 元，卻分為 125 份，每份只 1 元。第十一號文書所顯示的是遊日等 18 個佃戶湊成 74 份參與投資，每人平均只出資 4 元多，實際上出資最少的僅為 1 元，是很小量的資金。由於充分運用等量資本佔有等量利潤的原則，傳統合股經營能吸收到社會上小額的資金，這一點與當代股份公司頗有異曲同工之妙。除此，傳統合股經營與當代股份公司相同的一點就是股份轉讓自由。實際上《調查書》所收清代宜蘭水利文書 328 件，很大一部分是水圳股份的買賣、典胎文書。八寶圳的情況可以說是這方面的一個典型。前面已經說過八寶圳由八寶莊佃戶合作修成，這種合作包括平均出資，所以八寶圳所收水租也就歸各佃戶平均分配。但許多佃戶嫌水租數量太小，事情麻煩，乃將自己的圳分賣出，如八寶圳第五號文書所載：

立賣圳份契東勢員山八寶莊人戴應遴、戴志才、徐嘉明、鍾麟盛等，今因八寶莊上年眾佃議作三大股內一百三十五份照份津工本架埤開圳，……每年所收租穀除一百碩歸元帥爺香祀，又除十石為經理水圳事人辛勞及修埤圳一切所費外，余剩穀碩係一百三十五份均分，……茲應、明等各有圳分，因念出息零星，難以清理，情願將應、明同此契後開有名各人圳份出退與開伯黃二爺

承頂，即日憑中三面言議，每份圳價工本番銀二元八角，當眾契
價兩交收訖……，今欲有憑，立賣圳份契並前附人字號合約一紙
共執為照。……。

（簽名略）

嘉慶二十三年七月　　日

該文書共開列了賣圳份人 22 名。從《調查書》所收八寶圳文書來
看，黃開伯不僅收買了戴應遜等 22 人的圳份，他先後共收買了 63.5 份
圳份，但後來他又陸續將圳份賣給蔡國琳、蔡星福等人，而後二蔡也將
所買圳份又陸續賣出。《調查書》共收八寶圳文書 25 份，其中 19 份為
圳份轉讓，買賣文書。可見水利合股經營股權轉讓之頻繁。

三、傳統合股經營評價

上面我們講了清代宜蘭水利合股經營在集資機制上和當代股份公
司的類似之處，這種靈活的集資機制使得水利合股經營能廣泛吸取資
金，興修水利，促進了水田化運動，也促進了傳統農業的發展。清代臺
灣不僅在水利事業中，舉凡土地拓墾、水產養殖、航運、商業等等行業
中都存在著這種發達的合股經營，有人認為這些合股經營已是發達的資
本主義企業了，比如臺灣學者尹章義就說清初臺灣拓墾高潮中的合股拓
墾土地的墾號「形成了現代資本主義型企業的經營」。[22]大陸學者曹樹基
更在尹章義的基礎上發揮，認為清初臺灣合股墾號是資本主義股份有限
公司，並且認為由於清初臺灣有許多這種資本主義企業而成為一個成熟
的資本主義社會。[23]那麼，清代臺灣各行業中的合股經營究竟是不是資
本主義股份企業呢？這個問題只要從集資範圍上來分析就很清楚了。馬
克思主義經濟學告訴我們資本主義股份公司是在資本主義信用制度的
基礎上發展起來的。資本主義信用制度集中社會上一切閒置貨幣，通過
資本市場股票的買賣，為建立股份公司提供單個資本家無法提供的巨額

---

[22] 前揭尹章義論文。

[23] 曹樹基：《清代臺灣拓墾過程中的股份制經營》，載《中國社會科學》1998 年第 2 期。

貨幣資本。沒有信用制度，股票便無法發行，股份公司也無法形成，而利用信用制度，股份公司可以形成驚人巨大的企業規模和生產規模，這對個別資本來說是不可能做到的。[24]對照馬克思的論述，我們不難發現清代臺灣合股經營集資範圍非常之小。宜蘭水利合股經營中的富戶投資，只在很少幾個人當中集資，這幾個人可能是親朋好友，也可能是原來事業上的同道，但不管他們是誰，他們只可能是熟識的人，或者說，這種集資是以人際關係為基礎的。以張閣為例，他是清代宜蘭最有名最活躍的水利企業者，如前所述，他既招集許守仁、鄭聰選、高鍾祖設立了金源興圳號，又夥同張元、林彪、吳日設立了金大成圳號，另外，他自己又獨資開了阿里史莊佃圳。類似張閣這樣多處集資、合股進行投資的情況，在清初土地拓墾的合股經營中也有發現，據尹章義研究，康熙末臺北平原拓墾時，有陳憲伯投資多個墾號，「這樣多目標投資的情形在當時是相當普遍的。」[25]這種多目標投資形成了眾多的大大小小的墾號，正表明傳統合股經營是以人際關係為基礎的。如果清初臺灣果真是一個成熟的資本主義社會的話，那麼在資本主義信用制度的基礎上就可以形成巨大的股份公司對大片荒地進行全面開墾而不是由大大小小的墾號分別進行占墾。

　除了富戶投資是以人際關係為基礎的以外，傳統合股經營的廣泛集資也都範圍有限。清代宜蘭水利合股經營大多以圍、莊為限，如上述泰山口圳、金泰安圳在五圍各結內集資，八寶圳在八寶莊內集資，金長源圳則只在匏崙莊內集資。[26]我們說廣泛，乃是指其能吸收眾多的小額資金而言，由於信用上的限制，其吸資範圍其實還是很小的。

　傳統社會和現代社會（本文定義現代社會為資本主義及其以後的社會形態）在信用上的差別，還使得它們在資本結構上也完全不同。現代股份公司在經營上不僅運用自有資本，而且通過銀行等金融機構貸入大量資本進行負債經營，而傳統社會的合股組織一般只能運用自有資本，

[24] 參閱馬克思：《資本論》第三卷，第五篇，第二十七章。
[25] 前揭尹章義論文。
[26] 《調查書》金長源圳文書。

二者的資本結構判然有別，有如下圖：

股票持有者　　　股份擁有者
↓　　　　　　　↓
債務持有者→現代股份公司　傳統合股經營

　　由於負債經營就給現代股份公司提出了一個破產情況下如何清償的問題，有限責任制度乃應運而生——股東對清償只在其出資額的基礎上承擔有限責任。而傳統合股組織因一般不負債經營，[27]也就談不上有限責任問題。曹樹基將清初臺灣墾號認定為資本主義股份有限公司，大談其有限責任，[28]一個原因就是沒有看到傳統社會和現代社會在信用制度上的區別。

　　一個企業要正常運作，追加資本是經常的，必不可少的，由於缺乏融資管道，傳統合股經營只能靠內部追加資本來對付正常的或偶然的資金需求。實際上，幾乎所有合股文書中都載明等量資本承擔等量追加投入義務的條款。投資者並非都能應付這種資金的不時之需，以金結安圳為例，如前所述，嘉慶十七年金泰安圳沖毀後，由李裕出頭招成 10 股，重組為金結安圳，在金結安圳的設立文書上載明：

> ……茲裕等甘願簽名花押，赴楊府憲臺前認充圳戶，份共十股，同議改換圳號為結安埤，承辦金泰安埤圳。每股先備出工本銀三百六十元，十股共出本銀三千六百元。除還工資事項以及開築、修理埤頭水圳清理明白，得以灌溉各佃田產，就佃按甲收取水租。倘或費用不敷，欲再鳩銀本，作十股均攤，各股內不得換延推諉……[29]

　　果然，以後金結安圳多次被大水損毀，各股皆均攤追加的修理資金，以致許多股東（包括李裕的孫子）不堪負擔，而將股份轉讓出去。

---

[27] 彭久松、陳然指出自貢井鹽業存在負債經營情況，但井鹽業規模之大，即使在近代中國亦無出其右者，因此並不代表一般情況。參閱前揭彭久松、陳然文。

[28] 前揭曹樹基文。

[29] 《調查書》金結安圳第三號文書。

李裕的孫子李番在賣圳份的文書中寫道：

> ……從前林治等辦理圳事，逐年所收圳租地稅除開費外，照股分攤無異。迨道光六年埤圳崩壞，掛欠債項，以後停分。並將圳股夥李愷等收租支還，母利甫清。及道光二十二年又遭埤圳坍壞，每股出銀五十元修理，番父李承基隨備足銀元，如數當同總理楊德昭等，經交股夥林瑞圭等查收辦圳。厥後或股夥自辦，或倩管事料理，或出佃人，其磧地銀元亦系前辦股夥收去，而且互相侵漁，迄今十餘載，番俱未嘗向取銀穀……[30]

從李番的話來看，管理不善固為問題，但追加投入也是令許多股東頭痛的事。光緒七年，金結安圳再次遭洪水損壞，其時主持圳務的黃瓚緒甚至請官府發佈曉諭，要求股東均攤追加資本，金結安圳第八號文書載：

> 本年（光緒七年）三次水災，雖有沖壞埤堰，圳道未壞，迨潤七月間二次，圳道已被沖失數次，……距料至此九月初為洪水更橫流……約計沖失五百餘丈。……然欲再新圳，地價工錢浩繁，在金結安圳主有十股，在泰山口圳主有十二股半，股夥皆當備資本，與佃眾照約攤供費用……

金結安圳的例子或許過於典型，然而它確實集中地反映了缺乏融資管道對傳統合股經營的限制，在缺乏追加資本的情況下，傳統水利企業就只得出讓給有資金的人，或整個企業出讓，或以股份出讓。這也是清代宜蘭水利事業轉手頻繁的原因之一。

---

[30] 《調查書》金結安圳第二十一號文書。

日據時期臺灣經濟總體評價

一

　　日據時期臺灣經濟的研究，無論理論上或現實上都有重要的意義。

　　臺灣學者說「日據時期是臺灣社會本質激變的時期」[1]，毫無疑問，社會經濟的變化是各種變化中最重要者，同時又是其他許多變化的根源和誘因。正確地分析社會經濟的變化，是研究日據時期臺灣歷史的基礎和出發點。

　　從理論演進的角度來說，日據時期臺灣經濟將給殖民地經濟學提供一個良好的研究範例。傳統的（或經典的）有關帝國主義和殖民地的理論，都是以宗主國為研究的中心和目的。對殖民地的研究僅是從屬於、服務於對帝國主義研究的需要。現在，這種情況已發生變化，學術界把他們的興趣和力量轉移到對殖民地經濟本身的研究上來。這種轉變不僅僅是一種出發點和研究角度的變化，同時也將涉及方法論問題。戰前日本學者和戰後臺灣學者對日據時期臺灣經濟的研究典型地體現了這種變化及其牽涉到的方法論問題。

　　戰前日本學者有關日據時期臺灣經濟最重要的研究成果為矢內原忠雄的《帝國主義下的臺灣》和川野重任的《臺灣米穀經濟論》。前者至今仍被一些人奉為經典。對於《帝國主義下的臺灣》「先驅性的成就」當今的臺灣學者有充分和切中的肯定，認為在此書中矢內原忠雄將臺灣經濟定位於日本帝國主義的統治之下，明確了佔領殖民地臺灣的日本資本主義的歷史性質；並將日本資本之稱霸臺灣與日本的國家權力活動及其性質聯繫起來，做了符合實際情況的冷靜而透徹的考察；並且矢內原忠雄系統地掌握了臺灣的殖民經濟的發展過程。[2]《臺灣米穀經濟論》的成就則在於深入細緻地考察描繪了日據時期臺灣米穀生產變遷及其

---

[1]　吳文星《臺灣社會領導階層之研究》自序。正中書局，1992。
[2]　涂照彥《日本帝國主義下的臺灣》第一章。東京大學出版會。

和蔗糖生產的摩擦（即「米糖相克問題」）。但臺灣學者同時也指出，由於矢內原忠雄等人乃是以本國——日本帝國主義為研究的對象和中心，並且由於對殖民地臺灣的經濟史認識片面，因此他們採用的基本概念和方法論也就不可避免地存在缺陷。

臺灣學者指出，矢內原忠雄單純採用經典政治經濟學的方法，把他的注意力集中在「資本的壟斷剝削及勞資關係的形成（用矢內原忠雄的話來說是「集中化」，與「無產化」，）上面[3]，利用他提出的「資本主義化概念」，將侵入臺灣的日本資本在臺灣的擴張，集中當成臺灣資本主義的形成發展，並涵蓋於臺灣社會經濟的全面，從而認為日據時期臺灣農業已形成土地集中，大規模耕作，農民小生產者瓦解和無產化等日後被證明（矢內原忠雄著作發表於 1929 年）截至 1945 年臺灣都一直未出現過的經典的農業資本主義轉型的演化[4]。對於川野重任，臺灣學者指出，他從流通領域入手，採用市場價格理論，用「部門間生產力發展不平衡以致短期內均衡價格難以達到」來討論「米糖相剋」問題。但他無視在日本帝國主義殖民當局的統治下，是否存在著價格自由形成的可能。

日本學者都無視或忽略了日據時期臺灣的傳統經濟（主要是農業部門）以及以地主及原有買辦為中心的臺灣本地資本。臺灣學者指出日本帝國主義一方面容忍本地資本，另一方面以日本的資本主義企業來控制臺灣經濟，確保自臺灣這塊殖民地掠取的經濟利益[5]。研究日據時期臺灣經濟是不能拋開傳統經濟的，因此戰後臺灣學者對這一時期臺灣傳統經濟領域——本地資本和農村經濟傾注了極大的興趣，做了許多深入細緻的研究，呈現出了以殖民地臺灣為研究對象和中心的殖民地經濟學的潮流。

---

[3]　涂照彥《日本帝國主義下的臺灣》第一章。東京大學出版會。

[4]　柯志明：「糖業資本・農民・與米糖部門關係」。《臺灣社會研究季刊》第十二期，1992，5 月。

[5]　涂照彥《日本帝國主義下的臺灣》第一章；柯志明「糖業資本・農民・與米搪部門關係」；「殖民地經濟發展與階級支配結構」，「Agrarian　Development. Famiy Farms and Sugar Capital in Colonial Taiwan，1895-1945」等。

　　旅日臺灣學者涂照彥的《日本帝國主義下的臺灣》分析了日據時期臺灣經濟結構中的各個組成部分——日資企業和傳統經濟部門，在此基礎上通過兩者之間的「壓迫與抵抗，支配與弱化的過程，說明臺灣經濟殖民地化的本質」。柯志明則深入分析傳統社會結構及其在殖民地社會中的一種作用——「土著（本地人）支配的米作部門「相剋性」的發展使原先以糖業為中心的殖民積累機制的持續和後續日資工業部門對農業剩餘的榨取變得相當困難。」[6]

　　總之，只有對日資企業和傳統經濟部門都充分把握才能正確分析日據時期的臺灣經濟。當然，對於殖民地經濟結構兩個部分分別研究還是不夠的。必須將二者綜合起來分析。這種綜合分析不僅要對兩部分經濟的運作模式和矛盾衝突進行研究，還必須從宏觀上對它們的發展軌跡進行度量。只有建立在對整體經濟體系準確估量基礎上的分析和結論，才能使我們避免類似矢內原忠雄那樣發生「理論研究中容易發生的錯誤」，而對日據時期臺灣經濟的本質有深刻的認識。對經濟體系進行估量的方法就是美國學者西蒙‧庫茲涅茨對國民經濟增長的分析方法。庫茲涅茨認為：隨著經濟的發展。在國民生產總值不斷增長和人均國民生產總值不斷提高的情況下，生產的部門結構將朝著農業部門在總產值中所占比重不斷下降，工業和第三產業部門比重不斷上升的趨勢變化。[7]因此，分析國民經濟部門結構變化趨勢能正確地反映其發展狀況。我們將按此方法對日據時期臺灣地區的經濟作一個宏觀上的統計分析，以揭示其實質。

　　顯然，我們對日據時期臺灣經濟的統計分析應在和日本的對比分析下進行，才能揭示問題的本質。總的說來，我們的方法是：分析並計算日據初期臺灣地區人均國民生產總值，並將之與明治、大正時期日本資本主義起步和發展時期的人均國民生產總值相比較；其次，分析並對比日據時期臺灣和明治、大正時期日本國民經濟部門結構的長期變化趨

---

[6]　柯志明：「糖業資本‧農民‧與米糖部門關係」。《臺灣社會研究季刊》第十二期，1992，5月。

[7]　參閱西蒙‧庫茲涅茨《各國的經濟增長‧總產值和生產結構》。商務印書館。

勢，通過以上兩個對比顯示兩個經濟截然不同的發展方向。對於臺灣地區國民經濟生產總值長期變化趨勢的分析的年份將截止於 1937 年。眾所周知，「七‧七」事變以後，抗日戰爭全面爆發，再往後。太平洋戰爭也全面爆發。日本帝國主義為加緊它在中國大陸和太平洋地區的侵略戰爭。把臺灣變成一個供應軍需物資的軍事工業基地。這一階段臺灣的經濟是畸型的、非正常的戰時經濟。

二

以下先分析日據初期臺灣地區國民生產總值。我們選擇二十世紀之交的幾年作為分析的時期。之所以這麼做有兩個原因。其一、日本帝國主義雖然於 1895 年佔據臺灣，但它並未能立即介入臺灣經濟。一般而言，學術界都把 1895-1905 這一時期劃為日本帝國主義統治臺灣的基礎工作時期。前 7 年（1895-1903）日本佔領當局臺灣總督府主要進行鎮壓武裝抗日活動，建立保甲制度的「治安維持」工作；後 3 年（1902-1905）實行了土地、林野調查，舊慣調查，幣制、度量衡改革，排斥西方資本主義勢力等經濟措施。[8]因此，在本世紀前後幾年中，臺灣經濟還保持著晚清時期固有的結構和發展水準。其二，二十世紀前後幾年臺灣已有比較可靠的統計數字。日本帝國主義一佔據臺灣，即實施統計制度，發佈統計數字。以割臺次年為始，臺灣總督府編號發佈了歷年的《統計書》。一般認為，1899 年以後，統計較為完備，數字較為準確。當然，由於其時日本帝國主義的統治尚未穩固。制度亦未完善，有些數字乃靠估測所得，難免有所偏差。對此，我們將依據其他資料加以修正。總的來說，我們還是將以總督府發佈的統計數字為基礎來測算這一時期臺灣地區的國民生產總值和人均產值。為行文的方便，對於統計數字的來源和其他方面的說明以及對其考證和修訂都將附於正文之後的附錄之中，請讀者根據需要自行參考。

8　參閱東嘉生《臺灣經濟史概論》、矢內原忠雄《日本帝國主義下的臺灣》、涂照彥《日本帝國主義下的臺灣》等書。

　　下表為日據初臺灣各主要物產的產量和產值。除了蔬菜、藤、禽蛋等年產值較小或年產值不大而又難以計算的物產以外，從年產值幾百萬至上千萬的茶、糖、樟腦、稻米這四項臺灣最重要的傳統物產，到年產值萬元左右的水果類產品都已包括在內，基本上反映了當時臺灣地區的國民經濟狀況。

二十世紀之交臺灣地區國民生產總值及其構成（單位：日元）

	項目	產量	市場價格	產值（日元）
1	米	2,522,564 日石	5.5 日元／日石	13,874,102
2	茶	16,912,035 斤		6,491,556
3	糖	70-80 萬擔		3,454,545
4	樟腦	3 萬擔左右		3,297,492
5	番薯	366,141,388 斤	0.75 日元／日斤	2,746,060
6	花生	120,838 日石	4.315 日元／日石	521,415
7	豆類	50,281 日石	5.5 日元／日石	276,545
8	芝麻	36,348 日石		165,694
9	麻	1,022,063 斤	19.167 日元／百斤	195,898
10	黃麻	1,481,548 斤	6.75 日元／百斤	100,004
11	山蘭（大菁）	286,094 斤		29,685
12	木蘭（小菁）	1,463,830 斤		86,341
13	鳳梨	35,000 斤		18,471
14	姜黃	2,402,789 斤		128,733
15	筍干			14,580
16	龍眼			210,375
17	蒲草紙			12,400
18	菜仔			14,968
19	油糟			49,595
20	木料			9,817

21	雜貨			12,951
22	雞	2,365,185 隻	23 日元／日斤（雞肉）	543,973
23	鴨	537,849 隻		61,852
24	鵝	54,196 隻		6,232
25	山羊	17,626 隻		69,070
26	豬	225,092 頭		3,601,472
27	牛	11,622 頭		318,660
28	漁撈物	6,717,875 斤		440,595
29	水產製品	1,903,029 斤		133,187
30	金	13,000 勺		53,000
31	煤	19,000 噸		103,000
32	硫磺			16,686
33	鹽	11,037,95 噸		146,702
34	大麥	11,460 日石	3.15 日元／日石	36,099
35	小麥	26,710 日石		69,148
	合計			37,340,908

根據上表，日據初臺灣地區國民生產總值約為 37,340,908 日元。

日據初的人口，據 1905 年第一次臨時戶口調查，總人口為 3,039,751 人。（日據初臺灣人口自然增長率約為 7‰，因此 1895－1905 年間臺灣人口當增加 20 多萬。但割臺之際有許多人因「義不臣倭」而渡海回到大陸。一般認為這些人有十幾萬之眾。因此採用 1905 年的人口數字作為日據初的代表數字還是恰當的。）據此，日據初臺灣地區人均國民生產總值約為 12.284 日元。這個數字亦可視為晚清已達到的水準。這個數字的意義如何呢？我們應將之與日本的數字對比。上世紀末，日本的經濟狀況有如下表。

十九世紀後期日本主要經濟指標

年份	總人口（萬人）	工業總產值（億日元）	農業總產值（億日元）	人均工農業總產值（日元）*
1880	3,665	1,58	5,34	18.881
1890	3,990	2,28	5,95	20.626
1900	4,385	10,6	9,33	45.450

資料來源：樊亢、宋則行等《主要資本主義國家經濟簡史》。*據左三欄推算出。

　　據此，同期日本的人均工農業總產值似乎比臺灣高出許多。但如果考慮到人均真實所得，即貨幣收入的真實價值時，臺灣和日本的水準是差不多的。

　　我們以米價（大米同是臺灣人和日本人的主食）作為物價的代表來計算二者的真實所得。1898－1902 年期間日本的平均米價為 9.453 日元/日石[9]，同期臺灣的中等米價為 5.5 日元/日石。（關於二十世紀前後幾年臺灣的米價在附錄中有詳細的討論，請讀者參閱。）二者之比為 1.72，即臺灣地區的人均國民生產總值乘上 1.72 方可與日本相比較。據此，臺灣的人均真實所得當為 21.128 日元，大約處於日本十九世紀 90 年代的水準。

三

　　眾所周知，明治維新（1868 年）後日本國內資本主義工業的成長，資金來源完全依靠本國積累。准此，如果日本當局有心要在臺灣發展資本主義，那麼，在它佔領臺灣之時，臺灣經濟已高於它本國資本主義工業起步時的水準，已具備了發展的條件了。那麼，日本帝國主義又是如何做的呢？我們來分析 1900－1937 年臺灣地區國民經濟部門結構的變化趨勢，並將之與日本資本主義發展的最初幾十年的情況對比，便可找

---

[9]　臺灣總督府殖產課《臺灣移出米概況》。

到答案。

　　這一時期，臺灣的發展趨勢有如下表：

1902－1942 年臺灣各種產業生產額百分率

年份	總生產額（千日元）	農業產值（％）	工業產額（％）	礦產額（％）	林產額（％）	水產額（％）
1902	71,752	78.3	16.8	2.9	0.1	1.9
1907	91,126	81.7	14.1	2.5	0.1	1.9
1912	146,374	63.4	32.1	3.1	0.1	1.4
1916	188,938	46.9	47.3	3.0	0.7	2.1
1922	354,260	52.6	37.8	3.6	3.1	2.9
1927	497,170	54.9	34.6	4.2	2.8	3.5
1932	529,865	52.7	40.1	2.6	2.0	2.6
1942	844,074	47.9	43.2	4.3	1.9	2.7

　　資料來源：臺灣總督府殖產局第 18 次、第 15 次等《臺灣商工統計》。

　　而日本資本主義發展最初幾十年的情況有如下表:

1879－1933 年日本國內生產總值中主要部門份額的長期變動趨勢（％）

年份	農業部門	工業部門
1879-83	62.5	37.5
1904-13	40.6	59.4
1924-33	22.4	77.6

　　資料來源：西蒙·庫茲涅茨《各國的經濟增長·總產值和經濟結構》表 21，商務印書館。

　　以上兩表的對淪可以得出如下的結淪：日據初人均真實所得較高的臺灣地區，經過 30 多年的發展，工業部門僅勉強達國民經濟的四成左右，而明治維新後人均真實所得較低的日本。經過 30 多年的發展，到本世紀 20 年代工業部門已達國民經濟的七成以上。國民經濟部門結構中。農業部門份額的降低被公認為經濟近代化最主要的判別標誌。因

此，我們很難說日本帝國主義在它佔據臺灣時實行近代化（資本主義化）。或許，有人會提出疑問，四成左右的工業部門，發展趨勢雖然比日本慢得多。畢竟也是一個發展。但如果我們再進一步分析這四成左右工業部門的內部構成及其資金來源。便可以廓清此一疑問。

統計資料表明，1937 年以前臺灣地區工業內部結構 70%左右為食品工業：1914 年，86.3%；1920 年，81.1%；1925 年，73.4%；1931 年76.5%；1935 年，75.4 %[10]。所謂食品工業，是以制糖為中心的。以 1935年為例，糖占了工業的 60.9%。而且，其他工業中有許多項，如酒精（2.7%），制糖機器（1.6%），洋鐵罐（0.8%）等等，亦是由制糖工業派生出來的。[11]

因此，日據時期（1937 年以前）臺灣除了制糖，幾乎沒有什麼工業發展可言，而日本帝國主義發展臺灣制糖業是為了本國的需要（日本不產糖），而非為了臺灣人。日據時期，臺灣所產的糖絕大部分都輸出到日本去了。

同時，日據時期，僅僅經過 10－20 年的發展、集中過程，臺灣制糖業中的老式、新式制糖企業都被日資企業所併吞，最後形成由臺灣制糖株式會社、大日本制糖株式會社、鹽水港制糖株式會社、帝國制糖株式會社等少數幾家日資企業壟斷臺灣制糖業的局面[12]。實際上，臺灣制糖業是日本壟斷財團資金輸出的理想王國。

結　論

以上分析表明，日據時期（1937 年以前）臺灣地區的國民經濟由兩部分所構成，一是制糖業占絕大部分的工業企業，其由日本壟斷資本所擁有和控制；一是農業占絕大部分的傳統產業部門，為臺灣人所擁有。日本帝國主義根本就無意推動該地傳統經濟資本主義化，雖然這個

---

[10] 臺灣總督府殖產局《臺灣商工統計》。
[11] 臺灣總督府殖產局第十五次《臺灣商工統計》。
[12] 周憲文《日據時期臺灣企業之資本構成》。

傳統經濟的發展水準已高於明治維新後的日本資本主義工業起步時的水準。根據國民經濟部門結構的構成和資金構成來判斷，日據時期臺灣的社會經濟。是一個典型的殖民地經濟。

　　臺灣的例子表明。西蒙‧庫茲涅茨對國民經濟的分析方法可以很好地運用於殖民地經濟學的研究之中。

　　不但如此，這個方法在被用來判斷殖民地經濟的實質時，同時也直接顯示出它的現實意義來。旅日臺灣學者戴國輝指出「近年來（按：指60年代），臺灣的『經濟成長』為世人所稱道，由是一些人——尤其與臺灣總督府有關者——所説的『臺灣的殖民統治是成功的』，『臺灣是以日本人的力量開發的』。『臺灣是因日本而近代化的』等議論。正在走出輓歌的領域，而相當肯定並普遍地被人接受。」[13]戴國輝先生除了批判這種論調及指出一些人視殖民地臺灣為日本附屬物，僅從宗主國的角度和立場出發看問題之外。同時指出研究臺灣經濟發展不能割斷歷史，戴國輝先生說「由於殖民統治包括主體和客體兩方面，因而忽視客體方面社會經濟發展之階段——尤其是殖民統治前夕——的分析，則不可能全面把握殖民統治史。上述論者正忽略了此一當然的論理。有關日本在臺灣的統治史研究重大的缺點亦正在於此。」[14]因此，戴國輝先生對殖民統治前夕，以劉銘傳為核心的洋務運動予以考察和充分的肯定。說明日據時期殖民地經濟的增長是有其本地傳統來源的。假如說戴國輝先生只是定性地以臺灣洋務運動的成績來說明這一點。那麼，使用西蒙‧庫茲涅茨的方法可以定量地更明確充分地證明這一點。

---

[13]　戴國輝「清末臺灣的一個考察」，《臺灣風物》30卷第四期。
[14]　戴國輝「清末臺灣的一個考察」，《臺灣風物》30卷第四期。

附錄：對於統計資料的考訂和說明

　　由於米、茶、糖、樟腦構成臺灣傳統經濟的絕大部分，因此現對其進行具體的考訂。另外，由於統計資料不直接反映雞、鴨、鵝、豬、牛等家畜以及鹽的產量、產值，也須我們設法考訂、計算。其他物產的數字，我們將直接取自統計資料。為排除偶然的波動，我們的原則是取常年產量或三年（1898-1900）平均數。

　　數字均出自臺灣總督府《第四統計書》、《臺灣統計要覽》，並參考其他資料。

　　1、米：米的總產量難以統計。割臺之初造報制度尚未十分完備，總督府發佈的一些數字亦是根據估計而來。總督府不同部門及當時日本學術界對割臺最初幾年的米產量有不同看法。我們以總督府發佈的數字為准，參考其他說法。據總督府發佈的數字，1899－1902 年的米產量如下：1899 年：2,052,970 日石；1900 年：2,150,027 日石；1901 年：3,065,838 日石；1902 年：2,821,423 日石（資料來源：臺灣總督府《臺灣統計要覽》）。取其平均，得 2,522,564 日石。總督府發佈的這些數字是收穫統計，即估計稻穀年產量再換算成米的數量。如，據《臺灣總督府第四統計書》1900 年稻穀產量為 430 萬日石，換算得米 215 萬日石。估測時，由於對畝產量估計不同，得出的結果也不同。當時一個官方組織「臺灣協會」據當年試割測算，再以消費量、輸出量修正，得出 1900年米產量為 260 萬日石左右，比總督府公佈的數字高出 17%左右[15]。30年代日本官方發行的《臺灣米穀要覽》登錄的本世紀頭幾年的米產量，亦比上述數字高出 5%左右。總督府的數字還是比較保守的。

　　至於稻米的年產值，據《臺灣統計要覽》的數字，1900 年為 8,866，711 日元。1902 年則為 20,229,603 日元。前一個數字似乎偏低，以當年產量平均之，得米價為 4.12 日元/日石，折合 1.80 元/擔左右（按：銀元/臺擔）。晚清臺灣許多產米區常年米價已是 2 元/擔左右了[16]。另據日本

---

[15]　《臺島米的產額》，臺灣協會會報 51 號。

[16]　參閱周省人《清代臺灣米價志》。

人調查，割臺前 2 年，臺北盆地的米價已達 6 日元/日石左右；

臺北盆地割臺前夕米價（單位；日元/日石）

	1893 年	1894 年	1895 年
上季	5.96	6.22	6.49-7.38
下季	6.14	6.49	6.84

資料來源：臺灣總督府民政局殖產部《臺灣產業調查錄》。

當時，佃農所交貨幣地租是按 6.14 日元/日石折算的[17]。割臺以後，米價年年上升[18]。一般而言，臺島米價是兩頭高中間低。北部基隆、臺北和南部臺南、鳳山米價高於中部臺中、彰化等地，我們取 5.5 日元/日石的數字。是處於高低兩個價位之間的。另據輸出價，1897－1902 年，輸往大陸的米價在 5.42－6.54 日元/日石之間：

日據初輸出米價（單位：日元／日石）

1897 年 5.42	1899 年 6.64	1901 年 6.89
1898 年 5.61	1900 年 7.23	1902 年 6.54

資料來源：臺灣總督府殖產課《移出米概況》

據同一資料，島內批發米價與輸出價格相差不多，互有高低，亦可證明我們取 5.5 日元/日石作為割臺初的米價不會過高。據此，我們得出日據初臺灣稻米年產值 13，874，102 日元左右。

2、茶：割臺初，總督府對於茶葉產量的統計，是由分佈於產地各處的徵收制茶稅的租稅檢查所的數字彙集而成的。由於存在許多逃稅，所以租稅檢查所的數字往往不完全，有時甚至低於當年茶葉出口數。因此，割臺初茶葉產量、產值的許多數字都是根據輸出數字估計而來的（輸出數字當然亦由官方統計而得）一般認為，茶葉（精製茶）的年產量為輸出量的 1.1-1.2 倍左右。比如，據臺北茶商會統計，1898 年市場到貨

---

[17] 臺灣總督府民政局殖產部《產業調查錄》。
[18] 臺灣總督府殖產課《臺灣移出米概況》第九「米價」。

為 16，948，307 斤，輸出為 15，201，875 斤。二者之比為 1.1 左右[19]。但總督府殖產課調查認為，這個比數應為 1.2 左右[20]。綜合考慮，可取 1.15。據此，再參考總督府歷年的茶葉輸出統計，可以得出割臺初幾年茶葉的年產量。

　　但茶葉的總產值並不和產量完全相關。由於世界茶葉市場競爭激烈，所以價格多決定於消費地而不是產地。割臺初臺灣茶葉在主要市場——美國，正逢錫蘭茶葉的激烈競爭，因此臺灣烏龍茶價格呈下跌趨勢，嚴重影響臺茶輸出總值[21]。

割臺初臺灣茶葉輸出量（斤）、產量（斤）和輸出值（日元）

年份	輸出量	產量估計*	輸出值
1896	15,923,475	18,311,996	5,854,019
1897	15,228,643	17,512,939	6,906,030
1898	15,095,112	17,359,378	6,223,575
1899	13,840,758	15,916,871	5,295,795
1900	13,442,602	15,458,992	4,817,652

資料來源：《臺灣總督府第四統計書》，臺灣總督府官房統計課明治三十五年刊行。*產量系據：產量＝1.15 x 輸出量得出。

　　根據上表，割臺初茶葉平均產量為 16,912,025 斤。1899 年以後，因輸美烏龍茶價格大幅下跌，輸出總值也下降許多。我們以上表幾年輸出值平均,得出年輸出值約 5,819,414.4 日元。扣除 3%的關稅，實際年輸出值約為 5,644,832 日元。因產量比輸出量多一成多，因此割臺初臺茶年產值應為 6,491,556.8 日元。

　　3、糖：出於發展臺搪生產的需要，殖民當局各方對傳統臺糖生產調查非常徹底，各方估計也比較一致。這種估計一般也是從生產和輸出兩方面分別進行的。

---

[19] 臺北茶商會《制茶稅免除請願書》，臺灣協會會報 14 號。
[20] 臺灣總督府殖產課《實業答問》。臺灣協會會報 14 號。
[21] 松鶴生《臺灣茶的前途》，臺灣協會會報 48 號。

從生產方面估算，根據 1900 年的資料，當年「全島甘蔗種植面積約 3.5 萬甲，據臺南方面實測，假定一甲蔗田平均收穫量為 3 萬斤，共可得蔗莖 10.5 億斤。」從輸出方面進行推測，1897-1899 三年平均臺糖出口貿易額為 70.9 萬擔，島內消費估計為 10 萬擔，兩者相加，這三年平均產量為 80.9 萬擔[22]。綜合兩種估算方法。臺糖正常年產量為 80 萬擔左右。這個估計和總督府舊慣調查會第二部對割臺前後的糖產量估計基本相符。

一般而言 70-80 萬擔被認為是臺糖的正常年產量。總督府的統計數字表明，1898、1899 兩年的糖產量為 70-80 萬擔。

臺糖年產量（單位：斤）

年份	白糖	紅糖	冰糖	白下糖	蜂蜜	合計
1898	4,633,950	63,715,957		1,909,671		70,259,578
1899	7,754,243	72,737,646	34,600	186,000	983,746	81,696,233

其產值如下：

臺糖年產值（單位：元）

年份	白糖	紅糖	冰糖	白下糖	蜂蜜	合計
1898	274,177	2,528,931		109,222		3,021,552
1899	553,441	3,308,998	4,180	4,650	16,269	3,887,538

資料來源：《臺灣總督府第四統計書》。

以上兩年平均，臺糖年產值為 3，454，545 日元。

4、樟腦：樟腦是一種產量和價格變化極大的產品，雖然樟腦產品全部輸出。但晚清臺灣開港後 30 多年中，樟腦輸出量和價格變化幾乎無規律可循，這除了採樟方面因和原住民不時的衝突（所謂「番害」）而造成產量極不穩定以外，一個重要的原因是走私的存在。割臺之初，臺灣總督府將樟腦稅看成最重要的稅源之一，但亦深感無法控制樟腦走

---

[22] 《臺灣將來的糖產額》，臺灣協會會報 34 號。

私。當局有人估計，1898 年走私樟腦高達 350 萬斤，而當年經稅關納稅的樟腦輸出為 240 萬斤左右[23]。這個估計似乎太高，但走私的大量存在是完全可能的。樟腦從眾多的中、小港口用帆船運至廈門再轉口輸出並不是困難的事。

從世界市場的需求方面來看，1890 年以後，因樟腦成為製造無煙火藥與賽璐珞的工業原料，需要量十分大。當時全世界年消費樟腦 6 萬擔左右，全部由日本和臺灣兩地供應。因此，扣除日本的輸出大約即可衡量臺灣的產量。下表為 1891－1897 年臺灣和日本的樟腦產量：

臺灣、日本樟腦年產量（單位：擔）

年份	1891	1892	1893	1894	1895	1896	1897
臺灣	18,881	17,541	33,310*	39,547*	*	43,059	31,742
日本	44,290	30,640	24,875	20,714	22,383	16,176	26,082
合計	63,171	48,181	58,185	60,261		59,235	57,824

資料來源：守屋物四郎《臺灣樟腦的現在與將來》，臺灣協會會報 1 號。*1891－1894 年數字顯然錄自晚清海關統計。1895 年海關統計量突然低下去（15,840 擔），作者可能認為不反映實際產量，因而空缺。

從上表來看，割臺前後，要供應 6 萬擔的世界消費量，臺灣年產樟腦應在 3 萬擔左右。1899 年，臺灣總督府規劃樟腦專賣，設定的目標為買收樟腦 3,076,400 斤，買收樟腦油 1,636,200 斤[24]，應該亦是根據年產 3 萬擔左右定出的目標。

1899 年當局所收購到的障腦數量還非常之少，實行專賣以後，當局憑藉政權力量，1900 年就達到預定目標。

---

[23] 《臺灣樟腦製造商》，臺灣協會會報 4 號。
[24] 《樟腦專賣》，臺灣協會會報 6 號。

1900 年臺灣當局收購樟腦、樟腦油數額

	數量	金額
樟腦	3,228,900	2,844,755 日元
樟腦油	2,362,108	452,737 日元
合計		3,297,492 日元

資料來源：臺灣總督府官房統計課《臺灣總督府第四統計書》。

5、雞、鴨、鵝：家禽只數為 1898、1899、1900 三年平均數。每只雞以平均產肉一斤計算，鴨與鵝價值以雞的一半計。禽蛋部分略而不計。

6、豬：臺灣和大多數大陸老農業區一樣，養豬是傳統農家經濟的重要組成部分。據日據初調查，南部養豬，多者每戶 50－60 頭，少者 20 頭，所以，從社會總體看其價值量亦不小。全臺存欄頭數有 40－60 萬頭。但要計算養豬業年產值卻是比較困難的，一個辦法是只得從年屠宰量計算產值，但因每年屠宰的豬裡有些是從大陸輸入，所以還要扣除輸入頭數。日據初年臺灣每年宰豬頭數如下：

日據初臺灣年屠宰豬數量

年份	總屠宰頭數	總價額（日元）	大陸輸入頭數*	臺灣自養屠宰數*
1898	290,969	5,792,226		
1899	229,508	4,008,006	52,968	176,540
1900	243,876	3,293,794	37,447	206,399
1901	321,338	29,001	292,337	

資料來源：臺灣總督府官房統計課《第四統計書》。*東鄉實，佐滕四郎《臺灣殖民發達史》PP306－307。**據第一欄和第三欄算出。

據上表，1899、1900、1901 三年，平均每年臺灣自養屠宰的豬為 225,092 頭。又據上表第一、第二欄可算出每頭豬屠宰後價額 17.5 日元左右，但其中包括了大陸輸入部分豬的運費，除去運費，臺灣自養的豬每頭大約可賣至 16 日元左右。

7、牛：臺灣傳統養牛是作為動力來源的，一般用於耕田、運輸以及制糖等手工業之中。割臺初臺灣大約有牛 20 萬頭左右，其中水牛多於黃牛。為保持每年牛頭數不變，都要餵養新牛以補充老、病而死的牛數。一般而言，老病的牛都屠宰，因此，我們可視屠宰數為養牛業每年產出數。

這個數有如下表：

日據初臺灣年屠宰牛數量

年份	水牛頭數	黃牛頭數	合計
1898	4,902	6,362	11,264
1899	6,655	4,716	11,371
1900	7,204	5,027	12,231

資料來源：臺灣總督府：《臺灣統計要覽》。*三年平均為 11,622 頭。

水牛和黃牛價格各有 4 等，1901 年南部牛價如下：（見下表）

我們取中等偏低價格 30 日元為一般牛價，據此，臺灣養牛業年產值為 348,660 日元。

8、鹽：臺灣雖四面環海，但產鹽不多。清季年產鹽 30－50 萬斤，不足本島需求，尚需從大陸輸入補充。割臺初鹽業生產局面有如清季，並略有下降。1900 年後鹽業生產上升，產量足夠本島消費需求。因此，我們以 1899 年（這是日據臺灣最早有鹽業統計的年份）為割臺初的鹽產額。當年臺灣自產鹽 11,037.95 噸，銷售 20,277.20 噸，不足部分由大陸和日本輸入。當年銷售收入為 270,827 日元，則其中臺灣本島產鹽價額當占 54%，為 146,702 日元[25]。

---

[25] 張繡文《臺灣鹽業史》，臺灣研究叢刊第 35 種。

日據初水牛、黃牛價格（單位：日元）

地區	最上等		上等		中等		下等	
	水牛	黃牛	水牛	黃牛	水牛	黃牛	水牛	黃牛
嘉義	70	50	40	35	30	28	15	13
臺南	70	50	40	35	28	25	15	15
鳳山	60	40	35	30	24	20	13	10
臺東	40	40	30	20	20	15	10	5

資料來源：《臺灣南部畜產之概況》，臺灣協會會報 29 號，第 17
—24 頁。

日據時期臺灣改良糖廍研究

所謂改良糖廍，主要是對舊式糖廍壓榨甘蔗裝置的改造而成的。傳統的舊式糖廍，由牛帶動兩個豎立的石碾而進行甘蔗壓榨，榨出來的蔗汁經數口鐵鍋連續的煎熬而形成紅糖。由於壓榨力量不大，大量的蔗汁殘留在蔗渣裡最後被當成燃料燒掉，熬成的紅糖則因含有大量的糖蜜而品質低劣。改良糖廍用蒸汽機或石油發動機作為動力源取代牛，並用橫置的鐵輥，（早期的改良糖廍多採用單重三轉子壓榨機）取代石碾。煮糖的形式則仍和舊式糖廍相同，但由於蔗汁增多鐵鍋數相應增加。它生產的糖仍和舊式糖廍一樣，是含蜜的粗糖。不過由於它的壓榨機力量大，甘蔗能得到充分利用，效益也就大大提高。

第一個改良糖廍是由陳普臣等 6 人合資，於 1905 年設立於鳳山廳大竹裡籬仔內莊，採用大馬力石油發動機的振祥製糖會社（1904 年 12 月－1905 年 4 月間建設）。它在該榨季試運行獲得成功，產糖 2 萬餘斤[1]。振祥稍後，南部傳統產糖區的臺南山嵌頂，斗六刺桐巷等地也有幾個改良糖廍，都獲得了成功。或許它們的成功顯示了榜樣的力量；1905 年的調查顯示，當年籌備改良糖廍的，在南部傳統產糖區有 43 個，中、北部地方有 6 個。次年的統計數字表明實際建立了 52 個[2]。中、北部地方改良糖廍較少乃因它是傳統稻作區，即使舊式糖廍也相對為少數，一般都處於山間僻地。1906-1907 年夏威夷的玫瑰竹種甘蔗在臺灣引種成功，由於該蔗種適宜水田種植，中、北部的甘蔗種植乃隨之擴大。基於水田甘蔗的改良糖廍因應發展。第一個這種改良糖廍是日本人松崗富雄 1907 年設立於臺中市郊的松崗製糖所，壓榨能力為 100 噸[3]。（所謂壓榨能力指糖廠或糖廍一天 12 個小時所能壓榨的甘蔗數量。下同。）

在改良糖廍興起之時，新式糖廠尚處於開創階段。日資大規模製糖廠僅有臺灣製糖株資式會社的橋仔頭工廠一家，此外還有幾家小型糖

---

[1] 鳳山廳下產業狀況，「臺灣支部報」臺灣協會會報第 85 號。

[2] 「斗六廳下產業狀況，臺灣支部報」臺灣協會會報第 80 號：「阿猴廳下產業狀況，臺灣支部報」臺灣協會會報第 81 號；「臺灣糖業的進步」，臺灣協會會報第 84 號，等。

[3] 大園市藏：《臺灣始政四十年史》第四編產業第一章糖業。

廠，其產量尚不如改良糖廍和舊式糖廍糖量之和。1906 年以後，日資新式糖廠相繼設立，它們投產以後，新式糖廠的總產糖量隨之上升，1908-1909 年期是一個轉捩點，新式糖廠的產量已超出兩種糖廍產量之和。但改良糖廍尚有空間可以發展，它的廍數和產糖量繼續上升，至1911 年達到頂峰，以後逐年走下坡路，20 年代以後則微不足道。

　　改良糖廍興起也快，衰落也快，究竟是什麼原因呢？日本學者矢內原忠雄對此現象的解釋是：改良糖廍是從舊式糖廍到現代化新式糖廠的過渡形態，隨著現代化新式糖廠的發展它必然衰落。[4]這種解釋被普遍接受，改良糖廍也因之被忽略。但對矢內原的解釋仔細演繹之後可以發現，他的解釋是建立在機器大工業必然戰勝小型傳統企業的產業演進史觀上的。但這種演進的前提是自由資本主義。在日據時期臺灣作為一個殖民地的前提下，我們是否還應當考慮殖民地的特質以及當時各種殖民政策對產業演進的具體影響？同時，迄今為止的歷史經驗表明，後進地區傳統產業的現代化，可以走大企業的道路，也可以走中小企業的道路。大企業道路因代表經典的產業發展模式而受到重視，中小企業道路則往往被忽視。對於歷史上存在過的中小企業的研究，或許能開拓我們對現代化模式的多角度視野。

改良糖廍興起的背景

　　改良糖廍之興起，是因應殖民當局——臺灣總督府殖產興業政策的需要的。

　　日本佔領臺灣的最初年代裡，為鎮壓臺灣人民的武裝反抗，軍費開支浩繁。其他事業費如土地調查費，鐵路、港口、郵電建設等支出也十分龐大。而總督府初期的財政收入僅有田賦和專賣，收支不抵。臺灣財政（時稱特別會計）須仰賴日本中央財政一般會計的補助。

　　自 1896 年至 1904 年補助金總額達三千多萬元，占該時期臺灣財政

---

[4]　矢內原忠雄：《帝國主義下的臺灣》第三章「臺灣糖業之資本主義發展」。

收入的百分之二十左右。然而，此一時期日本財政本身也十分窘迫，對於經營臺灣的巨額費用感到力不從心，因此有「賣掉臺灣」的提議出現。在這種情況下，第四任總督兒玉源太郎（任期 1899.2－1906.4）在其任內提出了殖產興業政策，發展官營事業和民間產業，增加稅源，以期達到財政獨立。但官營事業中的鐵路、港口都是長期投資，一時難有收益。專賣收入也不能無限榨取，否則將招致不滿和反抗。因此，發展民間產業問題逐被突出，而製糖業遂被選為首要發展的產業。首選製糖業自然因為這是臺灣的傳統產業，另外日本本身產糖很少，所消費的糖絕大部分依靠輸入，可以成為臺糖的主要市場。

此外，首選製糖業，還因為預計「砂糖消費稅法案」將獲得通過（該法案後來在 1901 年 3 月通過），砂糖消費稅將成為一個重要的稅源。

那麼，應如何發展製糖業呢？在當局和業者之間存在著三種看法：一是認為臺糖雖然品質粗劣，但有其傳統銷路。如改變品質，則需要和洋糖競爭，反而不利，不如在原有的基礎上加以改進，增加產量；二是認為必須採用新式機械，但當前交通不便，甘蔗不易集中，不妨利用石油發動機或甚至仍利用水牛，但將石碾改成鐵制壓榨機，則產量即可以在原有的 16,000 萬斤的基礎上，更提高 9,600 萬斤；三是認為應採取大機器大工廠製糖方法，但當前因交通不便等困難，且大規模工廠資本來源未有著落前，可暫時採用第二種方法，但臺糖生產終究要象美國南部，西印度群島等地那樣採取大型工廠的方式[5]。按照第一、二種看法，所生產的只能是含糖蜜的粗糖，即臺灣傳統所產的紅糖，它不能作為精製糖（白砂糖）的原料，但可以作為一種低級的直接消費品。明清以來，臺灣紅糖在日本一直擁有固定的市場。日本開港以後，西方洋糖逐漸佔領日本的大部分市場，但畢竟難以將紅糖完全驅逐。

1901 年臺灣總督府聘請農學專家新渡戶稻造考察臺灣蔗糖業。當年 9 月份新渡戶提出以甘蔗種植業改良為中心的「糖業改良意見書」。「意見書」關於農業部分為總督府全盤接受。關於製糖業方面，新渡戶

---

[5] 「臺灣糖製造方法的改善」，臺灣協會會報第 18 號，「雜報」。

認為在當時的情況下，當局，一、應從國外購入小型壓榨機，經試驗後無利或低利貸給糖廍主；二、應勸誘資本家投資於大規模製糖廠，為此應將甘蔗產地情況調查清楚，公佈於資本家，並對設立大規模製糖廠給予獎勵；三、應勸誘耕作者組成蔗糖生產組織。[6]新渡戶的建議和前述三種看法是相呼應的。大致說來，三種看法當中持第一種看法的為本地業者，第二、三種為當局的看法。而總督兒玉源太郎，民政長官後藤新平等傾向於大機器生產，殖產局的一些官員則傾向於小機器生產。[7]

要發展大規模製糖需要巨額資本，臺灣本地資本沒這個力量，而日本國內資本是否願意投資則取決於能否獲得利潤。而當時各方面的背景是，從島內來說：1、南部傳統產糖區的武裝抗日十分活躍，存在著所謂的「治安問題」；2、本地糖商和幾家外商在島內蔗糖生產和貿易中根深蒂固，和蔗農有各種關係而易獲得甘蔗。若日資設立大規模糖廠的話，擔心原料來源難以保障；3、島內交通不便，糖廠所需的大量甘蔗難以集中。從日本國內來說，則1、因預計砂糖消費稅法案將獲得通過而導致洋糖的大量投機性輸入，引致糖價暴跌；2、金融市場存在著高利率。從國際上來說，則歐洲各甜菜糖產國在本國政府的補助下大量輸出，日本因不平等的協議關稅條約而無法阻擋其傾銷。在這各種背景下，日資投資臺灣製糖業要贏利是困難的。必須由總督府給予資金利息補助才能保證利潤。1901年三井財團投資建立的第一家日資糖廠臺灣製糖株式會社橋仔頭工廠，兩次共投入100萬元，獲得了總督府年利6%的利息補助。但此時因專賣收入減少。臺灣財政發生困難。同時日本因擴軍備戰對抗俄國，財政緊迫，難以增加對臺灣特別會計的補助，因此總督府無力提供更多的利息補助來勸誘其他日本資本集團投資臺灣製糖業。總督府發展大規模製糖廠的政策遂遭擱淺。從1901－1906年，再無日本國內資本投資臺灣製糖業。總督府的殖產興業政策不得不轉向本地資本。

6　新渡戶稻造「臺灣糖業改良意見」「四、本島糖政上設施的急務」，第一，九，十，十三，十四等。

7　參閱森久男「臺灣總督府糖業保護政策的展開」，《臺灣近現代史研究》創刊號，龍溪書舍。

　　本地資本按其構成來說是無法承擔大規模製糖廠的資金的。據日據初的調查，本地的地主、商人擁有財產情況如下：

表 1：日據初期臺灣本地的富人

	財主人數	商人人數
100 萬元以上：	1	
50 萬元以上：	1	2
40 萬元以上：	2	1
30 萬元以上：	4	2
20 萬元以上：	4	3
10 萬元以上：	40	7
5 萬元以上：	82	14
4 萬元以上：	44	16
3 萬元以上：	84	31
2 萬元以上：	237	44
1 萬元以上：	725	139

　　資料來源：據「臺灣協會會報」第 98 號「臺灣的財產家」兩個統計表製成。

　　從上表來看，人數最多的是 1－10 萬元，其次是 20－40 萬元。這些富人的資產構成中，不動產占很大部份，流動資金不多。以林本源等 6 個最富有的人來說，其資產構成如下：（單位：萬元）

	土地價值	地租收入	其他
林本源	300	3	15
林烈堂	72	0.38	28
鄭如蘭	52.1	0.3	14.8
吳鸞旗	80	0.1	10
林季昌	40	0.13	10

　　資料來源：臺灣慣習研究會「臺灣舊慣紀事」第 1 卷第 21 號

　　參照這樣的財產結構，一般的富人扣除不動產後，所能調動的資金不過數千至數萬元。清季和日據初期，本地人當中盛行的集資方式是合股，集資範圍有限，不能與股份制相比。據 1910 年的調查，本地人在糖業方面的合股組織狀況如下：合股組織個數：121；最大組織資本額

10 萬元；最小 3.6 萬元；合股人員數最多的為 109；最少的為 3 人，等等。[8]顯然，這樣的資金狀況和合股的形式投入於製糖業，最多只能適應於小型糖廠與改良糖廍。因此，總督府採取了獎勵，促進本地資本興辦小型糖廠與改良糖廍的政策。

1902 年，總督府在新渡戶稻造「糖業改良意見書」基礎上發佈了「臺灣糖業獎勵規則」，該規則規定，裝置有一日（12 個小時）能消耗 12,000 貫（合 45 噸）原料甘蔗機器的粗糖業者，總督府給予機器購置費補助或實物撥給，出借等獎勵。[9]45 噸的日壓榨能力是舊式糖廍的上限，因此，該規則把舊式糖廍排除在外，但能適用於小型糖廠和改良糖廍。同時，臨時臺灣糖務局從海外購入 35 臺小型甘蔗壓榨機，加以示範，然後撥給或借給本地製糖業者[10]。在總督府的獎勵促進下，本地資本的小型糖廠和改良糖廍迅速發展起來。

本地資本最先設立的是幾個小型糖廠，改良糖廍之設立還在其後。但隨後，小型糖廠的設立即陷於停頓，而改良糖廍的興起卻如火如荼，勢頭迅猛。

實行糖業獎勵政策的 1902 年以後，臺糖生產擺脫了日據臺灣以來的下降局面。產量曲折地上升，而 1906-1908 年的產量已大大超過 1895 年的產量。

表 2：1895－1908 年臺糖產量（擔）

1895：920,891	1896：828,927	1897：779,942
1898：683,994	1899：815,202	1900：445,280
1901：585,145	1902：908,704	1903：506,085
1904：758,343	1905：826,336	1906：1,273,884
1907：1,064,615	1908：1,092,015	

資料來源：大園市藏「臺灣始政四十年史」第四編產業

8　臨時臺灣舊慣調查會第一部調查第三回報告書「臺灣私法」第三卷下。

9　律令第五號：臺灣糖業獎勵規則‧第二條；府令第四十三號：臺灣糖業獎勵規則施行細則第七條，等。

10　「臺灣糖業獎勵的效果」，臺灣協會會報第 97 號。

　　這期間，除了一家日本國內資本的大製糖廠以外，其餘的全是小型糖廠和改良糖廍。除了少數島內日本人和一家英商怡記以外，小型糖廠和改良糖廍都是臺灣本地資本。臺糖產量的提高帶來了大量的砂糖消費稅收入，1904 年以後砂糖消費稅已超過百萬元。

表 3：總督府的砂糖消費稅收入萬元

1903：76.1	1904：145.4	1905：186.6
1906：293.99	1907：200.08	1908：350.2

　　資料來源：東鄉實，佐藤四郎「臺灣殖民發達史」第十一章財政，等。

　　巨額的砂糖消費稅使得總督府財政——特別會計得以在 1905 年獨立，比日本大藏省與臺灣總督府協定的獨立時間大大提前。特別會計的獨立，本地資本的小型糖廠和改良糖廍所起的作用是不小的。

改良糖廍發展的內在原因

　　1908 年以前，改良糖廍和小型製糖廠都得到當局的支持、獎勵，小型糖廠獲得獎勵種類和數量都比改良糖廍多得多，但景況卻不如改良糖廍，以致發展停頓。[11]

　　既然小型糖廠的外部條件比改良糖廍只會更好，我們只能從內部去找原因。在正常的情況下，企業的盛衰取決於其經濟效益。那麼，二者經濟效益各自如何呢？當局有關人士在 1905 年對新式糖廠、改良糖廍以及舊式糖廍三者進調查，其各自經濟效益如下（本文略去舊式糖廍部分）：

---

[11] 王雪農為首的本地業者計畫的鹽水港製糖原來也是小型糖廠，但因接受總督府硬塞給的舊機器而形成 350 噸的壓榨能力。規模與臺灣制糖橋仔頭工廠幾相等。鹽水港製糖後來因此而陷入資金周轉不靈等困境。

表 4：各式製糖企業盈虧表

1、新式製糖廠盈虧表： 　資本 70 萬元，日操作能力 350 噸，年消耗甘蔗 6,486 萬斤，製糖率 9 ％ ， 　年製糖 5,281,200 斤；		
甲：按 1904 年價格計算：（元）		
收入部分： 赤砂糖*賣價(8.2 元/百斤)　477,238.4 元 糖蜜賣價（1.5 元/百斤）　　14,553 元 合計　　　　　　　　　491,791.4 元	支出部分： 資金利息（12%）：　　　 84,000 元 甘蔗買價（3 元/千斤）　194,040 元 作業費（2.3 元/百斤）　133,888 元 合計：　　　　　　　　411,928 元	
純收益：79.963 元**；毛利率 19.14%		
乙、按 1905 年價格計算：		
收入部分： 赤砂糖賣價（11 元/百斤）　640,332 元 糖蜜賣價（2 元/百斤）　　19,400 元 合計　　　　　　　　　659,736 元	支出部分： 資金利息（21 ％）：　　　 84,000 元 甘蔗買價（3.5 元/千斤）226,380 元 作業費（2.3 元/百斤）　133,888 元 *** 合計：　　　　　　　444,268 元	
純收益 215,468 元；毛利率：48.5%		

　　*赤砂糖為分蜜糖。

　　**原文如此。赤砂糖賣價與糖蜜賣價兩項相加，似應為 9,836 元。

　　***原文如此。按赤砂糖賣價與糖蜜賣價兩項相加，似應為 659,372 元。

2、改良糖廍盈虧表（參照陳普臣黃家興工場）： 　資本 4 萬元，日操作能力 75 噸，年消耗甘蔗 1,386 萬斤，製糖率 11%,年 產紅糖 1,524,600 斤		
收入部分： 紅糖賣價，（5.5 元/百斤）：　83,853 元	支出部分： 資金利息（12%）：　　　 4,800 元 甘蔗買價（3 元/千斤）　41,590 元 操作費（0.9 元/百斤）　13,721 元 合計　　　　　　　　　60,101 元	
純收益：23,752 元，毛利率：39.25%		
乙：按 1905 年價格計算：		

收入部分：		支出部分：	
紅糖賣價（8.3 元/百斤）	126,542 元	資金利息（21％）：	4,800 元
		甘蔗買價（3 元/千斤）	48,510 元
		作業費（0.9 元/百斤）	13,721 元
		合計：	67,031 元
純收益：59,511 元，毛利率 88.78%			

*紅糖為含蜜糖

資料來源：「臺灣各式製糖法損益比較」；臺灣協會會報第 90 號，第 91 號。

　　根據上表，改良糖廍的收益比新式糖廠要好得多。實際上，最早創立的那些新式糖廠，無論日資還是本地資本，都難以贏利，1905 年度僅日資臺灣製糖株式會社和本地資本麻豆製糖略有盈餘，而這些盈餘乃是當局為支持新式糖廠酌情少徵稅收的結果[12]。豐厚的利潤，是改良糖廍得以發展的最基本的原因。另外，對本地人來說，改良糖廍的顯著優點還有資金佔用低。本地資本構成量既小，新式糖廠，即使是小型的，其固定資產投資往往就佔據了他們幾乎全部的資本，使得他們常常陷入流動資金困難的局面。而改良糖廍的投資所需僅數萬元，只相當於二、三個舊式糖廍，幾個舊式糖廍主，合在一塊，就可以改換成一個改良糖廍[13]。因此本地資本紛紛投資改良糖廍，形成了 1905-1911 年改良糖廍發展的局面。

　　改良糖廍效益好於新式糖廠，主要原因在於它的生產、管理費用低。以每百斤蔗糖的生產費用來說，新式工廠為改良糖廍的 2.5 倍。

表 5：1905 年百斤蔗糖生產費（元）

	製造費	包裝費	修理費	營業費	合計
新式糖廠	0.80	0.30	0.10	1.10	2.30
改良糖廍	0.30	0.25	0.05	0.30	0.90

資料來源：同表 4

---

[12] 參閱森久男「臺灣總督府糖業保護政策的展開」，《臺灣近現代史研究》創刊號，龍溪書舍。

[13] 「臺灣糖業的進步」，臺灣協會會報第 84 號。

　　從總支出來講，新式糖廠的生產費用占 30.14%（1905 年）或 32.5%（1904 年），而改良糖廍只占 20.47%或 22.83%。

　　以上調查時間為新式糖廠和改良糖廍的初期階段。新式糖廠要超過改良糖廍，就得提升技術水準以提高生產率，並擴大企業規模，形成規模效益（新式糖廠，即使日資臺灣製糖株式會社的橋仔頭工廠，日壓榨能力亦只有 350 噸，與後來許多千噸，千二百噸的工廠相比小得多了，本地資本的小型工廠更不用說了），來降低生產費用。這些方面，後來新式糖廠都做到了。20 年代以後，一些日資大糖廠建立酒精工廠，利用糖蜜生產酒精，更進一步降低了綜合成本（參閱表 6）。

表 6：新式糖廠和改良糖廍糖生產費（每 60 公斤臺幣元）

年份	新式糖廠	改良糖廍
1919	11.979	14.571
1920	20.771	28.454
1921	16.995	26.776
1922	12.988	15.292
1923	11.541	11.299
1924	10.519	11.157
1925	10.385	11.252
1926	10.707	10.936
1927	12.046	10.066
1928	9.87	9.041
1929	9.262	8.47
1930	8.326	7.96

資料來源：《臺灣之糖業（統計）》，「臺灣銀行季刊」第二卷第二期。

　　然而，早在新式糖廠做到這些以前的 1911-1921 年間，改良糖廍的發展就已逆轉，它的衰落，並非與新式糖廠競爭的結果，那麼究竟是什麼原因促使改良糖廍衰落呢？

日資對改良糖廍的合併

改良糖廍的興起，是在總督府的鼓勵支持下的，其衰落也離不開總督府政策這個背景。雖然改良糖廍在總督府殖產興業政策中發揮了作用，但並未因此改變它在總督府心中的形象，總督府決策層仍念念不忘大規模製糖廠方針。1903 年歐洲甜菜糖產國召開布魯塞爾會議，議決各國政府一致停止對甜菜糖輸出的補助。總督府意識到這對臺灣蔗糖業來說是一個大好的契機。1904 年秋，臨時臺灣糖務局事務官淺田知定出洋考察西方國家製糖業之前對記者發表演說，闡述總督府的糖業方針時說：製糖業終究要採取西方國家那種日壓榨能力 1,200 噸的大規模製糖廠方式，經濟上才是有利的，流通過程中也才更有效益，總督府將專注於發展大規模製糖的可能與時機。他說，布魯塞爾會議後糖產國將把市場從國外轉向國內，隨著日本人均糖消費量的增加和人口的增長，將形成一個巨大的市場，對臺灣蔗糖業是一個絕好的時機。他籲請日本資本家把握這個時機[14]。

但 1903-1905 年，對俄備戰和日俄戰爭期間，日本經濟界呈緊張狀態，尚無餘裕注意及臺灣蔗糖業。日俄戰爭結束的次年，因引入外資，鐵路國有化等原因，日本國內資金充裕，金融利率下降，資金急於尋求出路。同時由於預見到 1911 年 7 月協議關稅條款即將到期，屆時日本有可能築起關稅壁壘以抵禦外國砂糖傾銷[15]。日本資本轉而積極投資臺灣蔗糖業。

1906 年 12 月 29 日於東京銀行集會所召開的明治製糖株式會社成立大會揭開了日資大規模投資臺灣蔗糖業的新階段。明治製糖主動不要總督府的利息補助，從此，當局對日資大糖廠的支持從資金方面轉到政策方面。

緊接著明治製糖之後，日本國內資本紛至沓來，製糖會社紛紛成

---

[14] 「臺灣的糖業」，臨時臺灣糖務局事務官淺田知定。臺灣協會會報第 72、73 號。
[15] 實際上，1911 年 7 月協議關稅條款廢除後，日本對進口糖所課關稅立即提高，並廢除精製糖原料（分蜜糖）的進口退稅制度。此舉有利於臺灣制糖業。

立。最早成立的臺灣製糖株式會社則不斷增資擴展。原為本地資本的鹽水港製糖因增加 500 萬元日本國內資本而於 1907 年 3 月徹底改組成日資會社。此一時期本地人成立的現代的會社僅有臺灣首富林本源製糖，資金 300 萬。眾多的製糖會社建立了許多大規模的製糖廠（參閱表 7）。

表 7：1906－1913 **新建的大規模製糖**廠*

開始製製糖年份	所屬會社名稱	工廠名稱	日壓榨能力
1906	臺灣製糖株式會社	橋仔頭第二工廠	450 噸
1908	臺灣製糖株式會社	後壁林工廠	1000 噸(美制)
1908.11	大東製糖株式會社	阿猴工廠	1200 噸(美制)
1909.12	臺灣製糖株式會社	車路墘工廠	1200(美制)
1909	大日本製糖株式會社	虎尾第一工廠	1200 噸
1909	大日本製糖株式會社	虎尾第二工廠	1000 噸
1910	北港製糖株式會社	北港製糖工廠	1000 噸(英制)
1910	新高製糖株式會社	彰化第一工廠	750 噸(英制)
1913	新高製糖株式會社	嘉義製糖工廠	1200 噸(英制)
1908.12	明治製糖株式會社	肖壠工廠	750 噸(英制)
1910.10	明治製糖株式會社	蒜頭工廠	1100 噸(美制)
1911.12	帝國製糖株式會社	臺中第一工廠	750 噸
1908.12	東洋製糖株式會社	南靖工廠	1000 噸
1911	東洋製糖株式會社	烏樹林工廠	750 噸
1908	鹽水港製糖株式會社	新營莊工廠	1000 噸
1912	新高製糖株式會社	大莆林工廠	1200 噸
1909.6	林本源製糖株式會社	溪洲莊工廠	250 噸

資料來源：大園市藏：《臺灣始政四十年史》第四編產業；臺灣大觀社《最近的南部臺灣》第九章等。*本表僅包括粗糖製造工廠，鹽水港製糖的一個白糖工廠因此未包括在內。其次本表不包括擴建的工廠。[16]

日資大量湧到，圓了總督府決策層發展大規模糖廠的夢。以往「溫存」獎勵本地資本設立改良糖廍的政策已不復有存在的必要。當許多人因改良糖廍利潤豐厚而爭相設立之時，總督府對其政策已從獎勵轉向限

---

[16] 府令第三十八號「制糖場取締規則」第一條、第三條等。

製，尤其當改良糖廍和新式糖廠發生利益衝突時更是如此，這種衝突主要是圍繞著原料獲得問題的。

日據時期，製糖廠 80% 的原料甘蔗要靠農民提供，而農民要比較甘蔗和糧食作物的收益才能決定是否種甘蔗。另一方面，稻米向來也是臺灣的重要農產，為了保證本島的需求和向日本輸出，甘蔗種植面積也不能無限擴大。大製糖廠既投下龐大資本，就不能讓設備閒置，為了保證原料，他們不但自己相互爭奪，同時把眼光瞄準了改良糖廍和小型糖廠。

實際上，在第一家日資大糖廠——臺灣製糖株式會社成立後，日資糖廠和本地業者在原料上的衝突就已初露端倪。臺灣製糖橋仔頭工廠所在地是陳中和（舉辦新興製糖）和王雪農（舉辦鹽水港製糖）等本地商人以及英商的傳統活動區域。日據前他們和蔗農就有各種聯繫而較易獲得甘蔗。為了避免衝突，確保日資糖廠的原料來源，鹽水港廳首先於1904 年 5 月發佈了「製糖場取締規則」，為各個製糖廠指定劃分了原料地盤。鳳山廳與阿猴廳隨之仿效。

在此基礎上，總督府於 1905 年 6 月發佈了「製糖場取締規則」，規定：凡全部或部分採用新式機器的製糖場應獲得臨時臺灣糖務局的許可，獲得許可後糖務局為其劃定相應的原料採取區域。該區域內的甘蔗只能賣給該製糖場，而不能運出區域外。同時未經糖務局許可，區域內不准設立舊式糖廍，以此保證製糖廠有充足的原料來源並避免其相互之間的衝突。日資大量湧入臺灣製糖業以前，本地資本的小型糖廠和改良糖廍都能獲得一個原料採取區域，而且多在南部重要產蔗區，位置不錯。而當日資大規模製糖廠愈來愈多愈來愈大時，它們不可避免就要來奪取這些原料採取區域。

明治製糖對本地資本麻豆製糖和維新製糖的合併典型地體現出這一點。明治製糖 1907 年 1 月登記成立時期獲得了位於臺南廳崗壠，總爺及嘉義廳蒜頭的原料採取區域，該區域跨麻豆製糖和維新製糖的採取區域。因此明治製糖在開工前的 1907 年 8 月就合併了麻豆製糖，又在

1910 年 6 月合併了維新製糖，將其採取區域連成一片[17]。又如東洋製糖在 1910 年合併斗六改良糖廍，1911 年為擴大原料採取區域又合併賴尚文改良糖廍，這是一個僅有 40 噸壓榨能力的小型的改良糖廍[18]。最大的製糖會社——臺灣製糖對本地資本臺南製糖的合併同樣如此。

臺南製糖擁有一家小型糖廠和四個改良糖廍，其採取區域和臺灣製糖橋仔頭工廠的採取區域相鄰，是臺灣最重要的甘蔗產區，臺灣製糖通過收買其股份最終在 1909 年 8 月將其合併[19]。

億源改良糖廍的遭遇則從另一方面體現了本地資本在原料問題上的處境。位於中部的億源商號改良糖廍是王雪農於 1911 年設立的，1915年大規模投資，獎勵大甲溪以南 4,500 甲土地的甘蔗栽培。其時，中、北部新式糖廠尚不像南部那麼多，許多土地尚未被編入原料採取區域，上述 4,500 甲土地內只有一些舊式糖廠。1918 年，日本大資本家大倉喜一郎，阿部幸兵衛系的新高製糖廠擴展到大甲溪一帶，上述 4,500 甲土地全部被當局無償編入新高的原料採取區域。億源為獎勵甘蔗栽培而向日資安部、增田屋、三井物產舉債的數十萬元無法償還，遂被債權人合併到沙鹿製糖（資金 200 萬日元）。[20]

為了避免原料採取區域的衝突，當局的政策是撤除改良糖廍。為此當局於 1908-1910 年新式糖廠勃興的期間，拿出 202,900 元的賠償金，撤除許多改良糖廍。[21]1910 年開始，因臺灣糖產量已大幅增加，日本消費飽和，有生產過剩之虞，殖民當局乃於 1910-1918 年實行「製糖能力製限」政策，首當其衝者為改良糖廍。新式糖廠雖也在限製範圍內，但已獲許可設立的新式糖廠數和製糖能力仍能增加，而這些新式工廠開工時，其原料採取區域內的改良糖廍就被取締。「能力製限」時期過去以後，這些被取締的改良糖廍大多數沒有恢復[22]。

---

[17] 大園市藏《臺灣始政四十年史》第四編產業第一章糖業，「七、明治制糖株式會社」。

[18] 「六、大日本制糖株式會社。」

[19] 同 17「五、臺灣制糖株式會社。」

[20] 同 18「一〇、昭和制糖株式會社。」

[21] 參閱矢內原忠雄《帝國主義下的臺灣》第三章第一節「新式工廠的勝利」。

[22] 同 17 第三，「生產過剩防止設施」。

　　日據時期臺灣製糖業發展過程中存在著雙重的合併運動，一方面日資企業吸收合併本地人的小糖廠（及個別歐美小糖廠）和改良糖廍，使本地資本從屬於日本資本；另一方面，日資企業自身也在集中、合併，此一運動又分兩個階段，前一階段合併集中體現了日資企業間瓜分、妥協原料產區的意義，後一階段則體現著瓜分市場的意義[23]。歷來對於日資企業自身之間瓜分原料區域注意較多，而對它們在初期排擠本地資本、奪取本地資本的原料區域注意較少。以上分析表明，在原料採取區域製度的作用下，改良糖廍不可避免要被日資糖廠合併，走向衰落。

　　除了為奪取原料採取區域而合併改良糖廍以外，日資還因改良糖廍豐厚的利潤而對其進行合併，這主要是島內日資進行的。

　　在改良糖廍剛興起的年代，島內日本人尚少進入這一領域。1908年以前，島內日資創辦的改良糖廍，除了前述松周富雄在臺中的松崗製糖所以外，北部僅有宜蘭製糖所一個，東部僅有賀田組一個，南部最多，亦僅有 4 個[24]。1909 年以後島內日本人大舉進入這一領域，或創辦或與本地人合辦或收買本地人的改良糖廍而擁有了許多廍。以南部為例，1911 日本人已擁有改良糖廍 14 個，而本地人擁有的數字則下降許多。以後，本地人擁有的改良糖廍數比日本人擁有的減少得更快。

表 8：臺灣南部本地人日本人擁有改良糖廍情況變化。

年份	臺灣人擁有狀況		日本人擁有狀況		日臺人合資		所屬不明	
	廍數	總壓榨能力	廍數	總壓榨能力	廍數	總壓榨能力	廍數	總壓榨能力
1908	32	1996 噸	4	180 噸	1	300 噸		
1911	24	1680 噸	16	1360 噸	1	300 噸		
1915	4	260 噸	8	520 噸			2	140 噸

資料來源：

*盷田熊右衛門「臺灣糖業舊慣一斑」

---

[23] 參閱涂照彥《日本帝國主義下的臺灣》第四章第二節、第三節。
[24] 盷田熊右衛門《臺灣糖業舊慣一斑》第一章第一節第三款。

　　**南部物產共進協贊會「南部臺灣」
　　***第二回南部物產共進協贊會「南臺灣」

　　不僅島內日本人，甚至沖繩人也在臺灣創立改良糖廍（他們在沖繩也經營改良糖廍），沖繩拓殖製糖和沖臺製糖分別擁有前大埔和新威改良糖廍[25]。

　　島內日本人和日本國內資本不一樣，後者以巨額投資一下子就建立大規模製糖廠。島內日本人資本小得多，他們往往從小型糖廠起家，逐漸發展，而改良糖廍也常常被利用為起點。改良糖廍和小型分蜜糖廠的區別在於蔗汁加工處理部分，只要把改良糖廍熬製紅糖的部分改成製取分蜜糖的裝置，就成為一家小規模新式糖廠。壓榨能力的擴大則可以通過改換裝置（早期改良糖廍多單重三轉子壓榨，後期有變換為多重壓榨的）或增添同樣的小型設備很容易做到。改良糖廍利潤豐厚，自身積累再加上少量的增資，是不難達到的。這方面的例子很多。如原由本地資本創辦的永興製糖擁有噍吧哖（壓榨能力 120 噸）和三重溪（壓榨能力 40 噸）兩個改良糖廍，被在臺北的日本人柵瀨軍之佐等人接辦後，前者擴充至 300 噸，後者擴充至 120 噸，最後並改產分蜜糖[26]。王雪農 1909 年創辦的斗六改良糖廍，壓榨能力 30 噸，1910 年加入日資改為股份製並將改良糖廍改成分蜜糖工廠，壓榨能力增至 500 噸[27]。本地人廖煥文和日本人持木壯造共同經營的番子腳改良糖廍，被日本人小松楠彌收購後，增添了一臺單重三轉子壓榨機，壓榨能力增至 350 噸，後又被東洋製糖合併，壓榨能力又增至 450 噸。小松楠彌在 1911 年還創辦了大甲製糖所（改良糖廍）壓榨能力 200 噸，大甲改良糖廍和北港製糖合併後改稱北港製糖月眉製糖場。並在 1915 年改成分蜜糖工廠，能力增至 300 噸[28]。類似的例子還有沙鹿、高美、億源、松圓、臺中、協和、樹杞林、

---

[25] 第二回南部臺灣物產共進會協贊會：「南臺灣」總說‧工業。

[26] 南部物產共進會協贊會「南部臺灣總說‧產業」。第二回南部臺灣物產共進會協贊會：「南臺灣」「總說‧工業」等。

[27] 同 17「六、大日本制糖株式會社。」

[28] 同 17「六、大日本制糖株式會社。」

苗栗……許多改良糖廍。

　　在日據中後期，臺灣最重要的一些日資糖業公司中，帝國製糖，昭和製糖和東洋製糖的發展和改良糖廍的作用是分不開的。

　　帝國製糖 1901 年 10 月 30 日成立，資本 500 萬元，實收 75 萬元，以松崗富雄創辦的改良糖廍松崗製糖所和收購本地人的協和、臺中兩個改良糖廍為出發點。次年 12 月方開設臺中第一工廠，壓榨能力 750 噸，第三年開設臺中第二工廠，壓榨能力 300 噸。如此漸次發展而形成一家擁有好幾個粗糖和精製糖工廠及自備運輸船舶的較大的製糖公司[29]。

　　如果說帝國製糖發展初期改良糖廍和新式糖廠作用都很重要的話，那麼昭和製糖株式會社則基本上由一些改良糖廍發展而來的新式糖廠組成。昭和製糖 1927 年 9 月方建立，收購宜蘭製糖所為其出發點。宜蘭製糖所乃從最早的一批改良糖廍發展而來。以後昭和製糖漸次收購竹山、玉井製糖，合併沙鹿、新竹（擁有樹杞林、苗栗工廠）製糖，而擁有 6 家工廠。其中，沙鹿的前身即前述王雪農創辦的億源改良糖廍，壓榨能力 120 噸。日本債權人將其接收後，與高美改良糖廍（壓榨能力 60 噸）合併，組成沙鹿製糖株式會社。1921 年沙鹿製糖改產分蜜糖，次年壓榨能力擴充至 30 噸。1934 年 1 月沙鹿製糖併入昭和製糖。新竹製糖則是由安部幸之助、松崗富雄兩人於 1919 年 8 月在松岡拓殖會社的基礎上成立的。松岡拓殖擁有新竹樹杞林（又稱竹東）、苗栗兩個改良糖廍，苗栗工廠併入新竹製搪後的次年改產分蜜糖，壓榨能力擴充至 50 噸。新竹製糖同樣於 1934 年併入昭和製糖[30]。旅日臺灣學者涂照彥認為 1909－1910 年從臺灣糖業史的分期上來說是島內日系資本活躍的年代，他們在這一時期設立了許多小規模製糖廠[31]。而常常被大家忽略的是，許多這種小規模糖廠是從改良糖廍發展來的，這些改良糖廍有的是日本人創辦的，有的是被收購合併的本地人辦的改良糖廍。而這些小

---

[29] 同 18「九、帝國制糖株式會社」。臺灣大觀社《最近的南部臺灣》第九章「ロ東洋制糖株式會社」。

[30] 同 18；臺灣大觀社《最近的南部臺灣》第九章「（二）新竹制糖株式會社」。

[31] 參閱涂照彥《日本帝國主義下的臺灣》第四章第二節。

規模糖廠在日後臺灣製糖業的發展中繼續發揮作用。

綜上所述，日資企業對改良糖廍的合併包含著奪取原料採取區域和垂涎其利潤兩個方面。這兩個方面往往是交織在一起的。此外，在對改良糖廍的收購、合併運動中，日資企業本身也在不斷的合併過程中，從而形成錯綜複雜的局面。這方面最顯著的例子是臺南製糖——東洋製糖——大日本製糖的合併過程。

臺南製糖（臺灣糖業史上有兩個臺南製糖，前一個是本地資本，1909年8月被臺灣製糖合併。這一個是日本資本）於1913年2月以資金300萬元成立，專事收購改良糖廍。它以收購永興製糖為起點，其時永興製糖剛從本地人手中轉到島內日本人手中不久。其後它不僅收購了南部地區的許多本地人的改良糖廍，也收購了島內日本人和沖繩人的改良糖廍，而擁有宜蘭製糖所（即後來被昭和製糖收購者）噍吧哖、下嵌、前大埔、新威、無水寮、內埔、狗氳氳、山杉林等改良糖廍以及沖繩島的高岑、豐見城兩個改良糖廍。除了這些改良糖廍以外，臺南製糖還有一家白下糖工廠（僅有40噸）兩家小型分蜜糖工廠（均為收購沖臺製糖和沖臺拓殖而得來），以及在日本的一家冰糖廠，由於臺南製糖收購了大量改良糖廍，因而在南部擁有多達11,400餘甲的原料採取區域。臺南製糖於1916年被東洋製糖所收購。除了臺南製糖，東洋製糖還合併了北港製糖以及其他許多改良糖廍。這些合併既有為了原料採取區域的（如前述合併賴尚文改良糖廍），也有為了改良糖廍的收益的（如合併斗六、烏日製糖），同時又包含了日資資本本身的合併運動（合併北港、臺南製糖）。東洋製糖成為日據中期臺灣糖業中一家重要的公司，但其自身最終於1927年12月被大日本製糖所所合併[32]。

---

[32] 同18，19。

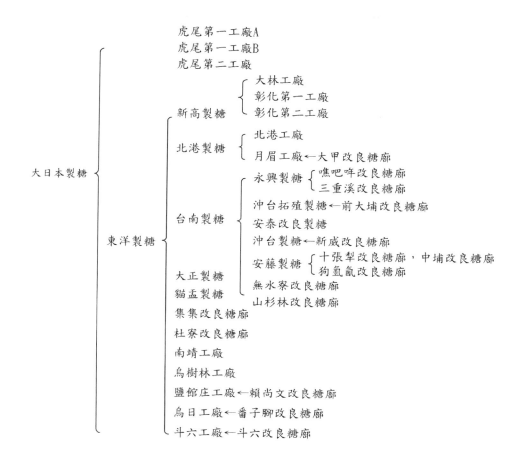

**表9：大日本製糖株式會社系列製糖企業合併過程*

資料來源：大園市藏「臺灣始政四十年史」；臺灣大觀社「最近的南部臺灣」；南部物產共進會協贊會「南部臺灣」；第二回南部物產共進會協贊會「南臺灣」等。

*本表僅包括大日本製糖在臺灣的工廠。表中所列改良糖廍，有的併入其他工廠，有的可能予以撤除。

結語

　　以上分析表明，改良糖廍作為一種投資小，見效快的產業形式，具有發展為小型糖廠的可能與潛力，是本地資本發展現代化製糖業的一條可能道路，但在殖民地環境裡，它首先被當局作為大資本引進之前的一個替代手段而用來紓解財政困難，大資本引進之後它則被視為壟斷資本發展的障礙而被限製、排擠。改良糖廍的盛衰反映了日據時期臺灣經濟的殖民地本質。改良糖廍作為中小企業道路展的可能性，更多的倒是被島內日本人利用，拿來作為他們參與臺灣蔗糖業的墊腳石。

　　改良糖廍的衰落，使本地人被排擠出臺灣最重要的傳統製造業。本地資本缺乏投資場所，只能沉澱在土地上，使得土地價格和地租長期居高不下，對社會經濟造成負面影響。

宗主國中小資本在殖民地——以日據時期臺灣「米糖相剋」問題為例的研究

　　摘要：日據初期，日本壟斷資本來到傳統蔗作區的臺灣南部地區設立了許多大型製糖廠，並掌握了原料甘蔗產地。日俄戰爭後，許多日本中小資本也來到臺灣，進入製糖領域，因南部傳統蔗作區已被大資本所佔據，他們以水田甘蔗和改良糖廍為基礎，進入傳統上的稻作區。由於製糖廠的原料甘蔗絕大部分由農民提供，日資製糖廠為保證原料供給乃和農民發生了許多博弈和摩擦。

　　關鍵字：米糖相剋、宗主國中小資本、蔗田北進

　　列寧的帝國主義理論指出殖民地是宗主國的資本輸出地和初級產品提供地，但列寧關心的是壟斷資本，或者說是大資本，那麼宗主國的中小資本呢？他們來到殖民地嗎？他們在殖民地如何行為呢？這並不是無產階級革命前夜帝國主義理論的問題指向，但是可以成為歷史研究的一個內容，何況他們來到殖民地後，嚴重地影響到殖民地人民的生活。日本是一個後起的帝國主義國家，它的主要殖民地是朝鮮和臺灣，以下我們以臺灣為例來研究這個問題。

關於「米糖相剋」

　　「米糖相剋」是日據時期臺灣社會經濟中的一個重大問題，日據時期臺灣殖民當局的官員、新聞記者、學者等各方面人員對這個問題有許多報導和探討研究。「米糖相剋」被稱為日據時期臺灣社會經濟研究一個繞不過去的問題，當今治日據時期臺灣史者也都要碰到它。所謂「米糖相剋」簡單地說就是稻蔗爭地，臺灣的自然條件被認為既可種稻也可種甘蔗，農民能夠在兩種作物之間容易地進行轉作，如此一來，兩種作物的供給和需求就會發生摩擦。日本從 1910 年代起，本國米產量不足，發生「米騷動」，需要輸入殖民地的稻米來補充需求。日本所需的稻米主要是從朝鮮輸入的，但臺灣輸日的稻米時間在每年春末青黃不接的時候，有其重要意義。1920 年代，日本人喜歡食用的蓬萊米在臺灣引種成功，臺灣農民大量種植蓬萊米以供出口至日本，而本身則仍食用較便宜的在來米（臺灣舊有米種）。臺灣的蓬萊米被認為有降低日本國內工資成本，增加利潤的功能。但另一方面，日資在臺灣設置了許多製糖廠，這些製糖廠 80% 的原料甘蔗要靠農民提供，稻米種植面積過多，就要影響到甘蔗的種植和產量，因此，稻米和甘蔗兩種作物的種植之間就存在摩擦和衝突。旅日臺灣學者涂照彥指出，日本既需要臺灣的稻米，也需要臺灣的甘蔗，是產生兩者相剋的原因，[1]這自然是不錯的，但在米糖

---

[1]　涂照彥《日本帝國主義下的臺灣》。涂照彥從殖民地社會土著資本和農民的角度深入分析殖民地社會經濟，這裡不擬展開。

相剋的問題中，殖民當局的政策、日本糖業資本的所作所為、臺灣農民的因應體現了殖民地社會經濟的錯綜複雜，需要我們深入細緻的實證研究及在此基礎上的理論探討。日據時期的學者和當代學者在這方面已做了許多工作，而進一步的實證研究將能為理論探討提供更寬廣深厚的基礎。

學術史回顧

　　日據時期著名的經濟學家矢內原忠雄對米糖相剋問題有深入的分析，他從稻田和蔗田的收入著手，認為蔗田的收入決定於同樣面積的稻田，在稻米產出僅供給臺灣時（且大多數為農家自家消費）稻米的價格是低的，因而蔗價也低，與在臺灣的日資製糖廠輸出到日本的粗糖糖價不成比例，日資糖廠佔據了蔗糖的高額利潤，不讓蔗農分享。在日本因糧食不足，需要從殖民地輸入稻米時，農民趨向於種植稻米，乃形成了米糖相剋，在這種情況下，殖民當局就出手進行干預。矢內原忠雄認為米糖相剋問題是日本糧食問題所引起的。矢內原忠雄所採用的是帝國主義理論和社會發展階段論，因此他認為米糖相剋是暫時性的問題，最終社會的演變將導致資本主義大農場的誕生，而農民將淪落成為農場工人，而製糖廠在建立大種植園後，將會採用先進技術，提高甘蔗產量，且嘉南大圳等大規模水利修建成功後，水利的發展和甘蔗種植技術的提高將徹底解決原料甘蔗的制約。[2]矢內原忠雄關於資本主義種植場的預想乃是基於以西方農業資本主義化模式為樣板的社會發展階段論，我們知道，他的這個預想沒有成為現實，日據時期臺灣的農業一直保留小農經營的模式。但矢內原忠雄關於蔗價決定於米價和米糖相剋乃日本國內糧食不足引起的結論為後來的學者所繼承。

　　日據後期，日本學者川野重任是以市場均衡模型來分析米糖相剋的。川野重任認為在蓬萊米和在來米的生產之間已達成良好的市場均

2　矢內原忠雄《帝國主義下的臺灣》。

衡。蓬萊米是用來出口到日本的，有較高的價格回報，這促使農民轉向蓬萊米的生產。但蓬萊米要求良好的灌溉、更多的肥料和肥沃的土地以及較高的地租，這就把較貧苦的農民排除在外，他們只能仍舊種植在來米。但是種植蓬萊米的農民在出售稻米後，他們需要購買食用在來米，這樣就拉高了在來米的價格，兩個米種之間形成了良好的市場均衡。但是，由於米和甘蔗之間的土地生產力發展不一致，又容易進行轉作，彼此之間難以形成均衡價格，所以米糖相剋其實是二者之間難以形成適當的價格比率。臺灣的稻米完全由小農種植，一直到日本發動侵略戰爭前夕，總督府對臺灣稻米生產和輸出進行管製之前，蓬萊米和在來米的均衡是由農民自行形成的。和稻米生產不同的是，甘蔗的產出和日本糖業資本直接相關。日本糖業資本投下鉅資設立現代製糖廠，不能讓設備閒置，原料甘蔗的短缺意味著資本閒置和利潤損失，因此日資糖廠積極推動蔗作。而在備戰之前，殖民當局在相關甘蔗種植的政策上，相比於稻米是積極得多，因此，川野重任認為米糖相剋問題是一個政治問題。[3]或許川野重任說稻米市場的均衡價格由農民自己形成這一點尚有討論空間，但他認為原料甘蔗問題是一個政治問題提示殖民當局的積極干預使得甘蔗價格難以由市場決定，在當時的情況下，他也只能講這麼多。

　　當代學者仍繼續深入探討這個問題。對米糖相剋問題用力最勤的大約要算臺灣學者柯志明，他對日據時期臺灣製糖業和農民的關係的研究是多方面的。他曾經比較臺灣和爪哇的糖業資本和農民的關係，這是兩個既產米又產糖的地區，同時也都存在著宗主國資本和土著農民錯綜複雜的關係，柯志明指出「臺、爪之間在糖業資本與農民關係以及米、糖部門關係上的差異主要是土著既存社經結構的特性（也即「傳統爪哇村落集體取向的農民社會與臺灣家戶個體取向的農民社會」）所造成的，直接化約到資本的邏輯，探討「資本主義化」徹底不徹底這種僵硬的視角誤導了問題。」[4]這主要是從社會學的角度來進行探討的，挑戰的理

3　參閱川野重任《日據時代臺灣米穀經濟論》，臺灣銀行經濟研究室編印，臺灣研究叢刊第
　　102種。

4　柯志明「糖業資本、農民、與米糖部門關係」，載《臺灣社會研究季刊》第12期，1992年

論對象顯然是矢內原忠雄。另外，柯志明也從經濟學角度分析米糖相剋問題，他主要利用依附理論關於邊緣地區（殖民地）產業部門之間發展不平衡來分析問題。殖民地內部存在著近代企業和傳統產業（農業部門），在近代企業發展的同時，保留傳統產業的不發展狀態是有利於近代企業獲取廉價的原料的。具體到日據時期的臺灣，在蔗價取決於米價時，保留低米價是有利於日資糖廠的，但蓬萊米輸出到日本有拉高米價從而影響到蔗價的情況。對於日資糖廠來說，要保證原料甘蔗的供給，有兩種方法，一是水平式擴展，增加蔗田面積；一是垂直式發展，提高蔗田的產量。而水平式擴展的成本要低於垂直式發展，是日資糖廠的首選。他指出「1920 年代以前，米作尚未發展，水平式擴張的阻力不大；1936 年以後米生產及米價受到殖民政府行政的壓抑（政府管製米生產（1936）及壟斷米出口（1939））使製糖公司得以再度遂行水平式的擴張。」[5]但是「米糖相剋」問題最集中體現的正是 1920—1940 這一段時間，1920 年代蓬萊米的馴化成功及出口到日本造成米作與蔗作爭田。日資糖廠固然不忘水平式擴張，但同時向各種原來的米作田（包括原來種植陸稻、水稻、番薯的水田和旱地）擴張。川野重任認為在這一擴張過程中，南部的旱地已經被利用殆盡，蔗田於是侵入中北部的水田，這就是米糖相剋問題中的「蔗田北進」。柯志明是比較反對「蔗田北進」說法的，他認為「北進爭地的問題也缺乏可資證明的資料。長期的（1908—40）統計資料顯示，南、北蔗作面積一直是一同增減，並無北部增加、南部停頓的現象。同資料也顯示，1910 年代中期以後，南、北蔗田占全島蔗田面積的比例已大致穩定，並沒有北部持續增加的跡象。南部蔗作區飽和導致甘蔗北上侵入中北部水田的說法是站不住腳的。」[6]柯志明所引用的《臺灣糖業統計》（詳下文）是一個重要的資料
　　蔗田究竟有沒有北進，這是稻蔗爭田的關鍵，這是一個實證性的問

---

　　5 月。

[5]　柯志明《所謂的「米糖相剋」問題——日據臺灣殖民發展研究的再思考》，載《臺灣社會研究季刊》第二卷第三、四期，1989 年。P95.

[6]　同上註。

題，以下我們從這個實證性問題入手，來進行我們的研究。

關於米糖相剋的實證研究

1，關於稻蔗爭田的統計資料分析

柯志明據以說明南、北蔗田一同增減的統計資料如下：

附錄1　南、北部蔗田面積及佔全島蔗田比

年度	南部蔗田 甲	北部蔗田 甲	南部蔗田佔 全島蔗田比	北部蔗田佔 全島蔗田比
1908	20891.99	7695.36	0.728	0.268
1909	30960.69	8010.11	0.793	0.205
1910	51130.20	12106.86	0.806	0.191
1911	72270.41	16720.80	0.808	0.187
1912	56305.82	18032.16	0.747	0.239
1913	46346.87	19719.98	0.688	0.293
1914	50696.63	23301.25	0.665	0.305
1915	55792.01	26645.86	0.655	0.313
1916	80466.59	30570.30	0.703	0.267
1917	86873.35	38046.74	0.670	0.293
1918	94284.81	50641.31	0.629	0.337
1919	75864.71	39732.00	0.630	0.330
1920	67244.27	37101.86	0.620	0.342
1921	74028.70	40483.72	0.617	0.338
1922	90511.28	45767.40	0.637	0.322
1923	76155.24	34866.20	0.653	0.299
1924	82581.91	35254.44	0.670	0.286
1925	84763.76	40442.76	0.650	0.310
1926	77929.13	40277.68	0.631	0.326
1927	64828.65	31953.44	0.639	0.315
1928	67519.67	36605.91	0.623	0.338
1929	77185.13	38197.46	0.643	0.318
1930	70408.41	34270.39	0.644	0.313
1931	62290.81	31988.68	0.629	0.323
1932	71061.42	32846.54	0.649	0.300
1933	57658.87	21980.63	0.684	0.261
1934	60199.94	25360.96	0.660	0.278
1935	78059.64	36490.65	0.642	0.300
1936	84904.39	36016.87	0.662	0.281
1937	83120.99	33745.67	0.667	0.271
1938	87019.36	39014.35	0.648	0.291
1939	104190.2	53368.27	0.623	0.319
1940	106395.47	56863.81	0.610	0.326

資料來源：《台灣糖業統計》第14期（1926年）：2—5頁；第29期（1943年）：4—5頁。
附註：北部地區包括台北州、新竹州、台中州、南部地區包括台南州、高雄州。

　　該資料顯示，從 1908 年到 1940 年，臺灣的蔗田總體呈現穩定增加
的狀態，無論南部或者北部，蔗田一直在增加中，而南部和北部的蔗田
所占比率大體穩定。其實，在「蔗田北進」的命題中，南、北部蔗田各
自所占比率這個概念意義不大，南部蔗田的增加可以被視為臺灣蔗糖業
增長的應有之義，這裡本來就是傳統的蔗作區，而中、北部則是傳統的
稻作區。一般來說，以濁水溪為界，以南（日據時期的臺南州、高雄州）
為蔗作區，以北（日據時期的臺中州、新竹州、臺北州）為稻作區，這
是符合自然條件的。臺灣島的南部，群山集水面積小於平原面積，水資
源不足，大部分土地只能開闢為旱地，種植甘蔗和番薯、芝麻、陸稻等
旱作。從荷據時期起，荷蘭殖民者就招徠閩南移民到島上插蔗熬糖，輸
出到西方去；鄭氏時期和清代，大陸移民在這裡大量種植甘蔗、製糖，
輸出到大陸和日本；日據時期，這裡仍然是甘蔗種植區。而濁水溪以北
的彰化平地、臺中臺地、新竹沿海平地、臺北盆地、宜蘭平地等，土壤
肥沃、水資源充足，適於水稻栽培。清康熙後期，移民開始開發這些地
區，水源豐富的地方基本被開墾成稻田，即使像桃園臺地這樣水資源不
充分的地區，移民也修建了許多蓄水池（俗稱陂）以種植水稻，因此，
臺灣島的中、北部一直是稻作為主，清代，這裡的產米銷往大陸，成為
福建的米倉。在缺水灌溉的地方，農民們種植旱作，自然也包括甘蔗。
但是甘蔗是一種喜溫作物，對日照時數和積溫有要求，雖然它在臺灣島
全島都能生長，但種在北部肯定不如南部，北部農民們種甘蔗只是對缺
水地區的土地資源的利用，對於甘蔗的產量、出糖率等並不計較。

　　與此有關的有一個資料是經常被引用的，就是康熙後期，臺灣知府高
拱乾看到農民熱衷於種植甘蔗，怕影響到糧食作物的種植，曾發佈一個諭
示，勸諭農民不要追逐糖利，放棄了糧食作物，造成糧食供應緊張。[7]這
個資料似乎說明稻米和甘蔗傳統上是臺灣的對抗性作物，兩者一向競爭
種植面積。但高拱乾的時代，臺灣的開墾剛剛越過斗六門（今雲林縣斗
六），已開發地區就是臺灣南部，這裡是傳統蔗作區，農民種植甘蔗是

---

[7]　高拱乾《臺灣府志》，臺灣文獻叢刊本，p250.

普遍而正常的，高拱乾擔心糧食作物不足也是可以理解的。雍正年以後，中、北部地方逐步開發，水稻大面積種植，稻米產出充足並輸出到對岸，官方也就沒有這種擔心了。實際上，高拱乾的諭示是清代僅見的例子。臺灣島的傳統農業區，按自然條件區分就是南部的蔗作區和中、北部的稻作區，這種情況一直延續到日據初期。而根據上表，日據時期中、北部蔗田面積大規模增加，這可以被視為「蔗田北進」。

　　川野重任曾根據臺灣總督府殖產局的《糖業統計》作出「（臺灣）州別甘蔗收穫面積之變遷」一表，統計日據時期臺灣各地甘蔗種植面積之變遷，其中，中、北部各州的變遷如下：

日據時期臺灣中北部甘蔗收穫面積（單位：甲）

	1907—1908	1917—1918	1927—1928	1936—1937
臺北州	817	4190	2858	2937
新竹州	4957	13988	6885	5253
臺中州	2920	32463	48709	25556

資料來源：據川野重任《日據時期臺灣米穀經濟論》p82 表格改製，略去南部、臺南州、高雄州以及東部臺東與花蓮港。

　　從上表可以看出，1910 年代前後，中、北部的蔗田猛增，臺中州（彰化地區和臺中地區）增加的最猛，而這裡是臺灣最重要的稻米產區。因此，川野重任說蔗田北進，侵入米作區是有根據的。1932 年（日本昭和七年）2 月 9 日至 26 日，日本《經濟時代》記者藤井鄉川在臺灣旅行，考察糖業[8]，在臺中地區看到帝國製糖會社的製糖廠屹立在稻田的正當中，藤井鄉川也知道這裡是傳統米作區，他所要報導的正是米作區當中的製糖企業在獲取原料甘蔗時的種種麻煩以及日資糖廠在不利條件下的增長。[9]那麼，都是誰和帝國製糖會社一樣在北進呢？讓我們從頭說起。

---

[8]　藤井鄉川《臺灣糖業の實際》「第二編　臺灣糖業行腳記」，「日治時期臺灣文獻史料文獻輯編第一四三號」，成文出版有限公司印行，p115,2010 年 10 月，臺北。

[9]　同前註。

2，關於「蔗田北進」的分析

（1）臺灣近代製糖業最初十年各製糖廠原料採取區域分佈

臺灣最早的近代製糖廠是三井系投資建立的臺灣製糖廠。日本佔據臺灣後，即確定「工業日本，農業臺灣」的殖民政策，而第四任臺灣總督兒玉源太郎與民政長官後藤新平即將臺灣製糖業確定為「國策」。日本佔據臺灣之初，因為鎮壓臺灣人民的武裝抵抗，軍費開支浩繁，其他事業費如土地調查費、鐵路、公路、港口、郵電等基礎設施費用龐大，而總督府收入僅有田賦和專賣，收支不抵，其時臺灣財政要仰賴日本本國財政的補助，而其時日本財政本身也吃緊，因此，兒玉源太郎與後藤新平乃提出「殖產興業」政策，殖產興業的內容為製糖業和礦產開發，但臺灣自然資源貧乏，殖產興業只能落實到製糖業上。臺灣總督府在1902年6月出臺「糖業獎勵規則」，從資金補助、原料保障、市場保護等方面獎勵近代製糖業。[10]其中，與我們論題密切相關的是原料保障，即原料採取區製度。1904年5月，鹽水港廳發佈了「製糖場取締規則」，為各個製糖廠製定劃分了原料地盤；鳳山廳與阿猴廳隨即仿效（這三個廳都是臺灣傳統蔗作區），在此基礎上，總督府於1905年6月發佈了「製糖場取締規則」，凡設立全部或部分採用新式機器的製糖廠應獲得總督府臨時臺灣糖務局的許可；獲得許可後，糖務局為其劃定相應的原料採取區域。其第三條規定，「臺灣總督府許可製糖場之設立或變更時，應限定其原料採取區域，……原料採取區域內的甘蔗，未經臺灣總督府許可，不得運出此區域，或供製糖以外之用途。」也就是說，該區域內的甘蔗只能賣給該製糖廠，而不能運出區域外或作他用（所謂運出區域外，就是指其他製糖廠的競買）。同時，該製糖廠有義務購買區域內的甘蔗。這個規則對後來各製糖廠的分佈、發展影響巨大。

三井系資本還在臺灣總督府「糖業獎勵規則」發佈前就瞄準了臺灣

10　糖業獎勵規則將獎勵對象設定為每天能消耗12000貫原料甘蔗的制糖廠，而這個能力在臺灣舊有糖廍的生產能力之上，因此就把臺灣大量舊式糖廍排除在外。實際上總督府的一個目的也正是要淘汰舊式糖廍。但其時改良糖廍尚不在被淘汰之列。

糖業，他們在 1901 年 1 月就登記、設立了臺灣製糖株式會社（以下簡稱灣糖），社長鈴木藤三郎等實地踏查，選址臺南州橋仔頭莊，這是臺灣傳統上最主要的蔗作區之一。在「糖業獎勵規則」發佈後，灣糖在 1906 年 12 月第一次增資以設立第二工廠，廠址仍在橋仔頭一帶，隨即又在土地肥沃、灌溉方便的後壁林設立第三工廠。灣糖的原料採取區域都在傳統蔗作區內，但為了獲取更多的原料採取區域，1909 年，灣糖合併了在灣裡擁有四間改良糖廍，同時擁有豐富、良好的原料採取區域的本地資本的臺南製糖；又在 1911 年合併了英商怡記，該英商工廠在臺南廳三崁店及鳳山，同樣擁有良好的原料採取區域。灣糖擁有如此之多的良好的原料採取區域還不放心，又幾次斥資購買土地，以及總督府無償劃撥荒地，設立了後壁林農場、阿猴農場、旗尾農場、橋仔頭農場，這樣，灣糖在原料供應上就高枕無憂了。[11]

　　日俄戰爭後，日本因引進外資及鐵道國營等原因，資金充裕，在臺灣總督府的糖業獎勵政策下，日資大舉進入臺灣製糖業。

　　首先，三菱系的明治製糖於 1906 年 12 月設立，之前，作為發起人之一和董事的相馬半治在實地踏查後，確定以臺南州的麻豆，蕭壠兩地作為廠址，並以嘉義廳的蒜頭一帶為候補地。嘉義也是一個旱作區，清代這裡的製糖業也很發達，但不如臺南地區和打狗地區（今高雄地區）。相馬半治作為臨時臺灣糖務局的技師，對此應當是深為瞭解的。次年 8 月，明治製糖收購了本地資本的麻豆製糖（自然是為了原料採取區域）開始了其製糖事業。1908 年 11 月，明治製糖在臺南佳裡設立了蕭壠工廠；1910 年 11 月在蒜頭設立蒜頭工廠；1911 年 12 月在臺南州麻豆設立總爺工廠；這樣，明治製糖奠定了其在臺灣製糖業中的基礎。[12]和灣糖相比，明治製糖的原料採取區域雖然略遜一籌，但也都在傳統蔗作區內，還是很不錯的。

　　與明治製糖前後腳到臺灣的是大日本製糖會社，其由東京日本精糖

---

[11] 參閱佐藤正藏編《臺灣之糖業》，1936 年，臺灣產業評論社；成文出版有限公司影印，p96—107；等。臺北，1910 年 10 月。

[12] 同上注。

和大阪日本精糖在 1906 年合併組成，為保證原料粗糖的供給而進入臺灣製糖業，1906 年 12 月在斗六廳五間厝設立虎尾工廠。其後，大日本製糖因日糖事件[13]破產，由藤山財團接收。大日本製糖多頭發展，在日本本國和朝鮮有精製糖事業，在爪哇也有製糖業，又在朝鮮和本國開發甜菜糖。在甜菜糖開發失敗後，乃又將事業重心轉回臺灣，1925 年，在虎尾設立產量英製 3000 噸的製糖廠，為日據時臺灣最大糖廠。當時諺語云「油價北港定，蔗糖虎尾榨」。[14]在日後臺灣製糖業的幾次合併過程中，大日本製糖收購了許多中小糖廠而成為和灣糖拮抗的臺灣最大的製糖企業之一，但在 1920 年代，它還是以嘉義、雲林為基地。嘉雲地區雖在濁水溪之南，但去臺南、屏東這兩個傳統最主要的蔗作區已較遠。大日本製糖被認為在農業方面下力氣較遲，但它的虎尾工廠區域跨虎尾、北港、嘉義、斗六四個郡，採取區域總面積 61538 甲，其中蔗作適合地 41032 甲，這其中不乏通過合併中小糖企而獲得的。[15]總的說來，大日本製糖在原料獲得上還是有保障的。

日據前期，在濁水溪以南，除了灣糖、明治製糖、大日本製糖三家壟斷資本的近代糖廠，還有一家規模小得多的中型糖企──鹽水港製糖。鹽水港製糖本是本地資本王雪農在 1903 年 12 月與郭春秧所創辦，位於臺南州新營郡鹽水港街岸內。日俄戰爭後，臺灣糖業繁榮，日資紛紛進入臺灣，佔據適合蔗作的區域以設立糖廠。日人槙哲、荒井泰治等以資本金 500 萬元組織鹽水港製糖株式會社，收買了王雪農的鹽水港製糖。[16]其時王雪農在 1905 年的糖價暴跌時，押匯損失 300 萬，被迫以所持股份抵債。[17]王雪農創辦的臺南製糖被灣糖合併已見前述，另外，他在 1906 年與他人（有本地人，有日本人）合作創辦的斗六製糖在 1914 年被東洋製糖會社合併。鹽水港製糖的原料採取區域在新營、岸內一

---

[13] 大日本制糖因過度投資資金套牢，又因股市暴跌導致糖價大跌而嚴重虧損，乃關說國會議員謀圖糖業官營以逃避損失，事情敗露後企業破產。

[14] 參閱楊彥騏《臺灣百年糖紀》，p42，貓頭鷹出版社，2001 年 7 月，臺北。

[15] 藤井鄉川《臺灣糖業の實際》，p99─100.

[16] 前引佐藤正藏書，p170.

[17] 前引楊彥騏書，p95─96.

帶，北面被新高製糖、明治製糖、大日本製糖的原料採取區域所包圍，傳統上是製糖的適合地方。[18]鹽水港製糖在日據時期幾次糖業合併中挺了下來，它雖然和灣糖、明治製糖、大日本製糖不可同日而語，但到日據末，它也成為製糖業四個會社之一。

20 世紀的最初十多年裡，是臺灣近代製糖業迅速發展的時期，日本大資本紛紛在南部搶佔適合蔗作的區域設立製糖廠，如上所述，三井系的灣糖、三菱系的明治製糖、藤山財團的大日本製糖以及鹽水港製糖已經把濁水溪以南適合蔗作的地區瓜分得差不多了，留給後到者新高製糖的地盤已經很少了。

新高製糖為大倉財團所有，其時，大倉財團在日本財團中排名第八。大倉財團起家於牡丹社事件中為日軍提供後勤服務，因此與臺灣總督府關係密切，兒玉源太郎與後藤新平提出「殖產興業、國策糖業」時，原來屬意大倉財團，但大倉財團並不看好臺灣糖業，沒有跟進，兒玉源太郎乃轉向三井系。1909 年 10 月，大倉財團方進入臺灣製糖業，以 500 萬元設立新高製糖，其時兒玉源太郎與後藤新平均已去職。如上所述，新高製糖設立時，南部適合蔗作的區域已經接近被瓜分殆盡了，新高的董事山田伸吾乃規劃，以適合生長製造紅糖的甘蔗的嘉義打貓地方設立嘉義工廠，另在彰化引進水田甘蔗，設立彰化工場。[19]山田伸吾農學出身，日本佔據臺灣之初就進行農業調查，1898 年發表《臺北縣下農家經濟調查》，任總督府殖產局權度課長，曾赴爪哇考察水田甘蔗。其時，臺灣引進的玫瑰竹種甘蔗適合水田栽種，因此，山田伸吾對水田區域發展製糖業充滿信心。後來，新高先著手彰化工場，嘉義工廠反而延遲。新高是第一個將近代製糖業引入水田區域者，也是臺灣糖業合併運動之前唯一一個進入中北部米作區的大資本。它這一來，引發了米糖相剋。

（2）中北部水田區的製糖企業

1909 年，與新高製糖差不多同時進入中部水田區的是本地資本和

---

[18]　前引藤井鄉川書，p114。

[19]　參暨南國際大學歷史學系閻林蘭芳「大倉財閥在臺灣研究成果報告」，www.docin.com.

日資合資的林本源製糖。[20]次年，帝國製糖也在中部設立。

　　帝國製糖是在松崗富雄設立的改良糖廍的基礎上建立的。松崗富雄原是公職人員，水田甘蔗引種成功後辭去公職開辦改良糖廍松崗製糖。1910 年 10 月，松崗富雄和安倍幸兵衛、山下秀實發起，資本金 500 萬，實收 75 萬，收購松崗改良糖廍和本地人的協和、臺中兩個改良糖廍作為出發點，設立臺中第一工廠；1912 年又設立臺中第二工廠，這是一家不大的糖廠，只有 300 噸的壓榨能力；1914 年又合併了擁有新竹製糖的南日本製糖株式會社，並建立酒精工廠和本土的精製糖廠，如此漸次發展，最後成為擁有好幾家粗糖製造廠和酒精廠，並有自備運輸船舶的較大的製糖企業。[21]帝國製糖的發展史可以說典型地代表了臺灣中北部中小日資糖企的特點，即以水田甘蔗和改良糖廍為基礎和出發點。臺灣傳統糖廍是以牛拉動兩個豎立的石碾子壓榨甘蔗，效益低。所謂改良糖廍就是將石碾換成鐵製的滾筒，並以蒸汽或柴油作為動力，效益提高非常多。日俄戰爭結束前，日本本土資金緊張，日資對於臺灣總督府的殖產興業政策沒有多少回應，總督府的替代性政策就是鼓勵改良糖廍的發展，其時本地資本設立了許多改良糖廍，根據製糖原料採取區域製度，這些改良糖廍都能獲得相應的原料採取區域。日俄戰爭後至一次世界大戰期間，日資大量投入臺灣製糖業，改良糖廍就成為日資合併的對象。中小日資無法像壟斷資本一樣投入大量資金設立大製糖廠，改良糖廍就成為他們的出發點。改良糖廍生產能力的擴大是很容易做到的，早期的改良糖廍多為單重三轉子壓榨，後期有變換為多重壓榨的，此外，簡單地增加壓榨機也可以擴大能力。傳統糖廍生產的是含蜜糖（紅糖），增添去除蜜糖的設備就可以製成分蜜糖（精製糖的原料粗糖），這樣，一個改良糖廍就轉型成為一家小型近代糖廠。改良糖廍利潤豐厚，這些都是很容易做到的。中北部的許多中小日資製糖廠就是這樣起家的。[22]佐

---

[20] 佐藤正藏認為 1908 年，有一座日壓榨能力 199 噸的改良糖廍在中部水田區設立，是制糖業進入水田區的嚆矢。改良糖廍的記錄少，此座改良糖廍尚難以查證，不知是否指松崗富雄所創辦的改良糖廍；另外，它還不是近代制糖企業。前引佐藤正藏書 p28。

[21] 佐藤正藏牽引書，p192。

[22] 參閱拙稿「日據時期臺灣改良糖廍研究」，載《臺灣研究集刊》1995 年 2 期。

藤正藏指出，帝國製糖樹立榜樣後，苗栗製糖、臺北製糖、南日本製糖等新式製糖廠在北部地方設立起來了。[23]在第一次世界大戰前後這一段臺灣近代製糖業的繁榮期，中北部建立了許多改良糖廍，這些改良糖廍有許多是本地資本設立的，但後來多數卻被日資所合併。譬如，王雪農在 1911 年設立億源糖米組合，並在 1915 年投入鉅資，推動大甲溪以南的 4500 甲土地的甘蔗種植。但在 1918 年，新高製糖擴展到大甲溪一帶，上述 4500 甲土地被無償編入新高製糖的原料採取區域，王雪農為獎勵甘蔗種植而向安部、增田屋、三井物產貸款的數十萬元血本無歸，億源改良糖廍乃被債權人合併到沙轆製糖。[24]其他許多資本比王雪農小得多的本地資本改良糖廍更是逃脫不了被兼併的命運。楊彥騏指出，「明治四十三年（西元一九一零年）是臺灣製糖工廠誕生的黃金年。這一年臺灣有臺北木村新三郎等人創立的臺北製糖株式會社；以小松楠彌為首的北港製糖株式會社；臺灣資本家王雪農等人投資的日資糖廠斗六製糖株式會社；以安部幸兵衛、松崗富雄、松方正熊為首的帝國製糖；臺北花田等人設立的中央製糖株式會社等等，臺灣新式製糖工廠從明治四十一年的八家，到明治四十二年增加幾乎一倍的十五家，明治四十五年（1912年）時全臺製糖工廠更多達廿九家，將近日俄戰爭時的五倍之多。」[25]在這 29 家製糖廠中，南部的都是一些大廠，也有個別小廠。而中北部，除了新高製糖的彰化工場，其他都是小廠，即使帝國製糖，這時剛起步，也是小廠；而中北部其他的廠大多是通過收購、合併改良糖廍成立，都是小廠，它們有基於水田甘蔗的，有基於旱地甘蔗的。總督府本來有個未明文的規劃，即南糖北米，即濁水溪以南為蔗糖區，濁水溪以北為稻作區。在蔗糖業的黃金期，這個設想被打破了，不過，來到濁水溪北面的製糖廠大多是中小日資。實際上，北部糖廠並不多，臺北的糖廠後來也關閉了，1928 年成立的昭和製糖原來在宜蘭有兩家工廠，後來也停產了一家。中小製糖廠主要還是位於中部地區的。總的說來，南部的糖

[23]　前引佐藤正藏書，p29。

[24]　大圖市藏《臺灣始政四十年史》「第四編產業第一章糖業 10 昭和制糖株式會社」。

[25]　前引楊彥騏書，p44。

廠是基於旱地的，而中北部的糖廠是基於水田的，[26]基於水田的糖廠在原料獲得上都有問題。帝國製糖的農務課長山本氏抱怨農民執著於水稻，他說，在米價不是很高時，相對於基於旱地甘蔗的糖廠，（基於水田的）帝國製糖的生產費還不是很高，而當米價升高時，雖然生產費用也高，但農民還是傾向於種稻，在稻作、蔗作收入相同的情況下，農民終究還是會種稻米。有鑑於此，帝國製糖收購甘蔗的價格並不是一開始就定下來的，而是比照稻米的市場價格來決定收購甘蔗的價格，[27]此即米價比准法。據吳育臻研究，米價比准法只出現在中北部，尤其中部的臺中州；至於南部，僅是東洋製糖[28]在傳統上有埤圳灌溉的臺南州地方實行過幾年，臺南州其他地方和高雄州均未實行過。[29]可見，所謂的米糖相剋，主要發生於中部。而相對於小廠，新高製糖、帝國製糖、林本源製糖這三家糖廠可以說是處於米糖相剋問題的中心。

　　綜上所述，日據時期臺灣的近代製糖業起始於 20 世紀初，在最初的十年裡，主要是日本大資本在南部旱作區設立近代大糖廠；第一次世界大戰前後，是日據時期臺灣近代製糖業大發展時期，除了大資本繼續在臺灣南部設立糖廠之外，一些中小日資（這些中小日資有來自日本本國的，也有島內日本人的資本。）在中北部設立了一些小規模的糖廠，這些糖廠多基於水田甘蔗，引發了稻蔗爭地即米糖相剋。1920 年代，蓬萊米在臺灣引種成功，並輸出到日本，稻米的主要種植區為中北部，米糖相剋問題乃尖銳化。1930 年代中期，因日本本國對殖民地稻米的需求已不迫切，且日本已開始走向備戰道路，殖民地當局乃開始管製臺灣的稻米生產，並壟斷稻米出口，米糖相剋問題在當局的行政控製下不再凸顯。

---

[26] 藤井鄉川前引書，p121。

[27] 佐藤正藏前引書 p176。

[28] 東洋制糖是一家專事收購改良糖廍的會社，後來在 1927 年 12 月被大日本制糖所合併。

[29] 吳育臻《「米糖相剋」問題的空間差異（1895—1954）》，臺灣師範大學地理學系學位論文，2002，華藝線上圖書館，www.airitilibrary

結語

　　一般而言，宏觀理論多著眼於總體形勢。假如我們以帝國主義理論作為分析工具的話，可以發現，日據時期，臺灣製糖業成為日本資本的一個有利的投資場所，但同時，日本又需要殖民地的初級產品——稻米和粗糖；正如列寧所說的要從一頭牛身上剝下兩張皮；而正是資本輸出和初級產品的需求同樣旺盛時，米糖相剋的問題就發生了。但我們可以更進一步深入對資本構成進行分析，柯志明認為日資為降低成本而在原料甘蔗種植上實行水平式擴張，這是不錯的，但大資本在南部旱作區的擴張未引致明顯的問題，而中小資本在中部地區的擴張卻引起了米糖相剋。在殖民地，大資本占盡天時地利，而中小資本也努力要分一杯羹。實際上，在割臺之初，就有許多日本人來臺灣尋求機會，而殖民當局中的一些公職人員因佔據有利地位而容易獲取機會而進入工商領域，松崗富雄等人是典型的個案，他們一般資金較少，但和日本國內的中小資本結合，利用殖民地政府對宗主國資本的有利政策，壓迫蔗農，也能逐步取得發展。以前對他們的研究是比較少的，也缺少理論框架來處理殖民地的中小資本研究，這是今後可以考慮的一個研究領域。

制度、地方官、「漢番關係」
－關於清代臺灣「番政」形成的一些考察

摘要

　　清代前中期，因漢人移民拓墾臺灣丘陵山地，引發了許多「番害」問題；而在平地的拓墾中，「番產」的保護則成了一個十分棘手而又迫切需要解決的問題。清廷平定臺灣之初針對臺灣全島分佈著許多土著民族的事實，未制訂專門的少數民族政策，而適用全國的政策。在以後「防番」和「護番保產」的過程中，經朝廷和地方官之間反復的調整，終於在清代中期初步形成了「番政」。該「番政」雖然以「三層制分佈」模式為基礎，然而我們不可過分強調該分佈模式的政治性目的。

關鍵字：「番害」、「護番保產」、「番政」族群政治

　　近年來，平埔族研究在臺灣島內成為「學術新寵」，平埔族歷史研究日益深入，並上升到理論層次的探討，就中，柯志明的《番頭家》一書被譽為「近年來難得一見的臺灣史學術論辨作品。」臺灣學者張隆志認為，柯志明在《番頭家》一書中「以清代國家與臺灣土著地權作為核心課題，對於美國學者邵式柏（John R Shepherd）及臺灣地理學者施添福的重要理論與實證研究成果，進行細密而嚴謹的論證，更進而在新史料及方法論的基礎上，建立其關於十八世紀臺灣番政改革與清代番租類型演變的替代性理論與歷史解釋」，具有強烈的科際對話與學術論辯的研究風格。[1]柯志明學術論辯的主要對象是美國學者邵式柏的理性國家說範型。該範型認為「邊區政策的形成主要是清廷因應臺灣社會經濟環境的變化，不斷估量國防策略、控制成本與稅收潛能下所產生的效果。」具體地說，「邊區的控制成本與土地稅收兩者間的平衡決定了政府到底要支持土著地權的主張，還是偏向接受漢人農業的擴張以便就新墾地課稅。」邵式柏認為「基於上述邊區臺灣的統治經濟學，不少官員確信最有利於政府的做法是保持平埔族的生計，包括他們的土地權益，並于有事時招募他們的武力鎮壓漢人及其他原住民的叛亂。」[2]對此，柯志明提出了「族群政治」的替代性理論範型。「族群政治」「意指清廷操弄高山族、平埔族與漢人間的關係，以及因之而形成的衝突／結盟過程。從族群政治的視角出發，舉證清廷如何透過重新配置「熟番」地及界定「熟番」地權，捏塑族群關係，以利其有效統治。」[3]張隆志指出，無論邵式柏或柯志明，都是在「國家—漢人—熟番」三行動者的架構內探討地權變遷，以此作為理論探討的實證分析基礎的。張隆志指出，無論「族群政治」或「理性國家」範型，基本仍是以清廷「番地」政策過程為主軸的歷史敘事，而未展開為由皇帝、中央、省、地方、差役胥吏等階層

[1]　張隆志：《學術論辯、科際對話與臺灣歷史社會研究——讀柯志明〈番頭家：清代臺灣族群政治與熟番地權〉》」，載「中研院」臺灣史研究所籌備處《臺灣史研究》第八卷第一期，2001 年 6 月。

[2]　John R Shepherd,《Statecraft and Political Economy on the Taiwan Frontier,1600—1800》.

[3]　柯志明：《理性的國家與歷史的機遇——清代臺灣的熟番地權與族群政治》，載「中研院」臺灣史研究所籌備處《臺灣史研究》第六卷第二期，1999 年 12 月。

所構成的複雜的清代官僚體系内部運作的歷史圖像。[4]

張隆志對於國家這個角色的分解，啟發了我們探索複雜的歷史圖像的興趣。理論範型出自實證分析，而細緻深入的實證分析，對於「國家—漢人—熟番」架構中任一行動者的深入分析，無論對舊有範型的修正或新範型的產生，都將起一個鋪墊的作用。基於此，本文將對構成「國家」這一行動者的要素——地方官員在清代前中期「番政」中所起的作用作一探討。本文將把「國家－漢人－熟番」這個三行動者的分析架構發展為：

→漢人

朝廷—制度—地方官

→「番人」（「熟番」、「生番」）

這樣一個分析架構。在這個架構内，地方官在國家制度和政策（包括「番政」）的框架内行動，政策通過他們得到實施，而他們又把政策實施狀況回饋給朝廷，以供朝廷對政策進行調整。本文所涉及的地方官包括省、府、州縣三個層次的官員及朝廷派到臺灣的巡臺御史。御史雖位列臺閣，但官止七品。康熙六十年清廷設立巡臺御史制度，御史「評論（臺灣）時政，條陳臺灣事宜，提出自己意見的例子倒不少，而且大部分為清廷所採納，其中甚至不乏對臺灣地方社會和歷史發展有較大影響者。」[5]根據御史的職能和行為，我們把御史也包括在地方官的範疇裡。

清廷平定臺灣後，設立一府三縣，雖然臺灣為邊疆地區，且居住著廣大的土著民族，但清廷沒有像在雲、貴、川、湘、鄂等省的少數民族地區一樣，實施土官制度。這麼一來，（乾隆中期以前）地方官在處理與土著民族相關的事務時，也就只能在一般的直省制的州縣體系的框架内來行動。以下，我們分別就地方官處理「生番」、「熟番」事務的情況加以討論。

4　John R Shepherd,　《Statecraft and Political Economy on the Taiwan Frontier,1600—1800》.

5　李祖基：《清代巡臺禦史制度研究》，載《臺灣研究集刊》，1989 年第 1 期。

地方官與「番害」

　　清代臺灣的「番害」即「生番」出山獵首問題。獵首是土著民族的習俗，在清代臺灣長期存在。首任臺灣知府蔣毓英說「（番）好殺人取頭而去，漆頂骨貯于家，多者稱雄。此則番之惡習也。」[6]但其時西南沿海平原的平埔族西拉雅族群已漸漢化，中部、北部及鳳山縣南部尚未開發，所以「番害」問題並不明顯。康熙五十年以前，高拱乾、周元文在他們各自修撰的府志裡都記載「再入深山中，人狀如猿猱，長不滿三尺，見人則升樹杪。人欲擒之，則張弩相向，緣樹遠遁。亦有鑿穴而居，類太古之民者。性好殺人，取其頭，剔骨飾金懸於家，以示英雄。」[7]顯系耳聞，而非目睹，似乎深山土著是一個遙遠的事情。但康熙五十年以後，流移開墾北已漸過斗六門（今雲林縣斗六鎮），南則向琅嶠方向不斷拓展。清廷只得調整行政區劃，雍正元年增設彰化縣「駐紮半線，管轄（北部）六、七百里」。雍正九年，又將大甲溪以北地方的政務劃歸淡水同知，淡水廳由原來的分防廳變成屬廳，以適應漢人移民大量湧到的情況。隨著漢人移民和土著民族互動愈來愈頻繁，如何妥善處理民「番」交涉事務的問題就變得十分現實，特別是當漢人移民拓墾沿山地帶時，解決漢人和「生番」的接觸和衝突引起的「番害」問題就顯得十分迫切。對於「生番」，最為上策的似乎是招撫他們歸化，然而，「生番」歸化之後如果不能妥善地安置，結果可能更糟糕。從雍正年間地方官的奏摺來看，這一時期先是大力招撫「生番」歸化，緊接著就出現層出不窮的「番害」事件。如雍正二年十一月二十六日，臺灣鎮總兵林亮奏報，他共招撫得「生番」65 社，男婦共有 5799 名口來歸化；巡臺御史禪濟布，福建巡撫黃國材等等先後也都有「生番接踵歸化」的摺子，並借機頌揚雍正的「聖德」。[8]雍正不算糊塗，在一片歌功頌德聲中就曾批示過

6　蔣毓英：《臺灣府志》卷之五，土番風俗。

7　高拱乾：《臺灣府志》卷三，風土志；周元文《重修臺灣府志》卷七風土志，土番風俗。按：兩志文字幾乎完全相同。

8　《臺灣原住民史料彙編 7，故宮博物院清代宮中檔奏摺臺灣原住民史料》「雍 002」雍正二年八月二十四日，福建臺灣鎮總兵官林亮，「奏報生番歸化情形折」；「雍 003」雍正二年

「今日之接踵歸化固可喜，又在地方文武官員弁緝安得法也。不然亦當防異日背叛逃亡之可愧方好。爾等封疆大吏不可不預為籌畫。」[9]歸化後的「生番」如何安置確實是一個難題。林亮等人在招撫到「生番」後，都是「飭行道府採買鹽布等物給賞」，「仍令通事人等伴送各番回社」等等，其次就是要求他們輸餉，以示歸化。「生番」的景況並沒有得到改變，這恐怕不能令歸化「生番」滿意，而生出「歸化生番」叛服無常的事情來。據黃叔璥「番俗六考」載「康熙六十年，阿里山、水沙連各社乘亂殺通事以叛。六十一年，邑令孫魯多方招徠，示以兵威火炮，賞以煙布銀牌。十二月阿里山各社土官毋落等、水沙連南港土官阿籠等就撫。雍正元年正月，水沙連北港土官麻思來等亦就撫。」[10]雍正年間，彰化地區的「番害」事件，也多和水沙連社有關。

「番害」是最令地方官頭痛的事情。前面我們說過，清廷是按直省制的州縣體系建立清初臺灣的行政設施的，因此，「番害」也就應當按州縣體系的命案模式來處理，而不像貴州等實行土官制的地區，「紅苗」（「生苗」）殺人，由土官和地方官府共同處理。

命案必破，兇犯必獲，是清代州縣體系命案處理模式的基本原則，也是清代州縣官的重要責成。如果在規定期限內命案未破，兇犯未獲，州縣官要受到罰俸、停薪留任、降調等處分。其上司也要承擔一定的領導責任。而如果遇到一次殺三四人以上的命案，則責成更重。[11]「番害」事件，最棘手的，就是「生番」獵首後逃回「番界」，難以捉拿。福建巡撫毛文銓在奏摺中說「臣檢查卷牘，凡系生番殺害人民之案，十有九懸緝拿，究抵甚屬寥寥。」[12]因為「生番」獵首，情況特殊，所以命案必破的原則實行起來頗為困難，但地方官負有責成的原則則難以更改。

八月二十四日，巡視臺灣監察禦史禪濟布等「奏報生番接踵歸化摺」；「雍006」雍正二年十二月二十四日，福建巡撫黃國材「奏報生番歸化摺」，「雍009」雍正三年三月十六日，巡視臺灣監察禦史禪濟布「奏報生番歸化日眾摺」等等。以下凡出自該《彙編》的奏摺，只注明編號，不再一一注明出處。

9 「雍008」雍正三年三月初一日，福建巡撫黃國材，「奏報彰化縣生番歸化折」。
10 黃叔璥《臺海使槎錄》「卷六，番俗六考，北路諸羅番二」。臺灣銀行臺灣文獻叢刊第四種。
11 參閱瞿同祖《清代地方政府》第七章：司法。法律出版社，北京，2003年7月。
12 「雍018」雍正三年十一月十九日，福建巡撫毛文銓「奏報臺灣生番為患情形摺」。

如雍正九年八月四日，彰化縣打廉莊莊民李諒等往水沙連口浚通水道「被生番鏢死，割去頭顱」，因「彰化縣談正經參革，縣官尚未委署，未有責成。」[13]而鳳山知縣彭之曇，雍正六年十二月二十六日到任，二十八日即有「生番殺人」事件，因任職僅二日，被認為「情有可原」，七年二月初一日，又有「生番」殺死「熟番」七命，未積極追捕「凶番」，遂被「參革」。[14]清制，命案必須報刑部，雍正則要求「生番殺人」事件要報到他本人那裡。雍正在御史禪濟布於雍正三年三月十六日的奏摺上批道「聞有生番殺人之事，為何未奏？」禪濟布、景考祥在後來的奏摺中表明，這主要是當地地方官的職責，道「**本年三月內，臣景考祥至福建省城即聞有羅漢門凶番傷人之事，隨即與原任總督臣滿保商議。據督臣滿保雲此係人命事情，地方官自當照例具奏者也。**」他不敢「冒昧」具奏，並表明今後如遇「生番」殺人案件，「地方有司必報知督撫，一一獲其兇手，以正王法。斷不敢隱匿不究，致縱凶番之性也。」[15]至於一次殺多人的「番害」，因案情重大，則一定要破。如雍正六年十二月二十八日，邱仁山等 14 人被殺及雍正七年二月初一「熟番」七命被殺，案情重大，對邱仁山案，發兵六七百名，又民壯、熟番各數百名，攻破水沙連「番社」，對鳳山「熟番」被殺案，臺灣總兵發兵 410 名「剿拏」，攻破山豬毛「番社」。最後並經審訊、質證，拿獲真凶，等等。[16]一次殺7 人、14 人，案情重大，非破不可，所以興師動眾，但並不是每一次「番害」事件都能發兵緝拿真凶的，所以地方官希望最好不要發生「番害」事件。而要不發生「番害」，就要漢人不入「番界」，「生番」不出「番界」。福建總督高其倬說「番人焚殺一節，此事情節中有數種：一則開墾之民侵入番界及抽籐弔鹿，故為番人所殺；此應嚴禁、嚴處漢人，清立地界，不應過責番人。一則番社俱有通事，通事刻剝，番人憤怨之極，

---

[13] 「雍 019」雍正三年十二月初二日，巡視臺灣監察禦史禪濟布「據實呈報番害情形折」。

[14] 「雍 052」雍正七年三月十六日，巡視臺灣史科給事中赫碩色等「奏報鳳山縣生番殺人緣由摺」。

[15] 「雍 009」雍正三年三月十六日，巡視臺灣監察禦史禪濟布「奏報生番歸化日眾摺」；「雍 015」巡視臺灣監察禦史禪濟布等「奏報凶番殺傷汛兵摺」。

[16] 「雍 054」雍正七年四月十一日，臺灣總兵王郡「奏報剿拏鳳山縣殺人生番摺」。

遂肆殺害，波及鄰住之人，或舊通事與新通事爭佔此社，暗唆番人殺人；一則社番殺人數次，遂自恃強梁，頻行此事，殺人取首，誇耀呈雄，此應懲創番人，以示禁遏。臣再四詳思，治番之法，最先宜查清民界、番界，樹立石碑。如有焚殺之事，即往勘查，若民人侵入番界耕種及抽籐弔鹿致被殺死，則懲處田主，並懲處縱令擾入番界之保甲鄉長、莊主；如漢民並未過界，而番人肆殺，則應懲處番人。」[17]高其倬其實是總結了大多數地方官的看法，類似說法，在奏摺中俯拾皆是。因此，地方官都要求嚴立界。如毛文銓說「在於逼近生番交界之間，各立大碑，杜其（漢人）擅入。」高其倬也說「治番之法，最先宜查清民界番界，樹立石碑，則界址清楚。」[18]康熙六十一年，在朱一貴事件平定以後，清廷曾自南而北，在 54 個地方立石為界，以禁漢人進入「番界」，[19]高其倬就是想重新加強這道界線，他說「臣已行令臺灣文武，又與新府縣面說，令會同澈底查清楚，隨其地勢，或二十步、三十步，立碣刻字。既定之後，不許擅移尺寸。」[20]立這麼多石碑從經費上來講根本是不可能的，不過它表示了地方官「隔絕番漢」的迫切心情。清政府究竟立了多少石碑現在已經無法弄清楚，但在康、雍、乾三朝，它確實立了許多石碑，並挑挖了一些土牛溝，形成了一條分界線。[21]

　　從以上分析來看，「隔絕番漢」的一個考慮因素是治安問題，而「族群政治」範型則認為「隔絕番漢」目的在於防止漢人勾結「生番」作亂。應該說，最初立石劃界，這兩個考慮因素都存在。清初，一些深謀遠慮的地方官員確實考慮到漢人勾結「生番」作亂的可能，如巡臺御史赫碩色就曾上奏「臣等細察情形，聞向來內地姦民，間有學習番語，娶其番婦，認為親戚，居住生番界內者。並將鹽、鐵、火藥等物販賣與番。及今不為嚴禁，將來關係不淺。臣等愚見，請嗣後更定嚴例，畫定生番界址，不許番民出入販賣物件，一切火藥、鹽、鐵，尤宜查禁；將生番社

<hr>

[17] 「雍 042」雍正五年七月初八日，福建總督高其倬「奏報臺灣地方政務（番人焚殺）摺」。

[18] 「雍 042」雍正五年七月初八日，福建總督高其倬「奏報臺灣地方政務（番人焚殺）摺」。

[19] 「雍 042」雍正五年七月初八日，福建總督高其倬「奏報臺灣地方政務（番人焚殺）摺」。

[20] 黃叔璥《臺海使槎錄》

[21] 參閱施添福《清代臺灣竹塹地區的土牛溝和區域發展》，載《臺灣風物》四十卷第四期。

內通事一概革逐，如有擅入生番界內，並販賣違禁物件者，定例置以重典，其地方官弁縱容、失察者，亦定議加倍治罪，如此庶生番不致為害，而地方可相安無事矣。……」然而從所謂的「三年一小反，五年一大反」的清代臺灣史來看，漢民勾結「生番」作亂的情況主要存在於赫碩色等官員的擔心之中，地方官和朝廷也都很快就明白了這一點，如乾隆十四年，福建巡撫潘思榘說「奸民抽藤吊鹿，入其界內，侵其田土，致被殺害，原非無故出而肆橫。然臺地犯法民人不敢竄入其境者，亦賴生番之獷悍也。」[22]立石劃界的作用，則主要體現在防範「番害」的治安方面，構成了清初「番政」的一個主要內容。

　　一條由石碑和土牛溝構成的界線，根本阻擋不了漢人移民的開墾潮流，在實踐中，一些地方官逐漸形成了「使生番在內，漢民在外，熟番間隔於其中」的想法。（即「族群政治」範型所說的「三層制族群分佈」。）[23]這個想法在福康安奏請設屯後最終實現。然而其之所以能夠實現還有一個原因，即眾多「熟番」失去了他們的土地，流離失所。康雍年間，隨著漢人移民的不斷拓墾，逐漸形成了「生番群聚內山，熟番錯居社地，漢民散處各莊」分佈態勢，「番社」和漢莊錯雜分佈。只有當「熟番」原有的土地大量流失以後，他們才有可能被重新配置於沿山的屯地。許多地方官曾努力阻止「番產」流失，「護番保產」，然而他們未能成功。

地方官與「護番保產」

　　上面我們談了地方官在清代制度框架內處理漢人移民和「生番」衝突時的行為方式。同樣，因「漢番雜處」，特別在漢人移民拓墾土地的過程中，也會和「熟番」發生各種關係和衝突，須地方官去調解、處理。這些事務，有的容易處理，有的則很棘手，尤其是圍繞著土地的事務，

---

[22] 「雍051」雍正七年三月十六日，巡視臺灣史科給事中赫碩色等「奏陳臺灣地方事宜（嚴定番民界限）摺」；「乾001」乾隆十四年三月十二日，福建巡撫潘思榘「奏為整頓臺灣侵墾番界情形摺」。

[23] 高山「陳臺灣事宜疏」，《清奏疏選彙》，臺銀文叢本，第256種。

一直是漢人移民和「熟番」之間難以解決的問題。

　　清代早期，在關係「熟番」的事務上，地方官處理得較為順手的是裁革「社商」、「通事」問題。

　　清初社商危害「番社」甚烈，如所周知，「贌社」制度始自荷據時期，鄭氏因之，清初亦承襲。《諸羅縣誌》載「贌社亦起自荷蘭。就官承餉曰社商，亦曰頭家。……（番）五穀、雞豚、飲食之外，凡所生息，唯社商估計，皆習為固然。」[24]與社商制度相為表裡的是通事制度，康熙末，黃叔璥說「社番不通漢語，納餉辦差皆通事為之承辦。」[25]則通事職責為傳達地方政令。通事之創始今已無考，江日昇《臺灣外紀》記鄭氏事已有通事，似乎非創設自清代。康熙中，郁永河有同樣的記載，「彼（土著民族）終世不知白鏹為何物，又安所得此以貢其上？於是仍沿包社之法，郡縣有財力者，認辦社課，名曰社商。社商又委通事、夥長輩，使居社中，凡番人一粒一毫，皆有籍稽之。射得麋鹿，盡取其肉為脯，并收其皮，日本人甚需鹿皮，有買舶收買；脯以鬻漳郡人，二者輸賦有餘。然此輩欺番人愚，朘削無厭，視所有不異己物；平時事無巨細，悉呼番人男婦孩穉，供役其室無虛日，且皆納番婦為妻妾，有求必與，有過必撻，而番人不甚怨之。」[26]

　　地方官們在康熙後期就開始革除社商、通事制度。《諸羅縣誌》載「年來革去社商，各社止留通事一人。丁酉間，觀察梁公行縣至淡水，並詳革通事名色；其司社餉、差徭之數者，曰書記。嚴立條約，而諸番剝膚之痛益以蘇矣。」[27]

　　但通事的革除有一個過程，因新「歸化」、「內附」的「番社」尚須借漢人通事以傳譯。「番社」內附日久後，乃採取用通漢語的「熟番」自任通事取代漢人通事的方式，革除漢人通事。最著名的例子就是乾隆年間將大通事張達京逐回原籍，而以岸裡大社土官敦仔自任通事。道光

[24] 周鐘瑄《諸羅縣誌》「風俗志」。
[25] 黃叔璥《臺海使槎錄》「番俗六考」。
[26] 郁永河《裨海紀遊》。
[27] 周鐘瑄《諸羅縣誌》「風俗志」。

五年，淡水同知吳性誠說「新港、貓閣社……，祇因從前番黎初化，不諳書算，是以將課租議付通事李瓚英代收繳，發給口糧。……茲哲生等歸圖已久，頗知書算，稟請發給示諭還管，收租完課等情。」顯示在全島用「熟番」自任通事取代漢人通事有一個過程。

清初社商與通事危害「番社」，地方官革除之，似乎並未費很大力氣，一個原因在於贌社與通事均非清朝制度，朝廷與地方官對其廢除均無異議。但如果事情牽涉到清朝的制度，就不那麼好辦了。「番地流失」之所以難以得到有效的控制，其中一個原因就是牽涉到清朝的土地制度。

「番地流失」有兩層含義。其一是早期「番社」的「鹿場」、「草地」被漢人移民請墾而失去的問題；其二是後來「番社」或「番人」的地產通過交易而流失。

早期「番社」土地的流失與清朝「不立田制」（即不界定土地所有權）以及清初的墾荒政策有關。明清之際，多年的戰亂使許多土地荒蕪，嚴重影響到清初的稅收來源——田賦的徵收。順治六年，清廷全面推行墾荒政策，規定「察本地方無主荒田，州縣官給以印信執照，開墾耕種，永准為業。」[28]康熙、雍正二朝基本承繼此一政策。我們應注意，在這個政策中並未對無主荒地的地權做出解釋或界定，在大陸推行墾政的實踐中，僅將前明王室的土地界定為「更名地」，鼓勵民間開墾，此外再不見有地權方面的界定、解釋。[29]實際上，宋代以來，不立田制一直是一個傳統，無主荒地，包括原有主而拋荒者，只要沒有人提出異議，開墾者經報墾升科後，均可獲得官府承認的地權。康熙後期，在全國推廣的墾政也波及到臺灣，我們在陳賴章墾號的開墾執照中看到「竊照得臺灣荒地，現奉憲行勸墾」，雖然清廷奉行「為防臺而治臺」的方針，不鼓勵移民大量到臺灣進行墾荒，但康熙後期已有許多移民在臺灣南北兩路進行開墾。在移民的拓墾中，清政府馬上遇到一個新問題，即臺灣的

---

[28] 《清世祖實錄》卷四十三，順治六年四月二十四日。
[29] 《清會典》對田地有種類的劃分，如旗地、屯地、蕩地等分類，並指明旗地、屯地不准買賣，但未從地權上加以分類。

無主荒地如何界定。「熟番」實行狩獵和遊耕農業，許多荒地是他們的「鹿場」和休耕地，到底算不算「無主荒地」？康熙本人曾垂詢曾任臺廈道的福建巡撫陳璸，「臺灣荒地是何如？」陳璸認為「臺灣（按：應指臺灣縣）原無荒地。南北路荒地雖多，俱是土番鹿場。他們納餉、養家，俱於是出。若將此荒地墾了，便沒了鹿場，便失了生業。所以撫臣久經出示嚴禁，不許土棍人等往南北路藉名開墾，擾害土番，方得相安無事。」他認為鹿場等荒地屬於「土番」是有法律根據的，他說「內地人民輸課田地，皆得永為己業而世守之。各番社自本朝開疆以來，每年既額餉輸將，則該社尺土皆屬番產，或藝雜籽，或資牧放，或留充鹿場，應任其自為管業。」[30]但陳璸也主張漢人移民拓墾臺灣荒地。他說「臺尤宜穀之地也。按北路諸羅縣屬二千三百餘里，南路鳳山縣屬六百餘里，臺邑中路東西五十餘里，其間曠土尚多，棄之可惜。漳泉等郡民居僅一水之隔，應廣為招徠，以閑曠之地處之，使之畊食鑿飲，安居樂業於其中。」[31]看來，他的意思是「番社」的農地、休耕地、鹿場等皆為「番地」，應予保護。他說「應將請墾番地，永行禁止，庶番得保有常業，而無失業之嘆。」[32]而「番地」之外的曠土才屬移民可以請墾的無主荒地。陳璸講這個話時，是康熙五十四年，「流移開墾已漸過斗六門」，在事實上已有許多移民正在開墾，而臺灣又獨具「番社」問題的情況下，客觀上要求對「番地」，「無主荒地」做出界定，以規範漢人移民的土地取得問題。

但康熙朝未見清政府對「番地」做出明確界定。實際上，從全國範圍均不立田制的狀況來看，不太可能專門去界定臺灣的「番地」，在這種情況下，康雍年間就出現了「勢豪混冒請墾，縣官朦朧給照」的情況，一般都是進行拓墾的墾戶與「番社」的土官、通事約好，代「番社」納餉，並贈予牛酒花紅，獲得他們具結該荒地「與民番無礙」，即可向縣官申請執照，獲得該地塊的開墾權。（即如順治六年的規定裡說的「州

[30] 《陳清端公年譜》，臺銀文叢本 207 種；《陳清端公文選》，臺銀文叢本，116 種。
[31] 《陳清端公年譜》，臺銀文叢本 207 種；《陳清端公文選》，臺銀文叢本，116 種。
[32] 《陳清端公年譜》，臺銀文叢本 207 種；《陳清端公文選》，臺銀文叢本，116 種。

縣官給以印信執照。」）如著名的陳賴章墾戶於康熙四十七年請墾「上淡水大佳臘地方，有荒埔一所，東至雷裡秀朗，西至八里坌、干脰外，南至興直山腳內，北至大浪泵溝，四至並無防礙民番地界。」臺灣學者陳宗仁根據其四至指出，這是一片極其廣大的地區，陳賴章墾號根本無法全部開墾。[33]這只能說是一種圈地行為，如同臺灣知府沈起元在雍正七年說的「至漢民開墾，向來請墾，混以西至海，東至山為界。一紙呈請，至數百甲而不為限。」[34]在這種漢人移民廣泛開墾的情況下，康熙後期已形成「鹿場半被流民開」的局面。

面對這種漢人移民「混冒請墾」的局面，有的地方官對「熟番」的前景憂心忡忡，如諸羅縣令周鍾瑄在康熙五十多年時說「自比年以來，流亡日集。以有定之疆土，處日益之流民，累月經年，日事侵削，向為番民鹿場、麻地，今為業主請墾，或為流寓占耕。番民世守之業，竟不能存什一於千百。」[35]然而，他們只能在國家制度、政策的框架內行動。在「番地」未被國家正式承認的情況下，他們頂多只能在漢人移民的請墾活動中，小心謹慎地採取一些「護番」行為，如臺灣兵備道王敏政，在漢人移民請墾時，必認真調查該荒地是否真的「與民番無礙」，督促開墾者認真履行與「番社」的契約，等等。但這種行為的效果是有限的，和地方官們在革除社商、通事時的作為相比，也軟弱無力得多了。

雍正二年，清廷正式將墾政推廣到臺灣，複准「福建臺灣各番鹿場閒曠地方可以墾種者，令地方官曉諭，聽各番租與民人耕種。」[36]這裡似乎「鹿場」已被認為屬於「番社」，但該條文的目的在於墾政的推廣實施。根據該條文，漢人移民以向「番社」租墾「鹿場」的形式請墾，是完全合法的。於是，雍正年間，漢人移民多採取贌墾方式，以「番社」為業主，向他們贌墾「鹿場」等「番地」，繳納「番租」。然後再將贌得的「番地」給墾於小農，自己實際上仍當業主。由於番租一般均很低，

[33] 陳宗仁《從草地到街市——十八世紀新莊街的研究》，稻香出版社，臺北，1996 年。

[34] 沈起元，「治臺灣私議」，臺灣銀行經濟研究室編輯《清經世文編選錄》，臺銀文叢本 229 種。

[35] 周鍾瑄「上滿總制書」，蔣師轍《臺灣通志》，臺銀文叢本 130 種。

[36]《清會典臺灣事例》。

他們和康熙後期請墾荒地的墾戶沒有什麼區別。[37]這一時期不見地方官們有保護「番地」的行為，實際上，開墾「鹿場」既然合法，他們要「護番」也無從著手。

　　漢人移民對荒地的不斷拓墾，將「熟番」的空間壓縮得越來越小。臺灣學者康培德指出，遊耕農業每平方公里能養活 20－30 人，17 世紀分佈於西南沿海平原的西拉雅人，其人口密度為每平方公里 8－12 人。[38]康雍年間，當荒地被漢人移民不斷開闢為田園後，「熟番」已無足夠空間實行狩獵和遊耕農業。許多「番社」接受漢人的水稻農耕模式，由狩獵、游耕為生轉變成田園業主。但康雍年間漢人移民大舉拓墾中北部平地的二十多年裡，並非每個「熟番」都能成功接受水稻農耕，雍正五年，巡臺御史索琳、尹秦在奏摺中說「熟番場地，向有姦棍認餉包墾，久假不歸之弊。若任其日被侵削，番眾無業可依，必至退處山內，漸漸變為生番。」[39]指出了失去「番地」的熟番流離失所的前景。雍正年間，中北部平地發生了幾次大規模的「番亂」，清廷終於認識到「熟番」問題的嚴重性以及「番地」對於「熟番」的重要性。乾隆初，圍繞著「番地」、「番產」，出現了新的政策。乾隆三年閩浙總督郝玉麟奏請分別民「番」耕地之界，以絕侵佔。其奏疏說「熟番與漢民所耕地界，飭令查明。有契可憑，輸糧已久者，各照契內所開四至畝數，立界管業。其漢人原贌界內有未墾、未陞田園，應令開墾報陞，仍將原贌買之契，示諭原業戶，呈縣驗明蓋印，……庶田地有冊可考，不致侵佔番業。倘有契外越墾，並土棍強佔者，令地方官查明，全數歸番，分晰呈報。嗣後永不許民人侵入番界，贌買番業。令地方官督同土官，劃界立石，刊明界限土名，仍將各處立過界址土名，造冊繪圖申送，以垂永久。」[40]這個政策和康

[37] 關於「番租」，請參閱周翔鶴：《清代臺灣中部北部平地的鄉村經濟和業戶經濟》，載《臺灣研究集刊》1989 年第 3 期。

[38] 康培德《十七世紀的西拉雅人生活》，載「中研院」臺灣史研究所籌備處《平埔族群與臺灣歷史文化論文集》。

[39] 「雍 044」雍正五年八月十二日，巡視臺灣監察禦史索琳，（尹秦）等奏報田糧（番社地）利弊疏。

[40] 范咸《重修臺灣府志》「卷十六　風俗(四)/番社通考」，臺銀文叢本 130 種，頁 483。

熙年間不界定「番地」，雍正年間准許漢人移民贌墾「番社」的「鹿場」相比，通過劃定「番界」，禁止「贌買番業」明確地表明了「護番保產」的立場。乾隆四年，乾隆十七年，在臺灣許多地方立石，劃定「番管業界」。嘉慶十八年，在三籍漢人基本已將宜蘭平地占墾之後，在噶瑪蘭亦實行此一「清界」方法，由通判瞿淦「督率三籍頭人，公同社丁土目，逐一丈量甲數，繪圖造冊，先詳報在案。所有社番自耕田園，再為逐社清出界址，……永禁漢人侵佔。」[41]

在「清界」，「劃定番管業界」的過程中，發現還有一些荒地，特別是沿山一帶，尚有一些易墾為水田的荒地，幾經討論後，清廷從原先臺灣適用「墾政」的立場退卻，將這些荒地界定為「番地」，予以禁墾，並以法律條文的形式固定下來，「大清會典事例」載：「（乾隆）十一年題准：閩省臺地綿亙二千餘里，近山有水之處皆屬膏腴，人力易施，種植之穫，倍於內地。嗣後民人如有私買番地者，告發之日，將田歸番，照律計畝治罪，荒地減一等，強者各加一等。其有潛入生番地界私墾者，照律嚴懲。」[42]這些「番地」後來成為乾隆五十三年福康安奏請設屯的屯地。

可以看出，圍繞著土地問題，乾隆初年，關係到「熟番」的「番政」開始出現。在此背景下，奉命來臺處理「民番關係」等事務的高山奏請在臺灣設立土司制度。高山的奏請在督撫一層即被否決，原因是臺灣「番社」不相統屬。臺灣土著民族內部政治形態不發達是事實，但日益繁多的「民番交涉」事務並非直省制框架內的州縣官容易應付的，因此，乾隆三十一年閩浙總督楊景素奏請設立「北路理番同知」，遂獲照準。至此，清廷平定臺灣80多年，方有正式的「番政」機構。「理番同知」的職責，據楊景素的奏疏，是「凡有民番交涉事件，悉歸該同知管理。定例以後，奸棍豪強，購典番地者，概令清理歸番。如有牽手番婦，占居番社棍徒，立即拏究逐出……仍責令官吏清查番界，防禦生番。」即「護番保產」和「防禦生番」。

---

41 柯培元《葛瑪蘭志略》，卷十二「番市志，熟番」。
42 《清會典臺灣事例》。

　　清廷平定臺灣之初，政令所及，主要為西南沿海平原一帶。經荷據時期與明鄭時期的開發，居住於此的西拉雅族漢化已深，民「番」交涉不多。且其時正值康雍年間加強中央集權，實行改土歸流之時，清廷不顧臺灣全島仍然分佈著土著民族以及民「番」雜處的事實，按直省制的州縣體系設立一府三縣。（康雍年間的調整也是在此一體系內的行政系統的增設。）然而，在隨後漢人移民的拓墾高潮中發生的許多民「番」交涉事務並非以「理民」為核心的州縣官按制度、法規程式所能容易把握處理的。經過地方官和朝廷之間的許多奏疏、諭示的來回，對政策進行調整，在雍乾年間終於初步形成了以「隔絕番（生番）漢」和「護番（熟番）保產」為主要內容的「番政」。

代結語：關於「三層制分佈」模式

　　「族群政治」範型的實證基礎是三層制族群分佈模式——「生番在內，漢民在外，熟番間隔於其中」。該範型認為「清廷期熟番能外禦生番，內防漢人，徹底阻絕有反亂前科的在臺漢人向生番界擴展」。[43]為什麼要阻止漢人向「生番界」的擴展呢，我們前面已指出了清廷與地方官員最初擔心漢人與「生番」結盟作亂，但事實很快就表明了這是一種過分的擔心，清廷和地方官也很快就明白了這一點。因此，外禦「生番」起的作用並非政治性的，而只是預防「番害」的治安作用，光靠豎立界石，挖土牛溝難以阻止漢人移民不斷冒險越界偷墾「番界」，有「熟番」間隔於其中，就能較好地達到這個目的。固然，沿山的這些為「熟番」預留的「番地」為安置不斷失去土地的「熟番」提供了一個基礎，然而，也正是有許多「熟番」不斷失去田園，方使得三層制分佈模式最終形成。

　　我們前面說過，清代臺灣「熟番」土地流失有兩個階段。第二階段即雍乾年間，當許多「熟番」接受漢人水田農耕模式，從狩獵和游耕為生轉變為田園業主之後，他們的土地通過交易而流失到漢人移民的手

---

[43]　柯志明《理性的國家與歷史的機遇——清代臺灣的熟番地權與族群政治》，載「中研院」臺灣史研究所籌備處《臺灣史研究》第六卷第二期。

裡。雖然乾隆初年的「護番保產」政策的一個主要內容就是嚴禁「購買番產」，但漢人移民通過一套複雜的交易體系，仍使得「番產」源源不斷地流失。

　　清代不立田制，對於田地，僅立有民田、屯地、旗地等名目，屯地、旗地不可買賣，民田則是「民間恆產，聽其買賣」。[44]在長久的過程中，地權及其買賣形式發生了各種變化，而閩南地區是地權交易形式最複雜的地區之一。來到臺灣的漢人移民，帶來了他們原鄉的傳統，採取大小租制對地權進行分割，又採取典、胎、頂、購、找洗、杜斷等形式，將地權交易弄得異常複雜。雖然乾隆以後，「番產」不得買賣，但漢人移民將這套複雜的體系引進「番產」交易中，利用借貸的形式行「番產」買賣之實。乾隆四十三年，北路理番同知成履泰指出，「通土遇事需用，向漢人告貸，每元或議每月行利三分、四分不等；或將未收租穀每十石折價銀五元、六元不同，寫立借字，預對各佃應納社租，照數先填完單，付銀主收執。倘至期複有應用銀項，再向銀主懇借。將對給之租照時價估銀，每元照三、四分行利，換立借字。歷年俾估，子過其母，任還不清。」[45]在這裡，通事（已是由「番人」擔任）和土目以「番社」的租業為抵押向漢人借高利貸，在利滾利而還不清的情況下，租業實際上已經流失到漢人手裡。這是「番社」公產流失的一個狀況。嘉慶九年六月，北路理番同知的佈告稱「為稟懇示禁奸棍踞社等事。本年五月十八日，據淡屬竹塹社通事茖萊湘江，土目衛福星等具稟詞稱，江等番社附近城郭，每有漢奸包藏禍心，來往踞社，即為社棍，窺伺社眾誰者業多，誰者業少，專工放債，重利翻算，俾估剝刻。番愚將業定價，逼寫典契些需找足，占為己有。至親備價向贖，刁揹不容取贖。」這是「熟番」個人產業流失的狀況。在這些例子中，為規避「番產」不得買賣的法規，都利用了典、購耕等形式。當福康安奏請設立屯制時，一個背景是許多熟番已流離失業，迫切需要土地資源來重新安置，而乾隆初被界定為「番

44　《大清會典》戶部，卷十七。

45　「岸裡文書」，乾隆四十三年淡憲成移交黎憲史陳述理番衙門情形並繳條議。轉引自陳秋坤　《清代臺灣土著地權》，「中研院」近代史研究所研究專刊（14），第209頁。

地」而保留下來的近山埔地就派上了用場。

　　理論範型追求簡潔及包容性，即以盡可能簡單的形式解釋盡可能多的現象，然而繁複多變的歷史圖像是否那麼容易就範於簡潔的範型呢？對於清廷治臺的政策，一般都指出其「為防臺而治臺」的消極性，「理性國家」範型與「族群政治」範型實際也暗含了類似前提，然而，「防臺」、「治臺」僅是指導性方針而已，實際的行政實施尚須制度、政策、法規。清廷平定臺灣之後，並沒有制定適用於臺灣的特殊制度、法規，而是採取了全國性的制度、法規，其最明顯之處，就是面對遍佈全島的土著民族以及「民番交涉」事務，沒有專門的「番政」。「理性國家」範型和「族群政治」範型的「國家─漢人─番人」三行動者分析架構從各自的角度出發，目的主要在於對清廷治臺政策做出政治上的解釋，但當我們把被抽象掉的地方官重新安放回分析架構中時，我們希望看到的是，清代的制度、法規如何被調整或重塑以適應臺灣的具體狀況。在這個過程中，繁複多變的歷史圖像能否又被歸納成一個新的理論範型呢？這真是一個令人疑惑不安的問題。

埤圳、結首制、力裁業戶——水利古文書中所見之宜蘭拓墾初期社會狀況[*]

清代臺灣水利古文書保存至今者甚夥，其中又以宜蘭地區的古文書最多。據王世慶統計，流傳至今的有關清代臺灣農田水利的古文書古契約有 600 多件，其中屬宜蘭地區的有 328 件，占一半以上。[1]這些古文書都收錄於 1905 年日本殖民當局的臨時臺灣土地調查局編印的《宜蘭廳管內埤圳調查書》（以下簡稱《埤圳調查書》）內。這些文書的內容主要包含水利事業的修築（包括集資、修造、紛爭訴訟等），使用（包括收取水租，水圳維修等），典當買賣等各方面的情況。在這同時，也反映出其時的一些社會背景狀況。本文的目的，即在於透過水利文書來窺探宜蘭拓墾時期（嘉慶年間和道光初年）社會的一些狀況。

一

宜蘭在嘉慶、道光年間得到開發，是臺灣開發較遲的地區。關於宜蘭開發及早期社會變遷狀況，如下三點是比較突出而得到公認的：1、開發初期移民採取結首制的模式；2、在租佃關係方面沒有象臺灣其他地方普遍形成大小租制那祥，而是形成一田一主制；3、水利事業都是移民私人投資開發的。但如深入探究的話，將會發現我們對以上三點知道得並不詳細。

關於結首制，我們僅知它最早是三籍移民為與土著民族對抗而採取的一種武裝拓墾團體，至於其組織狀況，僅有姚瑩的記述「昔蘭人之往墾也，其法合數十佃為一結，通力合作。其中舉一曉事而出資多者為之首，名曰小結首。合數十小結首中，舉一強有力而公正見信於眾者為之首，名曰大結首。結首具結於官，約束眾佃也。有事，官以問之大結首，

---

[*]　本文承宜蘭農商專科學校（現為宜蘭大學）陳進傳教授，宜蘭縣史館邱寶珠小姐提供資料，特此致謝。

[1]　王世慶：《談清代蘭陽地區之農田水利開發史料》，載《臺灣文獻》第三十九卷第四期。

大結首以問之於小結首,然後有條不紊。……」[2]這段記述主要是從官方的角度出發談結首制的行政管理功能。除此以外,對於結首制的實際狀況,如「結內佃人與結首之間的權利義務關係等,因未發現文獻記載,不得而知」[3]。結首的名稱一直流傳至日據初期,在這麼長的時間裡,其內涵和實質究竟如何,是否發生什麼變化,由於資料稀少,向來研究不多。

　　關於一田一主制,一般認為係楊廷理於噶瑪蘭設治時「力裁業戶」的結果。乾隆末嘉慶初吳沙率三籍移民入墾噶瑪蘭時,得到淡水街富戶何饋、柯有成、趙隆盛等人出貲支持。何、柯、趙諸人的目的在於日後「謀充業戶」(即大租戶)。然嘉慶十五年,噶瑪蘭設廳,楊廷理規劃開創事宜時,以經費無出,乃「力裁業戶」,不准何、柯、趙諸人謀充業戶之請,將已墾成的田園按淡水廳拳和官莊征租成例,以田六園四之例起科,未墾荒埔由官召墾,墾成後亦按此例起科,噶瑪蘭的行政經費乃大有盈餘。楊廷理力裁業戶之舉並未遇到什麼困難或阻礙,對比之下,晚清劉銘傳同樣以經費不足,實行清丈,並欲裁撤大租戶,卻引起普遍的反對,并有施九緞之亂,不得不半途而廢。楊廷理以一知府的身份能做到的事,劉銘傳以巡撫之尊卻做不到,這不由促使我們去深入探討楊廷理得以成功的原因。

　　關於水利事業,一般比較注意富戶,尤甚外地「水利企業者」的投資。戰前日人平山勳研究西岸下港(中南部地區)人張閣到宜蘭進行水利投資的個案,認為這是一項獲利豐厚的事業。[4]平山勳的論點被普遍接受,拓墾時期宜蘭的水利事業乃被認為主要是富戶的一種投資行為。另一方面,一般認為由於楊廷理力裁業戶,「富戶便由土地的投資轉變為水利的投資」。[5]然而在楊廷理力裁業戶之前,噶瑪蘭已有 15 年的開

2　姚瑩:《東槎紀略》卷一,埔里社紀略。
3　廖風德:《清代之噶瑪蘭》,裡仁書局,臺北,1982 年版,第 179、199、196、179、177~178 頁。
4　轉引自盧世標,陳芳草等《宜蘭縣誌》卷四,經濟志·水利篇。
5　廖風德:《清代之噶瑪蘭》,裡仁書局,臺北,1982 年版,第 179、199、196、179、177~178 頁。

發和稻作農業的歷史，出於稻作對水分的需求，移民必然要興修水利，而其時（尤其前 7 年）移民正和土著民族武裝對抗，富戶是否敢貿然前往不穩定的環境中進行投資實值得懷疑。因此我們不能排除移民在沒有富戶投資的情況下自己修築水圳的可能。

實行結首制的移民如何進行拓墾活動，今日文獻資料中的記敘非常之少。由於拓墾及稻作農業離不開水利，如果我們把水利開發事業和結首制聯繫起來，將能通過水利古文書的研究來窺得結首制內部的一些情況及其演變發展。

由於水利開發事業一向被主要視為是水利企業者的牟利行為，因而結首制的主體——廣大的佃人和結首往往被排除在水利開發的研究之外。為此，首先我們必須能夠證明，在噶瑪蘭拓墾初期，佃戶和結首在水利開發事業中佔有重要地位。然後，利用水利古文書，通過對佃戶和結首在水利開發事業中的行為和作用的考察，希望能對結首制有進一步的理解，並找出楊廷理力裁業戶成功的原因。

二

清代宜蘭水利開發模式細分起來有許多種，王世慶將《埤圳調查書》所載共 38 條水圳的開發模式區分為：1、水利企業者獨資開鑿者，計 11 條；2、水利企業者合資開鑿者，計 17 條；3、眾佃（或業佃）合作開鑿者，計 6 條；4、地主獨資開鑿者，計 1 條；5、平埔族開鑿者，計 4 條。他認為水利企業者獨資及合資開發的水圳共 27 條，占絕大多數，因此水利企業者開鑿水圳是清代宜蘭最主要的水利事業模式。[6]但清代宜蘭水圳共有 50 多條（另一說 80 多條）[7]《埤圳調查書》僅收有 38 條，缺漏甚多。證之以其他史料，情況（尤其拓墾初期的情況）便大不相同。

道光年間噶瑪蘭通判柯培元修撰的《噶瑪蘭志略》卷 2《山川志·

6　王世慶：《談清代蘭陽地區之農田水利開發史料》，載《臺灣文獻》第三十九卷第四期。

7　50 多條之說見於王世慶上引論文，80 多條說見於廖風德上引著作，第 192 頁。

水利志》載有當時的水利狀況。[8]柯培元所記水圳維修的資金來源分兩種情況：1、「每年修理，聽佃鳩資」；或「每年修築水閘，聽民就各莊攤資」；或「每逢修理，民自鳩資」；等等；2、「每年各佃按甲貼圳主租穀，以為修理之需」；或「每年各佃地照引灌遠近貼圳主租穀，以為修理之需」；或「各佃每年貼納圳主水租，以為修圳添補埤岸之需」，等等。顯然，前者係眾佃（或業佃）合築的水圳，後者係水利企業者開鑿的水圳。據《噶瑪蘭志略》，道光年間宜蘭水利兩種開發模式的情況如下：

眾佃合築的水圳		水利企業者修築的水圳	
圳名	地點	圳名	地點
陂頭圳	廳東南 25 里	馬賽圳	廳東南 35 里
冬瓜山圳	廳東南 30 里	金大成圳	廳南 10 里
武老坑圳	廳東南 35 里	金結安圳	廳西南 10 里
羅東北門圳	廳南 20 里	金復興圳	廳西南 12 里
羅東南門圳	廳南 20 里	萬長春圳	廳西南 15 里
順安莊圳	廳南 21 里	大湖圳	廳西 12 里
員山圳	廳南 25 里	辛仔罕圳	廳北 3 里
四圍二結圳	廳西北 4 里		
四圍圳	廳北 6 里		
四圍三十九結圳	廳北 7 里		
三圍圳	廳北 8 里		
三圍旱溪圳	廳北 10 里		
另有堤岸 3 條，聽民鳩修。			

據上表，道光年間眾佃（或業佃）合築的水圳佔據主要地位。這和王世慶對《埤圳調查書》的分析、統計結果是不同的。推其原因，大約是水利企業者為維護自身權益，注意訂立契約並妥為保存，而佃戶合築的埤圳不一定立有契約。如《埤圳調查書》所載之四圍軟埤圳，無任何文書，據日據初調查顯示，係業佃合築而成。另外，也不排除有些眾佃合築的水圳，後來因維修資金問題而轉售給水利企業者這種情況。但總的說來，眾佃合修的水利事業在拓墾初期佔有重要地位是可以肯定的。

8　柯培元《噶瑪蘭志略》卷二；又陳淑均《噶瑪蘭廳志》卷二上《規制・水利》所載完全相同。

　　之所以眾佃合築水利會受到忽視而水利企業者會受到重視，恐怕主要是認為鑿圳需要大量資金，非佃戶所能承擔。如廖風德據《埤圳調查書》長慶源圳的文書判斷「1，開築圳道需數千銀元的資本，一般農民無力負擔；2，農民自行開築，不能成圳出水，顯示築圳除了材料外，尚有專門技術」[9]；然而如果結合宜蘭的自然條件來看的話，並非每條圳都如此，有些水圳修築起來並不困難，花費也不大。

　　黃雯娟從地形條件出發，將宜蘭分為山麓沖積扇，三角洲平原和沿海沙丘帶三個區域。山麓沖秋扇水源豐富，地多湧泉，但土質較差，多含沙及小礫石，僅河谷地帶土質較好而適宜稻作。三角洲平原土質優良。但距沖積扇有遠近不同，水源條件也不同。黃雯娟將等高 5－20 米的地帶劃為高平原，5 米以下為低平原。高平原緊靠沖積扇，同樣有許多湧泉，同時可以從溪流上游取水，水源條件良好，是宜蘭稻作農業的精華地帶，清代宜蘭 70% 的灌溉面積在這個地帶。低平原地區的水源條件就較差，雖有河流，但因缺乏提水技術而難以利用。同時，因處溪流下游，洪水、颱風季節河流排泄不暢易遭洪澇災害，遠不及高平原地帶條件好。至於沿海沙丘帶，指沿海岸線 50－200 米地帶。這裡水源、土質條件都不好，整個清代在這裡僅修有一條埤圳。[10]結合自然地理條件來看的話，離水源遠，圳道長或地質條件不好，水份易滲漏流失的地帶，修築水圳的資金就大，技術要求也較高，佃戶合作難以成功。離水源近，地質條件好的地方，佃戶合作修條水圳並非難事。黃雯娟指出，清代蘭陽平原的水圳有 1/3 的水源取諸湧泉，這和臺灣西岸平地的情況是大不相同的。西岸的中彰平地（彰化、臺中一帶）和臺北盆地等地方，由於平地十分寬廣，水源遙遠，圳道也就很長，一般佃戶是沒有能力自己開發水利的。無疑，良好的自然條件，是噶瑪蘭佃戶合作築圳能夠成功的一個重要因素。

9　廖風德：《清代之噶瑪蘭》，里仁書局，臺北，1982 年版，第 179、199、196、179、177~178 頁。

10　黃雯娟：臺灣師範大學地理研究所碩士論文《清代蘭陽平原的水利開發和聚落發展》。本文有關宜蘭自然地理條件的論述多引自該論文。

今日所能見到的眾佃合作築圳的文書非常少，由於我們已經表明噶瑪蘭拓墾時期的兩種水利開發模式中，眾佃（或業佃）合作開發水利佔有更重要的地位，因此就給我們利用稀少的文書來研究，反映這種模式在水利開發中的重要作用確立了一個基礎。結首制的基礎是廣大的佃戶，因此，從某種意義上來說眾佃合作開發水利事業更能反映出結首制內部的情況。當然，我們也不排除水利企業者鑿圳的模式，畢竟這也是一個常見的模式。以下，我們將結合宜蘭開發史的進程，來探討佃戶和結首在這兩種水利開發模式中的行為。

三

宜蘭的土地開發或許一直延續到清代後期，但主要的良好的土地開發在嘉慶年間，道光初年已基本完成。我們可以把這段時期約略分為三個階段：1、拓墾走廊時期：嘉慶元年吳沙率三籍移民入據頭圍。詹素娟指出，由於居住在宜蘭的平埔族舊社族群和泰雅族之間保持著一條族群間的空白地帶，遂成為漢人移民快速入墾蘭陽平原的走廊。[11]移民沿這條走廊建立了頭圍、二圍，湯圍，三圍，四圍，辛仔罕等拓墾據點，奠定了宜蘭開發的基礎。2、溪北開發階段：移民在拓墾走廊站住了腳後，來附者日眾，土地不敷分配。嘉慶七年，乃有吳表等 9 人，號稱九旗首，率眾進攻五圍之地（今宜蘭市區），驅散平埔族，奪占土地。蘭陽平原溪北部分（清代稱為西勢），從此得到開發。數年間墾民「西迫圓山，東漸海口，複成小圍無數，辟田最多，居人尤盛。[12]3、溪南開發階段：嘉慶初年，溪南（清代稱東勢）僅有少量移民。嘉慶十一年、阿里史「流番」因捲入漳泉械鬥。不敵漳人、乃渡溪來到羅東。成為溪北開發的主導力量。溪南的泉人、粵人懼怕漳人勢大亦紛紛來附。嘉慶十四年，漳人攻佔羅東，泉人、粵人、「流番」乃退而開闢溪州、大湖、

[11] 詹素娟：《宜蘭平原噶瑪蘭族之來源、分佈與遷徙》，載潘英海，詹素娟主編《平埔族研究論文集》，臺灣史研究所籌備處，1995 年 6 月，臺北。

[12] 謝金鑾：《臺灣使槎錄‧蛤仔難紀略》。

冬瓜山一帶。至此，蘭陽平原的溪北部分進入全面開發。嘉慶十五年，噶瑪蘭設治，官府將西勢、東勢等未墾餘埔召墾，除了近山一帶和貧瘠地帶，蘭陽平原已基本開發。

　　從開發過程來看，結首制的原型形成於拓墾走廊階段，進入三角洲平原後，這個原型必將發展變化。假如移民在拓走廊階段所修水利有文書存留。必將對我們對結首制原型的瞭解大有俾益，但這個階段的相關資料存留最少，今日尚未發現其時的水利文書，我們只能從稍後的相關文書上尋找移民們在拓墾走廊階段修築水利的蛛絲馬跡。位於拓墾走廊的水圳有好幾條，但其文書中涉及嘉慶初年移民在這裡修圳的僅有頭圍抵美簡圳，四圍金新安圳和金同春圳的前身吳惠山圳。據抵美簡圳第 1 號文書[13]所載：「同立願納水租約字人，黃初，張王，沈炳等三人，緣我等三人耕作之田址在抵美簡圳，有陂圳灌溉通流，然每遇曠旱，灌流不足。自嘉慶十年眾佃捐銀起築民壯埔腳港，無奈洪水漂流……」表明嘉慶十年以前，頭圍抵美簡一帶佃戶合作修有一些小圳，但不足灌溉，欲築大陂卻無能力。嘉慶十七年所立的金新安圳第 2 號文書載「……緣嘉慶貳年間義首吳沙觀奉李、何二分憲募招鄉勇陳尚奕、江萬琴、李義純等；前有募雇工人徐春富開築新安埤水圳灌溉茄苳林其立阪土田，於嘉慶九年閩粵分類不能完竣。今眾結首佃人等無力修築，願將舊圳底立約送與義首吳光裔自己招夥，整頓工本修復埤圳……」，據此，其立阪的結首、佃戶早年已雇工開圳，因分類械鬥未能完工，其開發模式不明，但嘉慶中期結首眾佃無力合作修圳。抵美簡圳和金新安圳皆位於低平原，佃戶、結首合作修圳難以成功。吳惠山圳則位於高平原，其情況就不同了。據金同春圳第三號文書所載「（吳）化等是同來蘭地，開墾四圍堡梅州圍三鬮一，二結瓦窯等莊之田畝，係惠山大有一半，開闢已成，乏水灌蔭，幸吳惠山墾內湧出泉水，報處堪開圳道，自灌田畝。化等爰是相商僉請吳惠山出首招佃，協力同心，開圳道以灌此數莊之田畝已經充足，以免配納水租。若逢旱天要造陡門截水灌溉，木料工資此報莊共

攤諸費，各不敢延緩推諉」據此，梅州圍一，二結瓦窯等莊的結首、眾佃以本圍吳惠山所分得的埔地內的湧泉為水源，共同修築了一條水圳，並約定共同維修，而眾佃戶免納水租。吳惠山是無權向本圍本結的佃戶征租的。一般認為「結是武裝開墾的組織單位」，「結首率領移民占地墾荒」[14]在攻佔了土著民族的地方後，結內的佃戶都有「破土份」——分得一份地的權利。從金同春圳的文書上來看，佃戶還同時對圍內結內的水源擁有權利。這種對水源的權利是有範圍限制的，這從吳惠山圳後來的發展中看得很清楚。據嘉慶六年所立金同春圳第一號文書所載「同立合約字人四圍辛仔罕尾結首游連先、賴岳、全眾佃人等，圳戶吳化、林族、吳惠山、賴四美、吳益等，緣連等結內先年有均分荒埔址在四圍新仔罕尾……只因該處乏水灌蔭難以墾築成田耕種……是以邀同眾佃妥議，請吳惠山觀等出首為圳戶頭家，自備資本前來鑿築大圳通流灌溉充足，以便連等各份埔地墾築水田。當日公議歷年每甲全年完納圳租水粟4石2斗……」據這份文書，辛仔罕五間莊等乏水灌溉，同樣欲以吳惠山墾內的湧泉為水源修圳。辛仔罕距梅州圍不遠，修條水圳並非難事，但辛仔罕的佃戶卻必須以吳惠山等人為圳戶，由他出面修築水圳，向他交納水租。顯然，辛仔罕的佃戶對梅州圍的水源並不擁有權利。

金同春圳文書顯示移民對水資源享有的公共權利及相應的集體修圳行為的範圍限制，在拓墾進入三角洲平原後，這種情況得到保持和發展。

溪北開發階段的情況，可以五圍和民壯圍的泰山口圳和金結安圳（其前身為金泰安圳）為例。據金結安圳第1號文書載「同立請開築陂圳約字人舊鄉勇圍結首江萬琴……同眾佃友等，因本圍初築與五圍分界，所分埔地犁份計有百餘張，各築陂圳，各開田土。是以五圍之圳鳩佃開築，未因其結首招夥鳩本更開水道直至泰山口陂，其水遂充足盈餘。本圍之圳亦鳩佃開築，然鳩本不齊未成，其地所以至今荒蕪。爰是以鳩集佃友合議，欲因五圍陂圳水利，會同仍向請五圍結首郭媽援、李

[14] 廖風德：《清代之噶瑪蘭》，里仁書局，臺北，1982 年版，第 179、199、196、179、177~178 頁。

培園……並眾佃友等為陂圳主。特議定五圍結首署理陂圳等，收置少量狹少之地，廣開陂圳引水灌溉鄉勇圍額內埔地。鄉勇圍眾佃友甘願就田按甲，每年每甲願納水粟 4 石 2 斗……嘉慶十三年十月……」掘此可知，五圍和民壯圍（即鄉勇圍）的移民對資源的共用（土地分配和水資源利用）和集體行為都是以圍為單位的（圍內包含數結）。五圍眾佃戶合築一條圳道從泰山口陂引水灌溉本圍各結之地（據泰山口圳文書，五圍眾佃戶每甲交納泰山口圳 1 石 2 斗水租）。民壯圍位置更在五圍之下游，地處低平原，缺乏水源，乃欲利用五圍水圳之餘水為水源。由於全體移民對本結本圍的資源有共用的權利，民壯圍乃以五圍的諸結首和眾佃戶為圳主，請他們共同出資修築水圳。五圍諸結首和眾佃戶共同出資的方法，在金結安圳第 2 號文書中敘述得很清楚，其載「同立合夥築陂鑿圳約字人五圍張坎觀……等。為同心立約以杜後悔事……緣鄉勇圍自始以來望水如渴，經尋無田築鑿陂圳。鄉勇圍人等酌議，立約邀清五圍各結首人等築鑿陂圳、通流灌溉，願納費粟。爰是鳩集各結合議，仍就五圍、鄉勇圍新舊陂圳呈因更大以灌充足。共約為僉股，每股先鳩出本銀 310 元。日後倘工本浩大，費用弗足，照原出本銀均配加增。先盡問五圍各佃友要份者每佃一小份包在其結內一大股。如是股內不要份者，其股內應出本銀結內包理。至於陂圳事務，各結首同於請出誠實之人辦理其事……嘉慶十三年十一月……」五圍移民集體作為圳戶修成的這條陂圳叫金泰安圳。雖然幾年後它被洪水衝垮，因複辦需要大量資金，許多位結首與佃戶乃退辦，由李裕等人出資接手，改組成金結安圳，但從金泰安圳的歷史我們仍可看到結首制中的移民擁有的公共權利和集體行為的狀況。這種狀況也保持到溪南開發階段。嘉慶十九年溪南冬瓜山一帶的拓墾中，八寶莊的佃戶修有一條水圳灌溉本莊田地，而地處下游的中興，太和二莊缺乏水源，同樣以八寶莊的眾佃戶為圳主，修圳引水。據八寶圳第 1 號文書所載「同立合約埤水灌蔭字八寶莊魏盛來、太和莊李華漢等，今因太和莊埔地始無水源，不能成田，茲來等會眾議，向八寶莊漢等埤水圳路通流灌蔭。所有太和莊屬埔地，議定官戈每年每甲認出水租穀二石六斗，係歸八寶莊漢等神祀公收……」中興莊和八寶莊也立

有同樣的文書。其第 3 號文書為八寶莊移民就所收水租分配問題訂立的合約，其載「立合約字人八寶莊佃戶吳雲漢……等，公因元帥爺圳戶前歲經中興莊林國寶，太和莊魏盛來同伊眾佃等共立合約，圳水包伊灌蔭二莊之田，願貼水租。初時係接老埤開圳。向開者計一百零分。茲因水不敷蔭，加造埤圳。前開圳之人任傳不齊，蔭水佃戶嘵嘵不一。漢等傳齊再議，將二莊之水租公除一百石為元帥爺香祀外，概作本莊一百三十五佃均分，仍歸各結內自已津斂……倘要公費緊用，即向經理人津收。如有銀不付用者，又複奸玩不出者，即將名分註銷。此係眾佃甘愿，永無反悔。立合約四紙，各執一紙為照……嘉慶二十二年三月……」八寶圳的特點是設立了元帥爺圳戶，所收水租的 100 石為元帥爺香祀。這和常見的置買土地為廟產的做法是相同的，而村廟及廟產則為公眾所有。八寶莊的許多佃戶日後因所分到的圳分「出息零星，難以清理」而將圳分賣出，但這畢竟表明他們是享有一定權利的。

　　從金同春（吳惠山圳）、金泰安（金結安圳）、八寶圳三圳的文書，我們可以看到佃人對資源和集體資產享有的公共權利，這個權利以圍或結為界限。這種權利在早期的水利興修中應該是普遍的，只是今日所見佃人集體修圳的文書不多，所以未引起注意。那麼，除了經濟方面的公共權利外，佃人在其他方面還有什麼權利嗎？以下我們通過水利企業者投資所修的水利的相關文書來看這個問題。

　　仍以金同春圳為例，據前引該圳第 1 號文書，聘請吳惠山為圳戶是辛仔罕五間等莊結首和眾佃商議的結果，而且佃戶參與了契約的簽訂（佃戶和結首為一方，圳戶為另一方）。這種情況是普遍的。如溪北，我們可以五圍的金大成圳為例，其第 2 號文書，嘉慶十三年十二月訂立，載「同立合同約字人噶瑪蘭圳戶金大成、結首石沙、佃友李媽成、游阿慶同眾佃友等，緣沙等先年同墾戶首吳沙官入蘭破土，每人均分得份埔地一所，址在五圍抵美福黃添城仔後茄苳林園，乏圳水灌溉，難以墾築田園，是以通同議請金大成為圳戶……」其記載情況是和辛仔罕五間莊一致的。溪南可以清水溝堡萬長春圳為例，其第 1 號文書為嘉慶十六年四月東勢結首楊茂等人，佃人賴福金等各結佃人「共同妥議」聘請

邱德賢出資開圳，第 3 號文書為其他結結首吳開成、佃人林喜等「各佃共商妥」請邱德賢出資修圳，邱德賢招成 10 股組成邱吳成圳戶。佃戶、結首是以平等的關係與圳戶締結水利契約的。水利契約關於雙方的權利和義務的規定，在圳戶為保證灌溉用水，在佃戶則為認納水租，此外還涉及一些技術細節。圳戶如果開圳引水成功，則可擁有圳底權，並可傳之子孫，如果開圳不成，移民可收回約字，另請他人。如嘉慶十七年左右，員山堡大湖圍結首江日高與眾佃戶原聘請古玉振修圳，結果未成，乃取回約字重新聘請張興等人築成金大安圳。又如充公圳，原係道光年間楊石頭築成的金和安圳，因被洪水沖壞無法保證供水，經眾佃呈控，判歸眾佃。光緒年間雙方又訴訟，官府乃將其判歸仰山書院。[15][16]由於結首、佃戶和圳戶之間締結的是一種平等的經濟關係，因此和西岸平地的業戶（尤其大業戶）不同，圳戶除了收取水租外，在社會上並無影響力。眾佃戶也不懼怕圳戶，常有爭執和抗納水租的事發生。以最有名的水利企業者張閣而言，他作為主要出資者的金復興圳，因佃戶抗納水租而呈控，經官府調處，雙方妥協，圳戶同意佃戶每甲減納水租 1 石。

　　總的來說，透過水利文書。我們可以看到宜蘭的佃戶具有獨立的人格，對結內、圍內的事務擁有一定的發言權與參與權。假如和西部平地的情況相比的話，可以發現宜蘭佃戶的地位遠比西部平地佃戶有力。在彰化、臺中、臺北平地，水圳一般是由業戶開鑿的，佃戶很少參予其事。佃戶和業戶之間締結的契約是給墾字，即佃戶向業戶租種土地，認納地租和水租，如果欠租，業戶可以「起耕」，即收回土地，其地位不如宜蘭佃戶遠甚。[17]

---

[15] 參閱《宜蘭廳管內埤圳調查書》八寶圳文書第 4~11 號。

[16] 參閱《埤圳調查中》金大安圳文書，充公圳調查情況等。

[17] 關於西岸平地業戶築圳和佃戶向業戶租種土地的情況，請參閱拙作《清代早期中部北部平地的鄉村經濟和業戶經濟》、《清代臺灣給墾字研究》，載《臺灣研究集刊》1989 年第 3 期、1988 年第 2 期。

四

　　以上所談為佃戶，現在來看結首的狀況。結首的領導作用是很明顯的，從我們上面所引用的文書來看，無論是移民集體修圳或者聘請圳戶修圳都是以結首為首的。但問題還不止於此，很多結首在拓墾初期，或者作為合夥投資人之一參與水利企業者合資築圳，或者就是充當獨資開圳的圳戶，在水利開發過程中起了重大的作用。

　　先來看第一種情況。王世慶歸納的水利企業者合資修築的水圳共計16 條，除去道光中期以後修築的金長源圳、武煙圳、金漳成圳外，在餘下的 13 條圳當中，合夥投資者當中可能不包含有結首的為金復興、林寶春、金大安、邱吳成、金慶安、金源春，計 6 條。其餘 7 條均有結首參與投資，占了一半以上，其情況如下：

　　1、金大成圳：共投資 4,876 元，分為四股。張閣、吳日、林彪（又作林文彪）、劉光疵各一股。林、劉二人為結首。林彪招林泉共承擔其一股，而劉光疵終無銀可出，將其一股轉賣張元。

　　2、泰山口圳：李裕為主要出資人外，並招股夥 12 人，其中包括陳奠邦、郭媽援、鄭喜等結首多名。

　　3、金結安圳：李裕招同結首鄭喜等人，在被洪水衝垮的金泰安圳的基礎上修成。

　　4、金新安圳：義首吳光裔出首，招股夥 8 人，在以前眾佃修築的舊圳道上築成。

　　5、長慶源圳：以結首陳奠邦為首，招同簡懷苑等 3 人共同出資修築。簡出資 40%。

　　6、萬長春圳：為長慶源圳和邱吳成圳經協商後合為一圳。

　　7、金豐萬圳：嘉慶十九年，莊民共請結首范兼、古大展為圳戶築圳。范、古以所需工本浩大，陸續再招股夥多人，至嘉慶二十年築成。

　　結首作為獨資的水利企業者，可以東勢紅水溝堡順安莊的金長安圳和四圍三十九結莊的三十九結圳為例。前者為嘉慶二十二年眾佃戶議請前總理結首，現充番佃首的柯濟川出資為圳戶開築大圳。後者為嘉慶末

道光初三十九結莊眾佃因舊圳被洪水部分崩壞乃議請結首吳占為圳長，自備工本，於道光2年修築而成。[18]

　　一般而言，結首參與投資，所出資金往往只占小頭，大頭為純粹水利企業者所出。然而結首參與投資對圳戶是很有利的。上述金復興圳被抗納水租，和其五位合夥投資者全係外地人（張閣為下港人，其餘四位均住淡水街）恐怕不無關係。如果圳戶中有結首，佃戶的行為應當會有所顧忌。但結首的作用還不僅在保證水租的交納。

　　以稻作為主的農業社會，在土地問題解決以後；水資源問題成為首要問題。因為爭水，往往導致各移民群體的利害衝突、糾紛，無論是衝突過程或其後的調解、訴訟，作為佃戶領導地方頭人的結首，其作用是很重要的。我們來看兩個例子。

　　第一介例子是金大成圳與金新安圳的訴訟。金大成圳為五圍大四圍一、四圍二、四圍三、都美福、鄉勇圍、芭荖鬱圍仔等莊聘請張閣及結首林彪、劉光疕為圳戶於嘉慶十二至十六年築成，引用溪水為水源。金新安圳則為民壯圍其立阪新興莊結、黃添結聘請義首吳光裔為圳戶，並招請其他股夥修築而成，其水源實際上就是金大成圳（金新安圳第11號文書載「……立公號金新安，而圳道接金大成水圳，同源共流……」）。為此，金大成圳圳戶曾兩度向淡水廳和噶瑪蘭廳呈控金新安在其「圳頭截築奪源」。五圍及金大成圳地處高平原，水源方便；其立阪新興莊及金新安圳則地處低平原，水源困難。如果不是以吳光裔為圳戶（此時吳光裔已承襲其父吳沙的吳春鬱義首身份，此身份相當於噶瑪蘭總結首）如何能在金大成的源頭「截築奪源」？經金大成圳戶的兩度呈控後，官府的調處是金新安圳戶每年須以水租收入的一半250石貼納金大成，而金大成則負責圳道維修，兩圳則維持現狀。這個調處雖然以兩個圳戶的利益分配為解決辦法，但實際上也照顧到了其立阪新興莊的水源問題。而兩造對簿公堂，出面訴訟的人物，在金大成圳為結首林彪，在金新安圳為義首吳光裔。這是經由官府調處的例子。[19]

---

[18] 關於結首參與各圳合夥投資及作為獨資圳戶的情況，均參考《埤圳調查書》相關各圳的文書。
[19] 參閱《埤圳調查書》金大成圳、金新安圳相關文書。

　　民間自己解決的例子，可參考四圍三十九結圳的文書。道光二年，三十九結佃戶共同聘請本結結首吳占為圳戶，在以前舊圳的基礎上修成。據該圳第 2 號文書，該圳「係從四圍保柏仔陂引水上圳」，而保柏子陂陂頭「係與柴圍莊佃眾公共分水之陂，遇亢旱時，每被盜決破水」，為此，在佃戶與吳占訂立的契約中，除了通常的佃戶認納水租，圳戶保證供水等條款外，還附有一條規定「一批明，天旱之時頂陂（按：指柴圍陂）若恃強截水，圳長出首為先，眾佃副之，前往破陂引水。倘有開費，就田份攤出，再照。」顯示出不惜械鬥的架勢。同時這條規定也明白地顯示了結首和眾佃在天旱與他結爭水時各自應承擔的領導與參與的義務。

　　對於結首制，一般多注意其作為武裝拓墾團體的作用，廖風德認為：「噶瑪蘭的土地開墾採行結首制，係與其武裝開墾的方式有關。從嘉慶元年吳沙率領三籍移民入墾烏石港至噶瑪蘭收入版圖的十五年間，清吏對於噶瑪蘭的開發均以險遠難治為由而弗准，三籍墾民在無政府的狀態下，面對著噶瑪蘭族平埔番，除了必須以武力向其占奪土地以外，同時要雇募鄉勇，組織自衛力量，以求自保。所以每在攻佔一地後，即建築土圍或竹圍居住……其作用在防禦番害。在圍之下複設置結；結是移民的組織單位……結之下則以分為田園單位，每戶一份。圍、結、份系噶瑪蘭農墾組織單位，其中以結最為重要。」[20]我們在前面已指出，結首制的原型產生於拓墾走廊階段，此時三籍移民人數少，同時要對付山地民族和平埔族的進攻，圍的防禦作用和結首制的武裝拓墾作用就十分明顯。但嘉慶七年拓墾進入三角洲平原後，漢人移民日佔優勢。嘉慶十三年，賽沖阿記當時的開發狀況「西勢有土圍五所。零星民莊二十三處。與平埔社雜處。男女丁口約二萬餘人」[21]漢人移民已超過平埔族許多。至嘉慶十五年，溪南也已大大得到開發，漢人移民已大大超述土著民族。嘉慶十五年，楊廷理奏稱噶瑪蘭有「漳人 42,500 餘丁，泉人 250

---

[20] 廖風德：《清代之噶瑪蘭》，里仁書局，臺北，1982 年版，第 179、199、196、179、177~178 頁。

[21] 陳淑均：《噶瑪蘭廳志》卷七雜識（上）紀文・奏疏・方維甸「奏請噶瑪蘭收入版圖狀」。

餘丁，粵人 140 餘丁，熟番五社，990 餘丁，歸化生番三十三社 4,550 餘丁」。[22]溪南開發時，圍已不建立，但莊之下仍然設結。總的說來，自嘉慶七年後，隨著漢人移民漸佔優勢，圍和結的防禦和武裝拓墾作用已漸漸降低，而漢人移民內部對土地、水資源配置的矛盾漸漸突顯出來。這種矛盾一方面以族群關係（地緣關係）表現為分類械鬥，但更廣泛和經常地卻表現為圍和圍，結和結之間的日常關係，結首制已漸漸轉變為漢人移民內部一種利益團體形式。以上述金大成圳和金新安圳的訴訟而言，金大成圳所在地五圍大四鬮一，四鬮二，四鬮三為嘉慶七年九旗首率眾攻佔五圍之後分給泉人之地。金新安圳所在之辛仔罕大約為嘉慶四年吳化率漳人進墾之結果。然嘉慶十一年西岸漳泉械鬥波及噶瑪蘭。泉人乃聯合粵人，阿里史「流番」本地「土番」進攻漳人，終以勢弱被漳人所敗。泉，粵人及阿里史「流番」乃盡棄溪北之地，渡溪到羅東開發，漳人遂盡得溪北之地。因此嘉慶十五年前後金大成，金新安兩圳之訴訟是漳人內部之爭。同樣，道光初年四圍三十九結（此地原分給粵人）與柴圍陂所在之地當盡屬漳人，三十九結莊如與柴圍發生衝突，亦屬漳人內部團體之爭。

在利益共享的前提下，對於和本團體利益相關的事務，移民──結首和佃戶都有參與的義務，結首並負有領導的責任。

五

從以上的分析我們可以看出，在嘉慶年間，結首制從其作為和土著民族對抗的武裝拓墾團體這個原型，而演變成漢人移民內部的利益團體，結首制下的一般移民，對於和本團體利益相關的事務有參與的義務以及利益共享的權利，這種權利和義務的共享與承擔，使他們的地位、行為模式和西岸平地的佃戶大不相同，這就給我們提供了一個關於楊廷理「力裁業戶」能夠成功的解釋基礎。

---

[22] 陳淑均：《噶瑪蘭廳志》卷七雜識（上）紀文・奏疏・方維甸「奏請噶瑪蘭收入版圖狀」。

　　租佃關係，從形式上看，是一種得到法律（或官府）認可的土地關係。然而它要和客觀經濟條件相符。在西岸中部、北部平地的拓墾中，一般先由拓墾者──「有力之家」就某塊「與民番無礙」的荒地向官府請墾，得到官府的允許，發給墾照後就得到了開墾權，實際上相當於土地所有權。而官方對噶瑪蘭的開墾，起初一直是抱著消極的態度，因此一直未發給墾照，這對噶瑪蘭設治後何、柯、趙等人謀充業戶是一個不利因素。但租佃關係就其本質來講是一種經濟關係，其產生和發展依存於經濟實際。以西岸的中部、北部平地來說，其開發是由業戶和佃戶共同完成的，業戶負責修築水圳，佃戶則承擔土地耕墾。由於西岸的平地十分寬廣，水源遙遠，圳道很長，佃戶沒有能力修圳，他們必須依靠業戶，向業戶租種小塊土地，引用業戶水圳的水，向業戶交納地租和水租，形成了日後大小租制當中的大租。西岸平地的這種經濟實際，和業戶已獲得墾照這一點正好吻合，這是大租得以產生的基礎。而在宜蘭，許多地方由於水源方便，佃戶可以自己開圳，無須依靠他人。同時，由於在結首制模式中，佃戶已具備獨立的人格和行為模式，在他們無力修圳的場合，他們聘請圳戶，締結平等的契約，而非依賴於圳戶。在這種關係中，不具備產生大租的經濟條件。因此，當何、柯、趙等人向楊廷理申請成為業戶時，實際是欲以官府的權威加之於經濟實際。如果申請被接受，必將引起廣大佃戶的不滿和反對。而楊廷理駁回他們「謀充業戶」之請，正和噶瑪蘭的經濟實際相吻合，「力裁業戶」乃得順利成功。「力裁業戶」並非為佃戶謀，而是籌畫噶瑪蘭開創經費。噶瑪蘭以田六園四起科，如果按照雍正七年全臺化甲為畝，以同安下沙則例起科的準則（蘭屬於道光十七年實行此一準則）計，每甲田要多負擔 4 石零 6 升，園多負擔 2 石 1 升的「餘租」，實則是以（大）租為賦。楊廷理之後任中亦有人意識到這點，曾詳請「裁減餘租」而未成功。對拓墾初期的宜蘭人民來說，他們希望噶瑪蘭能「收入版圖」否則他們的拓墾終究只能是「私墾」，因此對於徵收「餘租」，他們心理上是能承受的，關於這方面的問題，應是另篇文章所討論的內容了。

十九世紀後期臺灣的山地社會與開山撫番

摘要

　　清代前中期的臺灣，清政府（中央與地方政府）無法解決「番害」問題，以「隔絕番漢」的策略把它掩蓋起來，實際上問題還是存在的。晚清，在「開山撫番」與樟腦生產中，這個問題重新又爆發出來。因漢人深入山地，不斷侵佔山地土著生存、活動空間，並與山地土著直接交易，產生軍火走私等問題，漢「番」衝突比清初激烈許多。19 世紀下半葉，清政府雖採取「開山撫番」政策，但長期的「隔絕番漢」政策所形成的後果，並無法在短短的十幾年的時間裡得到解決。

關鍵字：晚清、漢「番」衝突、樟腦業、隘墾

　　清代前中期臺灣的社會問題之一就是漢人移民與山地土著民族的衝突。漢人移民在土地拓墾過程中不斷向山地推進，佔據山地土著民族生存、活動的空間；而山地土著則因其固有的獵首習俗，不斷地「出草」。漢人移民為對付「出草」，乃建隘「防番」，實行隘墾。清政府無法解決雙方的衝突，於是採取「隔絕番漢」的政策，在沿山地帶劃出一條界線（在實地挖溝、並堆造許多「土牛」和樹立許多碑碣，在地圖上則標為「土牛紅線」），禁止漢人移民越界拓墾。乾隆後期，在平定林爽文起義後，清政府在沿山地帶設立許多「番屯」，利用平埔族充當「屯丁」，實行「屯墾」，希望形成一種漢人在外，「熟番」居中，「生番」在內的「三層制分佈制度」以「隔絕番漢」。[1]「三層制分佈制度」在一定期間內發揮了「隔絕番漢」的作用，但漢「番」矛盾只是被掩蓋而非得到解決，隨著時間的進展，終有重新爆發的一天。

　　終清一代，漢「番（山地土著）」衝突雖然持續不斷，但矛盾的激烈爆發出現在清代後期。一者，大多數漢人移民到臺灣來是為了追求土地，在臺灣西部沿海平地的荒地逐漸被開墾之後，他們必定向山地進發，「三層制分佈制度」只能遲滯延緩，而不能終止他們的步伐；二者，晚清臺灣開港後，樟腦成為重要的輸出物，為制腦，大量漢人進入山地；三者，晚清世局丕變，列強環伺，臺灣的海防地位驟然突出，清廷為「攘外」而先「安內」，「開山撫番」問題乃被提升到議事日程上來。[2]漢人在山地的隘墾和制腦，必定和山地土著發生許多矛盾衝突，這些衝突和矛盾，是「開山撫番」所必須面對和解決的問題。本文的目的即在於分析清代後期臺灣的漢「番」矛盾和檢視清廷的「開山撫番」政策。

　　本文將同時利用 19 世紀末跨越晚清和日據初期的資料。19 世紀末，佔據臺灣之初，日本殖民當局忙於鎮壓武裝抗日活動，尚未來得及介入臺灣的社會經濟，許多經濟活動尚保持晚清的狀況。樟腦業的利益

---

[1]　關於「三層制分佈制度」，請參閱柯志明《番頭家》，中研院社會學研究所專書第三號，臺北，2001。

[2]　關於清政府「安內」思想和「開山撫番」政策的關係，請參閱陳在正《臺灣海疆史》第三章《近代臺灣海防》，揚智文化，臺北，2003。

固為殖民當局所垂涎，但殖民當局至 1899 年方發佈「臺灣樟腦及樟腦油專賣規則」，1903 年方發佈「粗制樟腦、樟腦油專賣法」，在此之前，制腦主要還是漢人的事情，日本人介入者並不多，西方商人也仍然活動於山地。制腦及圍繞制腦的漢「番」衝突，也還持續著晚清的狀況，因此，日本佔據臺灣最初幾年裡，殖民當局在山地的調查材料中所反映的情況與晚清時的狀況在許多方面是基本相同的。

一、清代後期臺灣山地的漢「番」衝突

隘墾始於乾隆後期，漢人移民設隘防「番」，在隘線內進行開墾。隘線內的土地墾熟以後，隘線乃向內山推進，隨著時間的進展，隘墾一步步向山地進發。《淡水廳志》載「官隘有定，民隘無常，愈墾愈深，不數稔輒復更易。」[3]正是這種情況的說明。在這種情況下，官方劃定的土牛紅線也就失去了它的意義。《淡水廳志》又載「淡地內山，處處迫近生番，昔以土牛紅線為界，今則生齒日繁，土地日闢，耕民或踰土牛十里至數十里不等，紅線已無蹤跡。」[4]至於三層制分佈制度的關鍵－－「番屯」，也因平埔族「屯丁」不斷將「屯地」租佃給漢人佃戶，而漢人佃戶不斷向內山開墾而失去它的意義。光緒年間，劉銘傳說「查番屯授地之初，名為獎功，實資捍禦內山番眾。故選壯丁屯傍內山，蠲其供賦，導令墾荒，其慮至為周密。今則事殊時異，生番多化，拓地日深，所設屯營，已居腹內，所授埔地，久為膏腴。」[5]

漢人拓墾既已進入「生番」居住的內山，以前被掩蓋的矛盾必將重新爆發。清代後期因漢人拓墾山地，漢「番」衝突乃又重現。這其中，固然有山地土著獵首習俗的因素，也有因漢人追求土地而釀成的事件，馬那邦事件即是一個例子。光緒十年，彰化縣詳報「民番互殺」事件：

[3]　陳培桂修《淡水廳志》卷三《建置志》「隘墾」。
[4]　陳培桂修《淡水廳志》卷三《建置志》「隘墾」。
[5]　《劉銘傳撫臺前後檔》第 236 頁，「臺灣府劄行巡撫劉銘傳等具奏『整頓屯務』折稿」，臺灣文獻叢刊第二七六種。臺灣大通書局印行「臺灣文獻史料叢刊」第七輯。

彰化罩蘭、東勢坑與新竹大湖等莊被「生番」殺死 18 人，漢人則攻破蘇魯、馬那邦社，殺死「生番」13 人，另又騙出番人 45 名加以扣留，雙方對峙。彰化縣職員葉春霖等稟請「剿辦」。[6]事情報到臺灣道劉璈那裡，劉璈卻不糊塗，也不偏袒漢人，經過調查，劉璈發現罩蘭、東勢坑及大湖莊與蘇魯、馬那邦兩社「界址毗連，其番界內本有一片平地，附近居民心生覬覦。」劉璈認為「蘇魯、馬那邦兩社生番，聚族而居，世守番業，本與漢民無干。乃葉春霖等貪其土地，輒圖將社占奪，始則聳官勸辦，繼則不告官司，擅自攻殺，終則糾眾盤踞，……致使該番眾蕩析離居，死傷橫野，實屬忍心害理，目無官法。」「番黎數十命，固屬無辜慘死；即從亂之民死由自取，而致死根由，終不外強佔番地。」劉璈的處理辦法，是將蘇魯、馬那邦平地「劃歸官地，留作屯田。」並「堪明地段，堅立界碑，曉諭民番，彼此均不准越界侵佔。」[7]劉璈雖能秉公處理此一事件，但其辦法不外還是劃界立屯，而在漢人拓墾進入山地的情況下，這一辦法是沒有什麼效果的，非但如此，因晚清樟腦業成為臺灣最重要的產業之一，大量漢人進入山地制腦、販腦，制腦與拓墾結合在一起，使得漢「番」矛盾更形激化。

臺灣樟腦業至少可以追溯到康熙後期，但真正發展是晚清的事。臺灣樟腦業發展起來後，山外的樟樹迅速被砍盡，劉銘傳說「臺灣樟腦自光緒八年以後，外山樟樹伐盡，顆粒無出。自十一年本爵部院開闢番境，處處設勇防護，招墾熬腦……」[8]他說的是光緒年間設立腦務總局以後的情況。其實，在此之前，制腦地主要就是內山。《淡水廳志》載「淡彰出產樟木，向歸艋舺料館收買，故內山各煎腦灶戶，亦歸料館約束。」[9]只是其時所出無多。臺灣樟腦輸出到世界市場後，山外不多的樟樹砍盡，

6　劉璈《巡臺退思錄》「移請恪靖仁營楊提督帶營會同中路廳及彰新兩邑文武彈壓解散大湖罩蘭等莊民番互殺由」，臺灣文獻叢刊第 21 種第三冊，「臺灣文獻史料叢刊」本第 198 頁。

7　劉璈《巡臺退思錄》「詳彰新兩縣大湖罩蘭等莊民番互殺調營會辦疏」，「批彰化縣稟移委唐縣丞會營查辦大湖罩蘭等莊民番互殺情由」，臺灣文獻叢刊第 21 種第三冊，第 203—206 頁。

8　《劉銘傳撫臺前後檔》「臺灣府行知所有臺灣樟腦自十七年正月起由腦戶自行覓售按灶抽收防費」，臺灣文獻叢刊第 276 種，大通書局印行本第 210 頁。

9　陳培桂修《淡水廳志》「賦役志」。

制腦就純粹是內山的事了。割臺次年（1896 年），日本人說「臺灣產物之中，世上有名之樟腦原料的樟樹皆位於生蕃地疆界內，此已是眾人周知之事。」[10]因此，為了制腦，漢人就大量地進入內山「番界」，其數量非山地拓墾時的情況可比。

　　究竟有多少漢人進入山地制腦、販腦並無專門統計，但我們可以從日據初年的情況略窺其端倪。1896 年 9 月，殖民當局五指山撫墾署對其轄下的制腦地情況進行調查，其所轄制腦地有獅頭山方面、馬武督方面、五指山方面三個制腦地，馬武督方面與五指山方面因「生蕃」活動非常頻繁而難以調查，獅頭山方面據調查「這一帶從事制腦之受雇人數大約有一千名之多」，有時其「數目甚至達到幾千幾百人，幾乎無法計算」，[11]由此觀之，晚清臺北、新竹、苗栗、彰化各地進入內山制腦的漢人不啻成千上萬。

　　這些制腦者良莠不齊，難免有侵佔「番人」利益的事情發生，加之「生番」有「出草」的習俗，漢「番」衝突是不可避免的了。因山地土著強悍，漢人欲在山地制腦，每須結好「番人」。在晚清與日據初，結好「生番」稱為「和親」。1897 年 9 月，五指山撫墾署轄下七寮莊以結首周源寶為首的四十多人，商議「共出資金與蕃人締結和親之盟，而欲重新開墾已荒蕪之舊官田三十四甲，另一方面亦計畫重建腦寮，以從事腦業」。[12]這一帶，原駐有清兵二營，漢人得以放心墾地、制腦，清軍撤後，「蕃人甚為跋扈」。此處「共出資金」當是預備「和親」所需之物質，因「生番」視金錢為無用之物。往往，與「番人」「和親」主要是給予牛、豬、酒肉，[13]在結好「番人」之後，制腦者就建立腦寮，並設隘「防番」。時日一長，制腦者熟悉「番情」之後，許多人就不顧「生番」的

---

[10] 王學新編譯《日據時期竹苗地區原住民史料彙編與研究》「明治二十九年十月份大湖撫墾署事務成績報告」，臺灣文獻館印行，南投，2003 年 12 月，第 435 頁、第 79 頁，第 82 頁。

[11] 王學新編譯《日據時期竹苗地區原住民史料彙編與研究》「明治二十九年十月份大湖撫墾署事務成績報告」，臺灣文獻館印行，南投，2003 年 12 月，第 435 頁、第 79 頁，第 82 頁。

[12] 王學新編譯《日據時期竹苗地區原住民史料彙編與研究》，第 124 頁、第 129 頁，第 435 頁等、第 156 頁第 129 頁，第 161 頁等。

[13] 王學新編譯《日據時期竹苗地區原住民史料彙編與研究》，第 124 頁、第 129 頁，第 435 頁等、第 156 頁第 129 頁，第 161 頁等。

利益，「誘拐番婦」者有之，[14]蹂躪「番人」田園者有之，[15]而「生番」則報之以「出草」獵首。然而，漢「番」衝突最重要的原因還在於生存、活動空間問題。

　　一般以為山地土著以狩獵為主，農耕為輔，然而，事實上許多山地土著是農耕為主，狩獵為輔。以晚清分佈於竹、苗等山地，漢人因制腦與之接觸最多的泰雅族為例，瓦歷斯‧諾幹和余光弘指出，農耕是泰雅族人的主要生計，狩獵其次，狩獵是表現英勇和顯示膽識的場合。根據泰雅族的農事曆，泰雅族人一年到頭不停地種植、收穫著小米、黍、芋頭、旱稻、甘薯及黃瓜、南瓜等農作物。[16]19 世紀末，日本殖民當局撫墾署官員的調查表明，山地土著「栽植稻米、粟、玉蜀黍、甘薯等作為日常食品，並獵捕鹿、猿、野豬等，取其肉以補平常之食物」。他們在深山看到的「蕃社」景象是「丘陵山脈幾乎皆是生長旱稻之良田相連，蕃屋三三五五散落其間，……各家皆飼養蕃雞及豬」。[17]泰雅族實行遊耕農業，原來，他們不斷地尋找新的土地，在清代，因新的土地不易尋找，他們實行休耕制，將舊耕地留置數年，待荒蕪成林後再進行燒耕。[18]大量的制腦者進入內山之後，不但制腦，而且實行隘墾，光緒十三年劉銘傳設立腦務總局，實行樟腦官賣，「處處設勇防護，招墾熬腦。」鼓勵開墾，亦助長了隘墾的進展。清軍撤退後，許多隘墾田地重又荒蕪，但一些制腦者也不輕言放棄，比如上述五指山七寮莊結首周源寶等人準備與「番人」「和親」，重開田地與制腦；又比如社寮角，「因久遭番害而歸於荒蕪的田埔，目前當地吳定連制腦出而與附近蕃社和談，並前進隘丁線，隨之農戶移住，新建家屋，從事耕種。」在這樣制腦兼隘墾的步步進逼的情況下，山地土著漸漸向深山退去，在 19 世紀末，有的「蕃社」

---

[14] 王學新編譯《日據時期竹苗地區原住民史料彙編與研究》，第 124 頁、第 129 頁，第 435 頁等、第 156 頁第 129 頁，第 161 頁等。

[15] 王學新編譯《日據時期竹苗地區原住民史料彙編與研究》，第 124 頁、第 129 頁，第 435 頁等、第 156 頁第 129 頁，第 161 頁等。

[16] 瓦歷斯‧諾幹，余光弘《泰雅族史篇》，臺灣文獻館，南投，2002 年 12 月，第 20—22 頁。

[17] 王學新編譯《日據時期竹苗地區原住民史料彙編與研究》，第 419 頁，第 116 頁等、第 372 頁，第 454 頁等。

[18] 瓦歷斯‧諾幹，余光弘《泰雅族史篇》，臺灣文獻館，南投，2002 年 12 月，第 20—22 頁。

所居，所耕種的「蕃地」，已是陡峭達四十五度的深山坡地，[19]正如劉銘傳所說的：「（各番所處）地極幽深，各番皆伏處山頂，寒苦異常。」[20]山地土著對於原先居住地被占耿耿於懷，這也是他們頻頻「出草」的原因之一。

劉銘傳在總結「開山撫番」時說「臣查臺灣生番，橫亙南北七百餘里，盡占腹心之地，犬牙錯處，無一不與民地為鄰，歲殺居民至千餘人之多。匪盜藉番地以為巢，聚眾搶劫，土豪藉防番以斂費，養勇抗官，官令不行，民糧紛擾。絕海瘴厲之鄉，官如傳舍，相率苟安，生番殺人，視如未睹。」[21]我們暫且不管劉銘傳對「番害」的看法如何，他的話表明了晚清臺灣山地漢「番」衝突的頻繁。晚清臺灣山地的漢「番」衝突不僅頻繁，而且比以前激烈得多，因為衝突雙方均使用槍支彈藥，而不似以前使用弓箭、刀劍。

清代前中期，因實行「三層制分佈制度」，山地土著與漢人移民的交往主要是通過平埔族仲介的，比如，泰雅族通過平埔族巴宰族的岸裡社、樸仔籬社，從漢人那裡獲得所需的物資。隨著西部沿海平地的開發，鹿漸漸減少，為應付官府對鹿製品的需索，平埔族亦需仰賴泰雅族等山地土著民族。雙方發展出互利的關係。[22]但隨著漢人大量進入山地，泰雅族等山地土著直接和漢人進行交易而無須平埔族仲介。公開從事這種交易的人，在日據初，被稱為「換蕃特許人」。一般而言，「換蕃特許人」大多是在山地居住許久，有一定資產的客家人。比如，「換蕃特許人」徐炳堂，「今年三十九歲，廣東省惠州府陸豐縣人士。三代以前住於通宵街，至父一代遷移至橫山莊，之後為開墾而移至內灣。財產據說有水田一甲五分，旱田五甲，現金約一千元。光緒十三年以來便在撫墾局辦

---

[19] 王學新編譯《日據時期竹苗地區原住民史料彙編與研究》，第 419 頁，第 116 頁等、第 372 頁，第 454 頁等。

[20] 《劉銘傳撫臺前後檔》「奏臺灣各路生番歸化並開山招撫情形疏」，臺灣文獻叢刊第二七六種，第 265 頁。

[21] 劉銘傳《劉壯肅公奏議》卷四《撫番略》，「劃撫生番歸化請獎官紳折（光緒十二年四月十八日臺北府發）」，臺灣文獻叢刊本第二十七種，第 206 頁。

[22] 瓦歷斯‧諾幹，余光弘《泰雅族史篇》第 41，第 140 頁。

事，通生蕃語。」又如，換蕃特許人陳祥生，「今年四十四歲，廣東省
嘉應州府長樂縣人，五代以前來到中壢，二代以前遷至鹹菜硼。業雜貨
商，擁有田地三甲，現金約三千元，可算是附近鄉村的富豪」[23]等等。

　　山地土著通過這些「換蕃特許人」與漢人交換各自的物資。一般而
言，山地土著所能提供的為土產，有「花草（數量最多）、苧絲、魚藤
（又稱露藤）、木耳、鹿皮、鹿茸、青藤、蕃衣、熊膽」，而當地漢人所
提供的主要貿易物品為生活、生產用品，有「酒，鹽（以上數量最多）、
牛、豬、紅糖、朱裙、銅鍋、銅絲、鐵絲、剪刀、洋火、耳塞、針、白
米、白布、柴刀、鋤頭、竹篦、蘭沙（染料）、角梳」等等，就中，鹽
是最重要的物資。此外，因冬季禦寒的需要，漢人的衣服也漸漸成為交
易品。[24]除了這種正常的交易，對於 19 世紀後期臺灣山地社會影響巨大
的是槍械彈藥的走私交易。據殖民當局撫墾署人員的觀察，（蕃「人」）
二十歲以上者大致都有槍械（十四、五歲有杠槍者），刀則從十歲左右
之幼兒起，一般皆佩帶，矛則藏於家中，甚少攜帶。而蕃人所持之槍械
種類甚多，有舊式之火繩銃，或最新式之連發槍，其種類不下四種。」
而「蕃人」絕口不提槍械彈藥之來源。撫墾署官員對於子彈火藥之供給
感到特別奇怪，「實際上他們火藥之供應亦為無窮無盡，而此火藥與子
彈亦為蕃人無法自製者，是以疑念倍生。」[25]實際上，山地土著通過漢
人的走私交易，在晚清時已獲得大量的槍支彈藥，劉銘傳在臺灣的六、
七年間，幾乎年年對「生番」用兵，而「生番」亦用槍支彈藥抵抗，加
上山地土著佔有地利，有時清軍很難占上風。比如光緒十二年九月，劉
銘傳對蘇魯社用兵，稱「臣由大坪進紮大隙山，攀藤附葛，踰嶺數重，
半係陡壁懸崖，林深箐密，伏番暗槍狙擊，⋯⋯蘇魯番見官軍逼近，隔
溪開槍，擊傷兵勇數人，⋯⋯該番槍法精嚴，發必命中，兩軍傷亡五十

---

[23] 王學新編譯《日據時期竹苗地區原住民史料彙編與研究》，第 72，75 頁、第 71，167 頁、
　　第 421 頁。

[24] 王學新編譯《日據時期竹苗地區原住民史料彙編與研究》，第 72，75 頁、第 71，167 頁、
　　第 421 頁。

[25] 王學新編譯《日據時期竹苗地區原住民史料彙編與研究》，第 72，75 頁、第 71，167 頁、
　　第 421 頁。

餘人。」[26]表明山地土著已嫻熟於槍支彈藥了。不僅山地土著嫻於槍法，實行隘墾的漢人農民以及制腦的腦丁，許多也用槍支彈藥武裝起來。1896 年 9 月份，殖民當局新竹五指山撫墾署在調查獅頭山腦丁情況時發現，該地「腦寮達四百餘間，稱為腦丁者，數目有幾千幾百人，幾乎無法計算，且腦寮亦有貯藏槍械彈藥之處。」[27]農家的武裝程度雖然比不上腦丁、隘丁，但許多也都擁有武器，如逼近內山的樹杞林「先年草昧初開，每家置有鳥槍及刀鏢各軍器，祖父置此以防番，子孫守此以防盜，世代相傳，習為固然。及臺歸日本之際，所有軍器，民盡毀之，此所以時有劫盜之患也。惟近山一帶，民有軍器者毀不得，毀時，慮凶番出沒，苟無軍器，難保性命。」[28]漢「番」衝突的雙方既然都用槍支彈藥武裝起來，衝突就比清初激烈許多了。清初，山地土著「出草」，往往是「鏢殺」漢人，再砍去首級，現在則是「銃殺」；而隘丁、腦丁也用槍火回擊「生番」，[29]使得 19 世紀末的臺灣山地充滿了火藥味。

二、「開山撫番」中的「撫番」與「剿番」

19 世紀後期，中國積貧積弱，列強環伺，而臺灣作為海疆重地，首當其衝。清廷，無論是朝廷或地方官均意識到對於山地土著不能再採取隔離政策，因此，光緒年間，清廷乃從原來的「隔絕番漢」的政策，轉而採取「開山撫番」的政策。「開山撫番」應作為一個整體的政策來理解。所謂「開山」固然是指開挖、修築通往山地的道路，然而，道路修好之後，以前「番社」的隔絕狀態將被消除。沈葆禎向清廷奏行的「開山撫番」政策提出解除大陸人民渡臺的限制以及臺民進入山地的限制，

---

[26] 《劉壯肅公奏議》卷四「營兵剿撫中北兩路生番請獎官紳疏」，臺灣文獻叢刊第二七種，大通書局印行本第 211 頁。

[27] 王學新編譯《日據時期竹苗地區原住民史料彙編與研究》，第 78 頁。

[28] 諸家《樹杞林志》「武備志」，臺灣文獻叢刊第六三種，臺灣銀行經濟研究室編印本，第 67 頁。

[29] 關於隘丁等殺「生番」的情況，可參閱王學新、龍仕騰《「殺番賞」之研究——以竹苗地區為例》。

並為清廷所採納，因此，漢「番」接觸將更為密切，「撫番」勢在必行。劉銘傳接替沈葆禎督辦臺灣事務後提出辦防、練兵、清賦、撫番四大施政方針，繼續沈葆禎的「撫番」事務。所謂「撫番」，實則是剿撫並舉。劉銘傳主政臺灣時所定的剿撫政策是：「今統籌全域，必將全臺生番剿撫兼施，盡行歸化，然後可無內顧之憂。各處凡有界鄰番界之地，責成駐防各該處統兵官將會商地方官察奪情形，就近相機勸撫。所有未經歸順、情願剃頭歸化各社番，酌給口糧、衣褲；倘有梗頑成性、不肯輸誠受撫者，相機勦辦。守定攻心要訣，不得滋擾。」[30]至光緒十六年，劉銘傳奏報「（全臺）生番一律就撫」。

從政治上來說，所謂「撫」的中心內容，就是「番人」雉髮，變服，歸順，然後當局給予一定的賞賜（包括變服所需的衣褲）。據嘉義縣令的的稟報，招撫勃仔社、簡務三石瀨社、簡務梯只社、簡務紅遠社等四社「生番」的記載，招撫「番社」的情形大致如下：「查該四社生番素稱強悍，向未歸誠；卑職當即逐一點驗撫慰，宣布朝廷禮法、憲臺德威，剴切曉諭告誡，取具手摹切結存案，並賞給藍布衫、紅嗶嘰褲腿各三百餘件以及豬、酒、鹽、糖、辮線、剃刀等物。遵照憲章，即以各該社之番目派為各該社之社長。擬自本年正月始，月給糧銀各五元，遇閏勻扣；春秋發給衣褲各四件，……男番二百餘名，亦均一律雉髮易服，堪慰憲廑。」[31]在劉銘傳主政臺灣期間，有不少這樣的「撫番」事例。如此「撫番」，除了雉髮變服所體現的歸順意義以外，歸化的「生番」景況並無任何改變，仍然回原來的「番社」生活，「撫番」必流於形式而無實際意義。實際上，即便這樣形式上的「招撫」，因「林密菁深，番悍且強」，也是不容易進行的。劉銘傳也認識到這一點，他說「生番為虐，不難招撫，要在招撫之後，聲氣不相隔絕，地方官撫馭得宜，教之耕耘，使饒衣食，方可無虞反復，不致虛擲餉需。」[32]為了達到「教之耕耘」的目

---

[30] 劉銘傳「臺灣府知巡撫劉銘傳批嘉義縣稟陳撫番情形並建議在大埔添設一縣治事」，《劉銘傳撫臺前後檔》，大通書局「臺灣文獻史料叢刊」第七輯，第80頁，第81頁。

[31] 劉銘傳「臺灣府知巡撫劉銘傳批嘉義縣稟陳撫番情形並建議在大埔添設一縣治事」，《劉銘傳撫臺前後檔》，大通書局「臺灣文獻史料叢刊」第七輯，第80頁，第81頁。

[32] 劉銘傳「剿撫滋事生番現經歸化折」，（光緒十一年十月二十九日。）

的，劉銘傳刷新「番政」，向招撫後的「番社」進行宣傳、教化，要他們「莫如歸化心不變，學習種茶與耕田，剃頭穿衣為百姓，有衣有食有銀錢」。並要他們放棄「出草」的習俗。劉銘傳還設義塾，招收「番童」入學，以期從長遠上、根本上改變「生番」，除了基層的義塾，光緒十六年，劉銘傳在臺北府設立「番學堂」，主要招收「番社」頭目子弟。

除了直接對山地土著進行教化工作，劉銘傳還希望通過設立撫墾局，招收廣大漢人移民入山開墾，與「生番」相處，來影響、同化他們。據載「初，臺之撫番也，動需兵餉數十萬，勦一社輒用兵數十營。公既未增一兵餉，特奏林惟源任墾事佐之。疏請免船資，招閩海貧民，墾畝輒數萬。使番眾狎居民，深慕衣冠文物、倫理婚姻之樂，群化無形，則耕織自精，貨財自殖。撫事既定，各就墾局設義塾，番童讀書者千數百人，父母來觀，輒跳舞歌呼以去。」[33]除了撫墾局招募的墾民以外，為了籌集「開山撫番」經費，劉銘傳將樟腦收歸官營，於光緒十二年設立腦務局。在撫墾與制腦雙管齊下的情況下，大量漢人移民進入山地，地方官的希望是「必須俟熟番日純，墾民日眾，內山設官招撫，自能水到渠成，全行歸化」。也就是說，地方官把移民大量進入內山視為「撫番」的基礎。然而，生活方式的改變是一個長時期的事情，在短短的數年時間裡，山地土著的生活方式與習俗無法得到改變，進入山地的漢人移民也良莠不齊，在雙方的密切接觸中，山地土著與漢人移民因拓墾、制腦所產生的矛盾衝突仍然存在，「出草」獵首也就不可避免地繼續著。

對於「生番」獵首，劉銘傳等地方官一般是採用「勦」的方針，劉銘傳主政臺灣七年，年年對「番」用兵。以泰雅族為例（分佈在新竹、苗栗山地和中央山地的泰雅族圍繞著制腦問題，與漢人移民衝突最多），自「開山撫番」後，多次遭受當局的「勦辦」。

一、光緒元年，清將羅大春開闢北路，屢與投獅等部落發生衝突。十一月，兩次與「番社」大規模衝突。

二、以太魯閣部族屢「出草」，羅大春率兵討伐大仔舟溪流域諸「番

33　《劉壯肅公奏議，撫番略四》。

社」，燒毀「番社」家屋，「番人」乞和。

三、光緒十年─十三年，清軍征伐蘇魯、馬那邦等泰雅族「番社」。清軍死傷病亡達一千餘，「番人」死傷數不詳。

四、光緒十一年九月，以馬來社等屢次「出草，」劉朝和率兵征伐，令「該番」歸順。

五、光緒十二年，清將張兆連以武力「招撫」太魯閣社。

六、光緒十二年，劉銘傳自督銘軍，征伐大嵙崁方面的泰雅族。「番人」「隨平隨背，叛服無常」，雙方相持四月，清軍因瘴癘病亡甚多，三營兵勇，已失其半，乃與「番人」約和而後退。

七、光緒十二年，統領林朝棟率兩營清軍征伐五指山方面泰雅族，征服五十餘社而退。

八、光緒十三年八月，以北港方面泰雅族「番人」屢「出草」，林朝棟率兵 2500 征伐，清軍死傷七八百人。

九、光緒十五年，劉銘傳親自率兵，大規模征伐大南澳方面「社番」。

十、光緒十五年九月，以馬速社殺害隘丁三十餘人，劉銘傳再出兵征伐大嵙崁方面「番人」。兵勇病亡極多，乃於十月退兵。

十一、光緒十七年，以隘勇營數十人被殺，出兵大舉征剿大嵙崁五指山「番人」。經月餘而勝敗未決，終與「番人」議和。[34]

如此對「番社」反復的征伐，說明「撫番」在短時期內是難以獲得成功的。「撫番」的不成功，其根本原因在於未能解決漢人移民和「番人」之間基於生存空間問題的矛盾衝突。沈葆禎、劉銘傳等人並非不懂得這個問題，但迫於外部形勢，他們還是得實行「開山撫番」政策。

比較一下雍正、乾隆年間和光緒年間，清政府（朝廷和地方當局）對待臺灣山地土著的政策及其施行狀況，我們可以發現一些相同與不同之處。

首先，對於「生番」的招撫，都僅重視薙髮、變服等表示歸順的形式上的意義，而未能解決「生番」和漢人移民在生存空間上的矛盾衝突，

---

[34] 據溫吉編譯《臺灣番政志》，第五章第六節「討番事略」；臺灣叢書譯文本第四種，臺灣省文獻委員會。

因此，受「撫」後的「番社」叛服無常。雍乾年間，清政府為求得地方安寧，可以放棄形式意義，採取「隔絕番漢」的政策，將「生番」隔離於內山之中，[35]而光緒年間，為因應時勢，清政府只得持續「開山撫番」。

其次，既然漢人移民和「生番」的矛盾衝突存在，則「番害」不斷。根據「命案必破」的原則，地方政府只得「剿番」。[36]乾隆後期，通過三層制分佈模式「隔絕番漢」，清政府得以避免「番害」，一直到晚清，清政府沒有對「生番」用兵。而「開山撫番」後，「番害」不斷，剿「番」之舉，也就連年不斷。

筆者曾經指出，形成於雍乾年間的「番政」包含「隔絕（生）番漢」和「護（熟）番保產」兩個方面。[37]「番政」形成後至「開山撫番」之前，清政府對「隔絕番漢」政策並未作原則性調整。晚清，當局轉而採取「開山撫番」政策，兩個政策之間缺乏連續性，前一個政策所掩蓋的矛盾暴露出來，後一個政策卻沒有相應的對策，因此，「開山撫番」難以取得成功。

---

[35] 關於雍正年間的招撫「番社」和乾隆後期採取「隔絕番漢」的政策，請參閱拙著《制度、地方官、「漢番關係」——關於清代臺灣「番政」形成的一些考察》，載《臺灣研究集刊》2004 年第 3 期。

[36] 關於「命案必破」的原則及其與「番害」的關係，請參閱拙著《制度、地方官、「漢番關係」——關於清代臺灣「番政」形成的一些考察》，載《臺灣研究集刊》2004 年第 3 期。

[37] 關於「番政」的形成，請參閱上述拙著，載《臺灣研究集刊》2004 年第 3 期。

康熙雍正年間臺灣移民的婚姻與家庭

　　在清代臺灣移民的研究中，女性移民的研究向來是薄弱的一環，由於女性移民研究的薄弱，對清代臺灣移民的婚姻與家庭的研究跟著也薄弱。

　　清代初期，臺灣的南北兩路還是煙瘴地帶，在這裡進行開墾，要冒著疾病、天災等不測的風險，還經常會和原住民發生武裝衝突，因此，初期的移民以青壯年男性為主是一種合理的推測。做這樣推測的不僅是今人，許多清代人同樣如此，畢竟，傳統社會中並沒有統計學意義上的人口調查，載藉中所見的對人口現象的記載，多出自個人的觀察，而個人觀察往往是有局限性的，並摻雜不少自己的推測。周鍾瑄監修於康熙五十六年的《諸羅縣誌》載「（諸羅）男多於女，有村莊數百人而無一眷口者。」「今流民大半潮之饒平、大埔、程鄉、鎮平；惠之海豐，……一莊有家室者百不得一。」[1]康熙末，藍鼎元因平定朱一貴起義來到臺灣，康雍年間他對南北兩路開墾者婚姻狀況的記述是最常被引用的記載之一，雍正五年（1727 年）三月，他說「（在臺灣的）粵民全無妻室，佃耕行傭，謂之客子。每村落聚居千人、百人，謂之客莊。……統計臺灣一府，惟中路臺邑所屬，有夫妻子女之人民，自北路諸羅、彰化以上，淡水、雞籠後山千有餘里，通共婦女不及數百人。南路鳳山新園、瑯嶠以下四五百里，婦女亦不及數百人。」[2]藍鼎元並舉了一個極端的例子——北路諸羅縣十八重溪大埔莊「居民七十九家，計二百五十七人，多潮籍，無土著，或有漳、泉人雜其間，猶未及十分之一也。中有女眷者一人，年六十以上者六人，十六以下者無一人，皆丁壯力農，無妻室，無老耆幼穉。」[3]並非說周鍾瑄與藍鼎元憑空杜撰，但這只是一種粗疏的觀察與記載，與實際情況還是有一定差別的。但這種記載經前人與今人的轉載與轉述，已成定論。鄧孔昭指出，早在雍正五年七月，福建總

1　周鍾瑄《諸羅縣誌》，臺灣文獻叢刊本，第 292 頁、121 頁。
2　藍鼎元《鹿州全集》，下冊「經理臺灣疏」。廈門大學出版社，廈門，1995 年，第 805 頁。
3　藍鼎元《鹿州全集》，下冊，「東徵集」。廈門大學出版社，廈門，1995 年，第 588 頁。

督高其倬就依據藍鼎元上述記載，向雍正奏稱「臺灣府所屬四縣之中，臺灣一縣皆係老本住臺之人，原有家眷。其諸羅、鳳山、彰化三縣皆新住之民，全無妻子，間有在臺灣縣娶妻者，亦不過千百中之十一，大概皆無室家之人。」[4]高其倬將藍鼎元所說的彰化以北、鳳山新園以南的情況，變成諸羅、彰化、鳳山三縣的情況，也就是，除了臺灣縣以外，全臺灣島的情況。[5]高其倬與藍鼎元乃同時的人，他尚且如此，更無須說其後的轉述、轉載了。按照這種說法，無法娶妻，乃是因為移民臺灣的女性極少，但成家立業是每個人的願望，在移民臺灣的女性稀少的情況下，一種看似合乎邏輯的推測就是：許多單身男性會去娶原住民女子為妻。這種推測演繹到最後，變成當今的「有唐山公，無唐山媽」[6]之說。這一說法的出現，有其政治生態方面的原因，而從學術方面來說，則是因為對清代臺灣女性移民以及婚姻、家庭方面的研究不足。鄧孔昭已經對清代女性移民臺灣的問題做了研究，這裡，將要做的是對清初臺灣的婚姻、家庭的一些研究。

二

　　本文主要依據清廷鎮壓朱一貴起義後，對案件中被緣坐的家屬的處置的資料進行研究，另外，以雍正年間吳福生案的檔案材料作補充。清律：「凡謀反共謀者不分首從皆凌遲處死。正犯之祖父、父、子、孫、兄、弟及同居之人，期親及伯叔父兄弟之子，不限已未析居，男十六以上，不論篤疾、廢疾皆斬；其男十五以及正犯之母女妻妾姊妹、若子之妻妾，給付功臣之家為奴，財產入官。若女姊妹許嫁已定歸其夫，子孫過房與人及聘妻未成者，俱不追坐。」[7]據此，除了謀反正犯以外，其十六歲以上的直系男性上下四代，叔伯兄弟及其子，

4　臺灣史料集成編輯委員會編《明清臺灣檔案彙編》，第二輯，第 11 冊，2006 年，第 332—333 頁。
5　鄧孔昭「試論清代臺灣的女性移民」，載《臺灣研究集刊》，2010 年第 5 期，第 73—84 頁。
6　按：這裡的「媽」為去聲，是閩南語中「祖母」一詞的省略發音。
7　《臺案匯錄己集》「四朱一貴謀反殘件」，臺灣文獻叢刊，第 191 種，第 17 頁。

及同居者都要被斬首，十五歲及以下的男性則和女性親屬一併給付功臣之家為奴。地方官府對所有被緣坐者都要調查清楚，無論老幼，每一個都要到案查驗，且要「取有該府縣族、鄰印、甘結在案。」在這種情況下，每個謀反正犯的家庭與婚姻狀況，家產狀況就被查得清清楚楚。清廷對朱一貴案緣坐家屬的處置是在鎮壓起義四年後進行的，此時，正犯都已被淩遲、處斬，所有的情況是審問被緣坐的家屬所得。吳福生案處置緣坐的家屬的資料至今未曾見到，但對吳福生等正犯的審問資料卻保存了下來，其中自然有問及家庭狀況，只是對家庭狀況的訊問較為簡單，不如訊問被緣坐的家屬時詳細，但亦可用做補充研究。

　　我們先來看朱一貴一案的情況。朱一貴一案的檔案材料已經殘缺，被緣坐的家屬只剩下王標等二十多人的材料。因朱一貴冒稱明室後代，因此清廷下令「將朱一貴之祖父、父、子、孫、兄、弟、同居之人、期親、伯叔兄弟之子，並伊嫡族以至幼子，不許遺漏一人，查明俱令送部，詳訊另別有無親屬，皆斬立決。」[8]清廷對於朱一貴家族的清查、抓捕應是最徹底的，範圍也超過了一般謀反正犯，但我們已看不到這個材料；此外，對朱一貴起義的重要首領李勇、吳外、陳印、翁飛虎、王玉全、張阿三等人的家屬的清查，其檔案也已經殘失。現將所剩下的王標等二十多人的家屬情況列清單如下：

表一：朱一貴案謀反正犯家屬、財產情況

姓名	籍貫	年齡	妻姓名/年齡	子女狀況	直系親屬	財產狀況
王　標	臺灣縣	30	莊氏/25	女兒 5 歲	父母，妹已嫁人	有田、園，房屋
蕭　彬			陳氏/29	無子女	母	無產業
劉　亮			張氏/30	兒子 5 歲	父母已死	無產業

8　同上注。

洪　慶			王氏/30	兒子 6 歲	父母已死	無產業
江邦俊			王氏	2 子 13 歲 4 歲 1 女 8 歲	母，弟，弟婦	住屋 3 間
曾　林			姚氏/55	子，13 歲		破屋 1 間
陳　瑞			已死	子 12 歲女 8 歲，一兄		田、園糖廍、房屋
陳　旺			未娶		母	住屋 2 間
蔡　應			已死	子 13 歲	母	草屋 1 間
陳　文			蔡氏	無子女		無產業
陳　恩			許氏/56	長子過繼次子 14 歲，女兒 10 歲		無產業
蔡　富			未娶		兩弟	破屋 1 間
林　衡			郭氏	三子，長子 11 歲，次子三子已死		園、屋子
詹九如			辛氏	子 13 歲		田園、房屋、池堰
林　泰	諸羅縣		陳氏/24	一子 3 歲		園 8 分、小屋 3 間
胡君用	平和縣		蔡氏/30（在原籍）	一子已死	一兄	屋 1 間
陳　成	長泰縣		林氏/30（在原籍）	無子女		破屋 1 間
蘇天威	臺灣南路		吳氏/45	子 6 歲，女 3 歲		園、草屋
劉　好	安溪縣		未娶		母，兄	
郭國甯	龍溪縣		未娶		兄及嫂無產業	
江國論	平和縣		未娶		母，五個兄弟，嫂	

| 卓　敬 | 漳浦縣 | | 洪氏/48（在原籍） | 二子，15歲，4歲 | 無 | 草屋3間 |

資料來源：《臺案匯錄己集》「卷一臺匪朱一貴等案」殘件臺銀本臺灣文獻叢刊，第191種，第19—31頁。

　　首先來看婚姻狀況，在二十二名正犯中，已婚的為十七名，未娶為五名，大多數人都是娶親了的，考慮到起義者大都為窮人，這種婚姻狀況和清代人的記述以及當代人對清初臺灣移民婚姻狀況的認識是不同的。在檔案資料中沒有見到對正犯家屬籍貫、住居地的訊問或記載，因此無法瞭解這些被緣坐的家屬是哪裡人，但朱一貴在南路羅漢門黃殿的莊中起義，參加起義的主要應當是臺灣南路人，而不是高其倬所說的臺灣縣「老本住臺之人」。那麼，這個資料是否足以改變我們對清初臺灣移民婚姻狀況的認識呢？讓我們進一步仔細分析。

　　從財產情況來看，在二十二名正犯中，王標，家有中則田三甲一分、中則園一甲四分零、下則園一分，住屋三間；陳瑞，家有下則田八甲、下則園二十二甲、糖廓三分、房屋二間；詹九如，家有田、園、池堰、房屋；三人中，王標家算薄有資產，而陳瑞、詹九如家資產狀況還是很不錯的。除此以外，其他人都是沒有產業的，僅有一兩間草屋居住的窮苦人。雖然上表中大多數人都娶親結婚，但婚姻狀況還是有區別的。我們先來看王標，他三十歲，其妻莊氏二十五歲，生有一女菊仔，年五歲。我們無法知道菊仔是否第一胎，但莊氏與王標年歲相當，二十歲左右生育，皆屬正常狀況，表明富裕人家的婚姻狀況是相當正常的。

　　再看林衡妻郭氏的情況，林衡家只有「住屋五間，園二甲，」郭氏生育三個兒子，次子與三子因病與意外死亡，長子十一歲，推算起來，郭氏三十五歲才有這個長子，同樣，我們無法知道這個長子是否頭胎，但郭氏很晚才生育基本可以肯定。林衡雖然不是毫無產業，但僅有旱地二甲，還是窮人，奮鬥許久才結婚、生育也晚。

　　再看蔡富，他和兩個弟弟都「替人雇工」，「只有破屋一間，別無產業」，屬於最貧窮的，三兄弟都沒有娶親結婚。但被緣坐的蔡富的弟弟蔡美（即作供者）才十八歲，假如沒有被緣坐，是否以後通過奮鬥能娶

上老婆還不得而知。

王標、林衡、蔡富代表了清初臺灣較富裕和貧窮的人的三種婚姻狀況，而從表一來看，大多數人的婚姻狀況應該是林衡所代表的那樣，雖然窮苦，沒有產業，但仍然奮鬥著，較晚娶親，較晚生育。表一中的蕭彬、劉亮、洪慶、曾林、陳恩、林泰、蘇天威都是這種情況。

除了上述三種情況，清初臺灣還有一種婚姻狀況，是在大陸原籍娶了老婆，但單身一人渡臺，將妻子留在原籍。上表中胡君用、陳成、卓敬就是這種情況。胡君用妻蔡氏供「小婦人是平和縣人今年三十歲了，胡君用是小婦人丈夫，成親一月就過臺去。」而陳成也是成親五個月就過臺灣了，將妻子留在大陸。[9] 已婚男子單身渡臺，是後來雍正、乾隆年間搬眷問題的主要原因之一。

上表表明清初臺灣移民儘管許多人十分貧窮，但多數人還是娶親生子的，這是不是一個普遍狀況呢？我們看一看吳福生案的情況，或可以肯定上述情況，或對上述情況加以修正。

三

吳福生案發生在雍正十年正月，地點也在南路。據福建總督郝玉麟與巡撫趙國麟等對吳福生等人的審問，所得到的該案正犯家屬、財產狀況有如下表：

表二：吳福生案正犯家屬、財產狀況

姓名	年齡	籍貫	婚姻狀況	子女狀況	其他家屬	財產狀況
吳福生	38	平和		二子、10歲8歲	無	2甲田、3間草屋
林 好	62	詔安	無		無	房屋5間
吳 慎	47	龍溪	無		弟1人	草屋4間
楊 秦	31	同安	無		兄弟1人	

9　《臺案匯錄己集》「五臺匪朱一貴等案」殘件，臺灣文獻叢刊，第191種，第27、28頁。

許籌	23	同安	隻身		無	草屋 3 間
黃賽	65	晉江	前妻死，續娶	前妻兒子 1 人，續娶帶來二子	無	草屋 3 間 田 1 畝 8 分
謝倡	32	長泰	妻林氏（妻及子在長泰）	一子 3 歲	母	草屋 2 間
顏沛	42	澎湖	無		無	無產業，看地理
洪旭	55	晉江	妻陳氏	一子 8 歲	無	開藥店
商大概	34	漳浦	無		母	無產業
李誠	36	臺灣生長	隻身		無	無產業
謝量	42	海豐	隻身		無	無產業，肩挑賣煙
邱鄂	37	海澄			母	瓦房 2 間
柯寧	55	同安	妻子	無	無	草屋 1 間
江連	49	同安	妻李氏	三子，一女前二子已成年	母	草屋 5 間
蔡國	36	漳平	妻子	有兒子	父母，弟	瓦房 3 間、草屋 4 間、田 5 分
莊玉	35	臺灣生長	無		兩個兄弟	田、園、屋
許貴	24	同安	無		母	無產業
楊預	36	平和	無		無	無產業
陳而	23	臺灣生長	妻子		父母兄弟伯	田、園、屋
鄭堯	38	龍溪	無		母	房屋 2 間捕魚為業
李棟	42	鳳山		有幼男	父母，弟弟	田 1 甲

| 李　卻 | 40 | 臺灣生長 | 隻身 | | 無 | |
| 林　連 | 39 | 長泰 | 無 | | 母（在長泰） | 屋1間 |

資料來源：《臺案匯錄己集》「卷一九吳福生等供詞」，臺灣文獻叢刊，第191種，第42—52頁。

　　從上表來看，吳福生一案，參與起事者與朱一貴案一樣，大多是窮苦人，許多人毫無產業，或僅有居住的破草屋。從婚姻狀況來看，則和朱一貴一案有些不同，吳福生案中的窮人大多未娶，不似朱一貴案，許多人雖窮，最後還是娶親了的。從表二來看，吳福生一案的二十四名正犯中，沒有娶親的有十五名，[10]約占三分之二。為何如此，不得而知，但朱一貴起義範圍廣泛，席捲三縣，參與者數萬，藍鼎元說「賊眾至三十萬」，[11]雖系誇大其詞，但數萬之數是有的，其所反映出來的情況是比較普遍的。而吳福生案參與者僅二、三百人，且迅速被鎮壓，一般而言，最初的起事者大多無家室之累。但吳福生案中，也不是無產業者均未娶，其中，柯甯、江連都是只有居住的草屋，但還是娶親了的。綜合朱一貴案與吳福生案來看，無產業的窮人，有娶親的，也有未娶的。如何來分析這個狀況呢？

　　康熙二十二年臺灣收歸版圖後，因鄭氏政權與明宗室人員被送回大陸，許多「難民」也跟著回大陸，這些「難民」其實都是荷據時期或鄭氏時期來到臺灣進行開墾、從事農業等產業的人，他們回大陸一度造成臺灣「人去地荒」。但知府蔣毓英、知縣季麒光等招集流亡，向清廷申請減稅，使得臺灣經濟得到回復、發展。此時的臺灣尚是地多人少，且土地大多為未開墾的處女地，土壤肥沃。稻子等農作物種植後無須施肥，任其自然生長，施肥則「穗重而僕」。產量一甲[12]上者可達六，七十

---

[10] 其中，李棟供說沒有妻子，但家中有「幼男」，倘幼男是小男孩，是否其妻已死。

[11] 藍廷理《東徵集》「卷一與施提軍論止殺書」。中國社會科學院歷史研究所明史研究室《清代臺灣農民起義史料選編》，福建人民出版社，1983年，福州，第8頁。

[12] 甲為清代臺灣的土地面積單位，一甲約合11.3清畝。黃叔璥《臺海使槎錄》卷一「賦餉」載「郡之田論甲。每甲東西南北各二十五戈，每戈長一丈二尺五寸。計一甲內地約內地十一畝三分二釐零。」

石，最下者也有三，四十石，數倍於內地。[13]不久，臺灣的產米已經可以供給內地。康熙末，巡臺御史黃叔璥記臺灣稻米生產「三縣皆稱沃壤，水土各殊。臺縣俱種晚稻，諸羅地廣，及鳳山澹水（按：這裡指的應當是鳳山的下淡水）等社近水陂田，可種早稻，然必晚稻豐稔，始稱大有之年。千倉萬箱，不但本郡足食，並可資瞻內地。居民止知逐利，肩販舟載，不盡不休，所以戶鮮蓋藏。」[14]康熙中後期，臺灣的社會經濟已呈現富庶的景象。康熙三十六年到臺北采硫的郁永河說「臺土宜稼，收穫倍蓰。治田千畝，給數萬人，日食有餘。為賈販通外洋諸國，則財用不匱。民富土沃，又當四達之海，即今內地民人，襁至而輻輳，皆願出於其市。」[15]

　　清初臺灣社會富庶的消息很快傳到對岸的閩粵地區，「臺灣好趁食（按：趁食，閩南語，謂工作賺錢。）」，「臺灣錢淹腳目（按：腳目，閩南語，即腳踝。）」等俗語流傳於閩粵沿海地區，許多閩粵窮民都渡海來臺灣「趁食」。「一到臺地，上之可以致富，下之可以溫飽。一切農工商賈以及百藝之末，計工授直，比內地率皆倍蓰。」[16]閩浙總督高其倬在說諸羅、鳳山、彰化三縣新住之民時，認為他們全無妻子，心無繫念，敢於為非作歹，農田之時尚有耕耘之事，及田收之後，頗有所得，任意花費，又終日無事，惟有相聚賭飲，飲酣、賭輸，遂共竊劫。[17]高其倬在這裡說的雖是治安與搬眷的問題，但也反映出沒有田產的新移民，為人傭工，秋成之後還是頗有所得的。郁永河說「臺郡獨似富庶，市中百物價倍，購者無吝色。貿易之肆，期約不愆。傭人計日百錢，趑趄不應召。屠兒牧豎，腰纏常數十金，每遇摴蒲，浪棄一擲間，意不甚惜。」[18]按照這種情況，「娶一婦動費百金」並非一件很困難的事情。勤

---

[13] 周鍾瑄《諸羅縣志》卷六「賦役志」。臺灣文獻叢刊第 141 種，第 87 頁。

[14] 黃叔璥《臺海使槎錄》卷三「赤嵌筆談‧物產」。臺灣文獻叢刊第 4 種，第 51 頁。

[15] 郁永河《裨海紀遊》卷下。臺灣文獻叢刊第 44 種，第 31 頁。

[16] 沈起元「條陳臺灣事宜狀」，《清經世文編選錄》，臺灣文獻叢刊第 229 種，第 2 頁。

[17] 《雍正朱批奏摺選輯》「閩浙總督高其倬奏聞臺灣人民搬眷情節折」，臺灣文獻叢刊，第 300
種，第 143 頁。

[18] 郁永河《裨海紀遊》卷下。臺灣文獻叢刊第 44 種，第 31 頁。

儉的人不賭不飲,用以積蓄,長期奮鬥,還是有可能娶親成家的。朱一貴、吳福生兩案所反映的許多窮人已娶親的情況和這是相符的。當然,有些人因賭博飲酒,或因其他原因,無法積攢足夠的錢娶親,也是有的。藍鼎元等人所記述的材料,造成一種印象,似乎清初移民臺灣拓墾者都是單身一人,無法成家立業,這並非普遍現象。

在吳福生一案中,除了無產業的,凡略有田地的,都娶親成家。吳福生本人三十八歲,有二甲田,三間草屋,他有兩個兒子,一個十歲,一個八歲,說明他二十多歲時成家立業,尚屬正常。蔡國有田五分,李棟有田一甲,都娶妻生子;而黃賽只有一畝八分田,也娶妻成家。他們的情況指明了一種方向,一些移民經過奮鬥,略有產業、積蓄,完全可以娶親成家。雍正、乾隆年間,在中路、北路平地的開墾中,一般一個佃戶向墾戶佃墾一個犁分的土地,一個犁分包含五甲田地,一甲蓋屋的地基與菜地。土地開墾成水田以後,每甲一般可收三、四十石至四、五十石的稻穀。每甲的大租為八石、其餘為佃戶所得,可以說,佃戶所得頗豐,對照上述朱一貴與吳福生兩案的情況,開墾成功的佃戶要娶親成家在經濟上是沒有什麼困難的,當然,開墾成功可能是一個漫長的過程,這個過程和移民自身的經濟情況,開墾環境的優劣有關。窮苦的移民或無資金去向墾戶贌耕土地,或僅有些微資金,須長期艱苦奮鬥,才能開墾成功一小塊土地,他們或無法娶親,或要經過長期的奮鬥,年齡偏大後才能娶親。莊英章、陳運棟以新竹頭份陳家為個案研究清末臺灣北部中港溪流域的糖廍經營與社會發展,陳家在粵東鎮平原籍屬社會底層的貧苦農民,其渡臺祖陳鳳述於乾隆年間渡臺後充當竹塹頭份地區隆恩莊官佃戶,境況並不好,他十四歲渡臺,歷經二十五載的省吃儉用,至四十歲時方娶親成家。陳鳳述生有三子,因早期家境仍未得到改善,長子三十九歲方成家;但其後家庭經濟狀況改善,二子與三子均於二十四歲時成家。[19]

另一個問題是,是否有適齡的女性,按照「有唐山公,無唐山媽」

[19] 莊英章、陳運棟「清末臺灣北部中港溪流域的糖廍經營與社會發展:頭份陳家的個案研究」,中研院民族學研究所集刊第 56 期,第 59—110 頁,1983 年秋季。

的說法，因為缺少女性移民，男性移民都去娶原住民女子為妻，情況果真如此嗎？

四

　　從朱一貴與吳福生兩案的情況來看，所有成家立業者，全部娶漢族女子，沒有一個娶原住民女子為妻的。這和「有唐山公，無唐山媽」的說法是完全相反的。當然，也不能完全排除娶原住民女子為妻的情況。實際上，在朱一貴一案中，有一個娶原住民女子為妻的例子。清軍所俘虜的朱一貴夥黨中有一個朱一貴的「兄弟」朱珠（又叫盧珠），據他供稱「小的在中路坑月膠住，父親名盧德，娶母親是番婆[20]。父親死了，（母親）改嫁與後父朱是。原不是朱一貴兄弟，因（康熙）六十年四月間，朱一貴帶了賊夥到小的坑月膠駐扎，叫小的跟他同去。五月初一日攻打府治時，小的隨在後面，不曾和官兵打仗。從前朱一貴在崗山各處拜把豎旗，小的俱不知情，是進了府治後眾人推他為王，說小的是他兄弟，也叫小的做王爺，其實並不是朱一貴封的。沒有管人，也不曾領得銀穀。」[21]朱珠的生父盧德，娶原住民的女子（番婆）為妻，這是朱一貴案殘件與吳福生案中僅見的一個例子，說明娶原住民女子為妻的情況實屬少數。

　　朱珠的母親在丈夫盧德死後改嫁倒是一個清初臺灣常見的現象。《諸羅縣誌》載「蓋內地各津渡婦女之禁既嚴，娶一婦動費百金，故莊客、佃丁稍有贏餘，複其邦族矣，或無家可歸，乃於此置室，大半皆再醮、遣妾、出婢也，臺無愆期不出之婢。」[22]「娶一婦」百金之費，通過我們在上面對朱一貴、吳福生兩案中無產業或僅有些少產業的人的婚姻狀況的分析，也不是一個高不可攀的數目，但寡婦再醮等應是清初臺

---

[20] 按：閩南語中，將域外非漢族已婚女子通稱「番婆」。

[21] 《臺案匯錄己集》「三朱一貴謀反殘件」，臺灣文獻叢刊，第191種，第13頁。朱珠後來以謀反罪被處斬，因檔案殘缺，不知四年後對被緣坐家屬的審訊中是否有他的親屬，因此表一中未能顯現他的情況。

[22] 周鍾瑄《諸羅縣誌》，臺灣文獻叢刊，第141種，第292頁。

地的一個普遍現象。吳福生一案中，黃賽也屬這種情況。據黃賽的供詞「小的晉江縣人，住在臺灣，今年六十五歲，沒有父母、伯叔、兄弟、姊妹。從前娶一老婆吳氏死了，後娶的老婆沒有生兒子，這黃恩是前死的老婆吳氏帶來的，陳慶、陳喜是後老婆前夫生的。」[23]黃賽的財產只有草屋三間，田一畝八分，十分貧窮，因此兩娶皆是再醮的寡婦，她們給黃賽帶來三個孩子。然而，與龐大的男性移民群體相對，再醮、遣妾、出婢之類的女子畢竟在數量上不相稱，男性移民成婚的對象應該主要還是女性移民。雖然清初清廷對女性移民渡臺多有禁令，但也並非絕對禁止，陳忠純據康熙四十八年（1709 年）任閩浙總督的張伯行在《申飭臺地應禁諸弊示》中所說的，在港口負責稽查的官吏對攜帶家眷渡臺的民人「其索費更多數倍。」指出，當時攜帶家眷即使受到限制，也並非被嚴格禁止。[24]而鄧孔昭通過對檔案中記載的被官方查獲的偷渡的女性移民資料以及族譜中記載的女性移民的分析，說明移民臺灣的女性並不在少數。而雍正、乾隆年間，清廷一再准許搬眷，也使得女性移民不斷增加，社會性比例趨於正常。[25]

　　乾隆年間，清廷設立「理番同知」，實行「恤番」政策，其中有一條是禁止漢人「牽手[26]番婦」。一般而言，移民免不了有和當地土著女子結婚的事情，清廷從「護番保產」的政策出發，對此加以禁止，但從漢人的婚姻習慣來說，娶本民族女子還是首選，我們上面從實證角度分析，清初，在女性移民相對少的情況下，移民主要還是在本民族內通婚，而進入乾隆年間，性比例趨於正常後，情況更應當是如此。所謂「有唐山公，無唐山媽」則主要是一種推測，是一種缺乏實證研究支持的說法。

---

[23] 《臺案匯錄己集》「九吳福生等供詞」，臺灣文獻叢刊本，第 191 種，第 46 頁。

[24] 陳忠純「清前期領照渡臺的民人範圍初探」，未刊稿。

[25] 鄧孔昭「試論清代臺灣的女性移民」，載《臺灣研究集刊》，2010 年第 5 期。

[26] 按：「牽手」，閩南語，作為動詞用為談戀愛、結婚成親之意；作為名詞用指戀人、配偶。

五

　　以上分析表明，清初到臺灣進行開墾的移民大多並非單身一人，許多人都是結了婚、組成了家庭的，還有一些人將家眷留在大陸，等待機會再搬娶家眷來臺。當然，從動態的觀點來看，社會上肯定還存在一些沒有結婚的單身男子，作為一個移民社會，清初的臺灣未婚男子比內地定居社會會多一些，這也是可以理解的，但並非大部分男子都不能成婚、成家立業。那麼，為什麼會形成清初臺灣移民大多為單身男子的刻板印象呢？這自然和當時渡臺波濤風浪的危險以及開墾環境的艱難困苦有關，但另一方面，清初的一些記載也促成了這種印象，而周鍾瑄、藍鼎元的記述是其中的突出者。

　　但我們細繹周、藍的記述，可以發現他們所記多為清初粵籍客家人的狀況，前引的周鍾瑄監修的《諸羅縣誌》說的「今流民大半潮之饒平、大埔、程鄉、鎮平、惠之海豐，⋯⋯一莊有家室者百不得一。」「（諸羅）男多於女，有村莊數百人而無一眷口者。」藍鼎元說的「粵民全無妻室，佃耕行傭，謂之客子。每村落聚居千人、百人，謂之客莊。」「廣東惠潮人民，在臺種地傭工，謂之『客子』，所居莊曰『客莊』，人眾不下數十萬。皆無妻孥。時聞強悍，然其志在力田謀生，不敢稍萌異念。」[27]等等，所指均為粵籍客家人。客家人之渡臺，始自康熙中後期。據說，因為施琅對惠州、潮州人有成見，在世時不許惠、潮人渡臺。嘉應州的客家人雖非惠、潮人，但他們渡臺要順韓江而下，先到潮汕，再轉閩南，渡海來臺。而清初惠、潮、汕，以及閩南沿海，全在施琅的掌控之中，因此，康熙三十五年，施琅過世後，廣東客家人方始渡臺。至於閩南人，他們很早就移民臺灣，宋元時期，他們就定居澎湖；明代後期，許多人就追隨鄭芝龍、顏思齊來到臺灣；荷據時期以及鄭氏時期，來臺灣定居、開墾的閩南人更多。而臺灣收歸版圖後，來臺灣的閩南人不用說就更多了。康熙年間，來臺灣的閩南人與客家人，行為模式上有差別是不奇怪

27　藍鼎元《鹿州文集》「粵中風聞臺灣事論」，載丁曰健《治臺必告錄》，臺灣文獻叢刊，第17種，第45頁。

的。閩南人多定居,而客家人則成為侯鳥式的移民。許多客家人或傭工於老移民,或開墾種植,秋成之後,既有所得,遂回故鄉,第二年再來。藍鼎元說「往往渡禁稍寬,(客家人)皆於歲終賣穀,還粵置產贍家,春初複又來臺,歲以為常」[28]既然他們往來於粵臺之間,而在臺灣「娶一婦動費百金」,他們在家鄉娶親,就是一個順理成章的事情了。這就是前引周鍾瑄所說的「蓋內地各津渡婦女之禁既嚴,娶一婦動費百金,故莊客、佃丁稍有贏餘,復其邦族矣,或無家可歸,乃於此置室,大半皆再醮、遣妾、出婢也,臺無愆期不出之婢。」莊客、佃丁者,如同周鍾瑄、藍鼎元一再說的,大抵皆粵籍客家人。進入雍正年間,禁止客家人渡臺的政策已不存在,客家人的侯鳥式移民方式也已成陳跡,他們都定居臺灣,婚姻、家庭方式自然也會有所不同。

假如我們讀史料不小心的話,將周鍾瑄、藍鼎元等人描述康熙末客家人的狀況當成清代前期全臺灣的狀況,就會對當時臺灣的婚姻、家庭狀況產生誤解,這是我們應當小心的。

---

[28] 同上注。

臺灣省會選址論——清代臺灣交通與城鎮體系之演變

一

光緒十三年（1887 年）臺灣建省（自 1885 年 10 月清廷下詔臺灣建省至 1888 年閩臺分治，臺灣正式成為中國一個省份。）建省過程中，省會選址自為最重要事情之一。

臺灣首任巡撫劉銘傳采照其前任岑毓英之議，調整臺灣的政區，將臺灣劃為三府，原臺灣府降格為臺南府，與臺北府分據南、北二端，而於中部設立臺灣府及首縣臺灣縣，擇定彰化橋孜圖地方為省會及首府、首縣所在地。橋孜圖本為一籍籍無名之小地方，一下子擢為省垣，一切都得重新打造。光緒十五年八月，臺灣知具黃承乙奉命設計，監照城垣，衙署、廟宇等，建成了八門四樓及文廟和一些廟宇。翌年林朝棟繼修城垣，所費近二十萬兩之巨。該年十月劉銘傳去職，次年三月以邵友濂接任。邵以經費難籌等原因停止橋孜圖修城事，將省會移至臺北。臺北乃成為省會至今。臺北之成為省會，似有偶然因素。然偶然之中包含著必然。

一般而言，從古至今，作為中心，無論上自全國首都或下至縣治，都要把地理環境及交通條件作為選址的首要條件之一。范蠡為句踐定都選址時說「今大王欲國樹都，並敵國之境，不處於平易之都，據四達之地，將焉立霸王之業？」[1]句踐採納范蠡之議，定都大越城（今紹興市）。大越城水陸交通均十分方便。《越絕書》卷八載「山陰古故陸道，出東郭，隨直瀆陽春亭；山陰故水道，出東郭，從郡陽春亭，去縣五十里。」陳橋驛指出，這是從大越城到今曹蛾江邊的兩條平行水陸通道。此外，大越城離海岸不遠，越國曾造木筏漂海而行。大越城也是一個海洋航行

---

[1] 《吳越春秋》，卷五。

的重要基地。[2]但「據四達之地」有多重涵義，一是以理民為中心的行政考慮；一是軍事上的防禦功能；一是經濟上的功能，等等。中心的多種功能的互動，是中國歷史上城鎮體系演變的重要決定因素。而這種決定因素是以地理環境和交通條件為基礎的。

　　論者多以為，歷史上（尤其早期歷史）中國城鎮的形成發展，政治職能是首要因素。如墨菲認為「除少數例外，行政機能支配了中國都市的盛衰，不論這些城市是否具有貿易或製造機能。」「大都市的唯一機能顯然是行政，即使位居樞紐地位的重要貿易城市，亦受官府或衙門的支配……（官府，衙門一旦遷離）儘管製造、貿易機能仍在，但市況將一落千丈。」[3]章生道亦認為「中國城市的機能基本上是行政的，中國歷代王朝的都市階層和行政階層是互相平行的。京城是國內人口最為稠密的都市中心，就整個帝國而言，京城是首善之區，也是經濟、文化和交通中心。省城是每一省人口最稠密的都市，而縣城是最低層級的行政中心。朝廷通過這些中心以控制和管理廣大的鄉村地區。」[4]但施堅雅認為，這種情況在晚唐至北宋時期發生了變化，他稱此為中國城市發展史上的「中世紀城市革命」。從這一時期開始，某些城市迅速擴大，市郊商業區蓬勃發展「出現了具有重要職能的大批中心城鎮。[5]這樣。原有的基於行政職能的城鎮與基於經濟功能的城鎮就形成了兩個體系，並在演變的過程中互動。其結果，是基於行政職能的城鎮體系成為基於經濟功能城鎮體系的子集。他對晚清中國城鎮的歸納得出結論「在經濟層級上，列為地方都市或以上的中國中心地，大部分亦為行政首府和中心」大部分的都會都是省會，而省會大部分也是都會。同樣，一般來說，省衙所在地的城市大部分為區域性都市或大都市，府治多為大都市或地方

2　　參閱陳橋驛：《陳橋驛方志論集》，P468－469，杭州大學出版社，1997.1

3　　R. Murphey: "The City Center of Ching Western China", Annals of The Association of America Geographers, 44 （1954）.

4　　Sen-dou Ching: Some Aspect of the urban Geography of the Chinese Hsien Capital, Annals of the Association of American Geographers. 51 （1） 1961.

5　　施堅雅主編《中華帝國晚期的城市第一編，歷史上的城市》導言：〈中華帝國的城市發展〉，中華書局，2000，12。

性都市；而縣治或為地方性都市或為中心市鎮和仲介市鎮。大部分的集市和墟市都缺乏政府行政機構。[6]假如行政性的城市只是經濟性城市的子集的話，那麼，按照施堅雅的說法，就是各級行政中心之選擇是以經濟中心為基礎的。施堅雅認為，這種情況的出現，其原因是社會經濟的發展。至於經濟性城鎮體系層級結構的形成，施堅雅採用德國學者的中心地理論，其理想形態為一蜂窩狀的六邊形結構。每一最基屋中心（六邊形的頂點）向其周圍的鄉村提供消費品[7]，而若干個基層中心又圍繞一個高一級中心（同樣是六邊形頂點）從它那裡獲得高一級的消費品，如此往上推而達到最高級的中心。現實當中當然沒有這種純粹的理想形態，而要根據所研究地區的地文情況加以修正。這種修正是以水路運輸為基礎的，在前近代中國，大規模的，經濟的運輸只有水運才有可能，另外，消費品向低級中心直至鄉村腹地的輸散也可轉換為鄉村農產品的輸出和消費品的輸入。在施堅雅研究的範例——成都平原以及長江中下游地區，寬廣的平原和密集的河網，為城鎮體系的層級結構的形成提供了基礎。

　　現在我們回到臺灣省會定址問題上來，究竟臺灣省會之定址，是行政職能考慮的結果呢，還是經濟功能發揮的結果？毫無疑問，我們的分析應當以社會經濟發展史以及地理環境和交通條件為基礎。

二

　　臺灣省包括臺灣本島、離島及澎湖列島。本文不涉及澎湖。由於臺灣島的土地資源主要位於島的西部，東部除東北角的宜蘭平原以外，花蓮平原和臺東縱谷平原的土地資源僅占極小部分，所以本文的論述以臺灣島西部為主。

　　臺島西部習慣上可以分為三部分。斗六以下為南部、斗六至大安溪

6　前揭施堅雅主編書，第二編：《空間的城市，城市與地方體系層級》
7　德國的中心地理論是基於零售業發展出來的。每個商業中心形成的基礎以銷售成本最低為前提，而路程是銷售成本的核心，如此一來，蜂窩狀結構是最理想的形態。

為中部、大安溪以北為北部。南部包括嘉南平原，屏東平原及恒春半島平原等，是臺灣最大的平原地帶。但嘉南平原水資源不足，農作物構成包括稻米以及甘蔗、番薯、花生、豆子等旱作。旱作中以甘蔗最為重要。臺灣中部主要包括彰化平原、臺中盆地，埔里社盆地等。這裡水資源充足，土壤肥沃，是最重要的稻米產區。臺灣北部由新竹沿海平原、桃園臺地、臺北盆地、基隆丘陵以及宜蘭平原構成。北部降雨充沛，其平原地帶是良好的稻米產區，而丘陵地帶適合於經濟作物。清代前中期藍靛是重要的經濟作物，晚清則盛產茶葉並成為最重要的農作物之一。此外，中部、北部山地出產的樟腦也是臺灣最重要產品之一。

臺灣與閩南隔海相望，氣候溫和，雨量充沛、土壤肥沃，是閩粵，尤其閩南一帶爭相移民拓墾的地區。荷蘭人佔據時期及鄭氏政權時期，臺灣的開發以今臺南周圍為主，南及鳳山，北至斗六一帶，鄭氏後期，王世傑率族人拓墾新竹一帶，此外，廣大的地域基本尚處於荒蕪狀態，或為平埔族的「鹿場」。清廷將臺灣收歸版圖後，閩粵移民大量湧到，他們迅速越過斗六門北上，拓墾中部、北部的平原、丘陵。至乾隆末期，除宜蘭平原和臺東地區外，臺島西部已大部分被拓墾。移民們種植稻米、甘蔗和其他經濟作物，向大陸輸出大量的米、糖及其他農產品。由於臺灣是一個新開發區，手工業極不發達，因此一應消費品均從大陸輸入，因此清代臺灣的貿易商業極為發達。農業經濟的發展和商貿的發達，使清代臺灣發展出了許多鄉街市鎮，但這些鄉街市鎮的形成，發展和佈局，不但取決於社會經濟的成長，還要受到地理環境的制約。

臺灣地形的主要特點是中央山脈，玉山山脈、阿里山山脈等幾乎從北到南貫穿全島，形成脊樑山脈，3 千米－4 千米高的山峰連接不斷。島小山高，使得河流比降極大，且河流絕大部分為東西走向，臺灣西部河川基本都是由東向西流入臺灣海峽。(北部雙溪流域是唯一不屬臺灣海峽水系的一個例外。)由於臺灣雨量充沛，陸地面積南北長，東西窄，使得臺灣河川形成「流路短促，水勢急湍。在山間，下切甚深，形成峽

谷；出山外，則奔流不羈，每成亂流。水勢漲落無常，呈暴流性質。[8]」
這種河川毫無舟楫之利，非但如此，每逢山洪爆發，輒阻斷南北交通。
清代臺灣唯一有通航價值的，是臺北盆地的淡水河，我們後面還要說到
它。將臺灣的情況拿來和成都平原等大陸地區作一個對比，可以發現臺
灣的交通毫無河川之利，非但如此，臺灣本島亦無沿岸航行之利。臺灣
作為一個海島，海岸線 1,140 多公里，但西部沿岸灘塗平鋪，最寬處竟
可達 5、6 公里。且沙汕極為發達，凡此皆使沿岸航行極為困難。因此，
本島內部各區域之間的交通主要依賴陸路，貨物依靠肩挑車運。而這和
河網的水路運輸能力是根本無法相比的。因此，臺島內部要形成層級式
的經濟城鎮體系是相當困難的。

　　清代前中期經移民的拓墾，臺灣的農業經濟和商品經濟都得到充足
發展，封建經濟繁榮，形成了許多鄉街市鎮，但由於受地理環境之限制，
這些城鎮只能都是小型的，用層級式結構的話語來說，它們只相當於低
層級的中心。

　　陳正祥曾歸納臺灣鄉街的形成：「所有此等鄉街，概見於沿海平原
與局部盆地，也就是產業比較發達的地區。鄉街間的互相距離，絕大部
分在 5－10 公里之間，平均約為 7.7 公里，就其所在位置說，約可分為
五類，第一是位於海岸者，如蘇澳、淡水、後龍、梧棲、布袋、安平、
馬公與東港等，多為過時之海港。第二是位於河邊者，如新莊、板橋、
汐止、大溪、北港、樸子、鹽水與麻豆等，多為舊時之河港。第三為坐
落平原地帶之衝要位置者，如中壢、大甲、員林、北斗、斗六、佳里、
岡山與潮州等，多數為局部之交通中心與行政中心。第四是見於山區局
部平地者。如竹東、東勢、埔裡與集集等。第五是見於山坡而賦有天然
資源者，如九份與金瓜等。」[9]除去第五類不論外，上述鄉街均為低層
級經濟中心，為農產品的集散地與手工業品等消費品的供應地。由於其
物資的集散主要靠人挑車運，因此其對鄉村腹地的輻射範圍有限。

　　上面所說的主要是經濟中心的形成，除此之外，還有行政中心的形

8　吳壯達：《臺灣地理》P23 三聯書店，1957，北京。
9　陳正祥：《臺灣地志》上冊，P261，南天書局，1993，臺北。

成問題。

　　除了嘉南平原和屏東平地一帶，臺灣大部分地區是在清代拓墾的。隨著土地的開墾和人口的增加，需要不斷地設置和劃分新的政區，設立新的行政中心，同時臺灣歷史上有「三年一小反，五年一大反」之稱，清末並有日軍入侵，法軍入侵等外患，政區的重新劃分和行政中心的設置都要考慮到政治和軍事上的功能。陳正祥指出，「綜觀清廷治臺 211 年間（1684—1895 年），地方行政區劃的調整，主要者計有五次，而每次皆與政局改變及外患有關。第一次在鄭氏投降之後決定收入版圖之初（1684 年），就原有行政區劃稍加更改；第二次係在朱一貴事變平定以後（1723 年）；第三次係在蔡牽朱濆事變平定之後（1812 年）；第四次係在日本籍故侵擾臺灣之後（1875 年）：第五次係在法軍侵擾臺灣之後（1885 年）。」[10]對於行政區劃調整等原因設置新的行政中心的原則，施添福認為「清代對縣治區位的選擇標準，就是盡量將其置於人文交互作用的最大點，或可能的最大點，這一點能以最少的時間或最短的距離接近轄區內的人民。」「即為了便於治事理民，以盡廳縣之責。縣廳治的選擇不但考慮其相對於轄區的中心性，即使後來的發展使原來的縣治區位漸失中心位置，亦透過諸如：析土另立新縣廳、調整縣界，縣廳印官以權宜方式在兩地處理公事，遷移縣廳治，以及設置或調整分守縣丞和巡檢轄區等手段，以保持區位的中心性。由於縣廳治在其轄區內，大多能居於人文發展中心的優越位置，因而使其具有成為境內最高級中地的潛力。」[11]「以最少的時間或最短的距高接近轄區的人民」，這是傳統官方設置行政中心時所遵循的「理民治事」原則，我們在後面還要談到這一原則。現在問題是，如果把清代臺灣縣廳治的設置放在中國城市發展史的總體背景中來考慮，那麼，究竟是行政中心促進了城鎮的成長並衍生了其他城市功能（經濟、文化中心）呢，還是行政中心遷就，適應了因經濟、商業的成長而形成的經濟中心呢？我們來看幾個例子。

---

[10] 陳正祥：《臺灣地志》上冊，P15，南天書局，1993 年 10 月，臺北。

[11] 施添福〈清代臺灣市街的分化與成長—行政、軍事與規模的相關分析〉，載《臺灣風物》第三十九卷第二期。

　　清廷將臺灣收歸版圖時設立一府三縣：首縣臺灣，其次為諸羅、鳳山二縣。鳳山縣治承鄭氏舊址設立於興隆莊。興隆莊「南即打鼓海口，控制水陸，實係自然險要。」[12]興隆莊雖然位置險要，卻僻處海隅，難以成為一個地區的中心地。隨著清代農業經濟的成長，鳳山縣裡形成了一個新的經濟中心——埤頭街。埤頭街在雍正年間已是「居民輻輳，行旅往來之孔道。」雖然自雍正年間知府沈起元就建議遷縣治於埤頭街，但一直未獲准。[13]乾隆五十一年興隆莊毀於林爽文事變，縣治遷埤頭街，嘉慶十一年（1860 年）埤頭街毀於蔡牽事件。縣治又遷回興隆莊。鳳山縣治之遷來遷去，雖直接係於戰火，卻也反映了行政性城鎮與經濟性城鎮的互動。最後是經濟性城鎮獲勝，道光二十七年，清廷終於採納臺灣知府全卜年，閩浙總督劉韻珂的奏請而將鳳山縣治定於埤頭街。

　　其次是建省時分割出來的雲林縣縣治、最終選定斗六門，雖然該地「地屬中央，西螺、塗庫、他里霧、林圯埔環其四隅，為雲林扼要之區。南至嘉義，北抵彰化，東入山，西到海，道塗遠近相若，足資控制」，[14]但斗六門早已是「村落相連，人煙稠密，田土膏潤，形勢適中。」[15]已是一個經濟中心。

　　以上兩例為縣廳級治所的狀況，府治的設立也存在與經濟中心適應的例子，這便是光緒初臺北府治的設置。我們知道，沈葆楨所區劃的臺北府，卜治於艋舺，而將竹塹分治，設立一個新縣、卜治於塹城。其時艋舺早已成為最繁盛的經濟中心，乾隆年間便有「一府二鹿三艋舺」之稱了。在臺北府設立之前，北臺灣的政治中心在竹塹。雍正九年（1731年）設立淡水廳，廳治定於竹塹，其時竹塹尚為番社。之所以卜治竹塹，乃新竹平原開發較早，鄭氏晚期王世傑已率族人入墾該地，而臺北盆地之拓墾一般以康熙後期陳賴章墾號的土地文書為標誌性年代。但後來臺北盆地的經濟發展其勢在新竹平原之上，艋舺作為經濟中心，也很快超

---

[12] 《臺案彙錄丙集》臺灣文獻叢刊第一七六種，P162。
[13] 沈起元：〈治臺灣私議〉，《清經世文編選錄》，臺灣文獻叢刊二二九種，P8。
[14] 陳衍：《臺灣通紀》，臺灣文獻叢刊第一二○種 P241。
[15] 同 1， P240。

過竹塹。乾隆年間「一府二鹿三艋舺」已為時人所津津樂道。道光年間「艋舺民居鋪戶約四、五千家。……淡水倉在焉。（淡水）同知歲中半居此，蓋民富而事繁也」。[16]在行政性城鎮和經濟性城鎮的互動中，經濟性城鎮占了上風，沈葆楨已看到竹塹作為廳治造成「同知半年駐竹塹衙門，半年駐艋舺公所，相去百二十里，因奔馳而曠廢，勢所必然。」的弊端，所以在籌畫臺北府時乃將艋舺定為府治，而竹塹僅得為縣治。塹城紳商雖希望借助行政中心的功用來推動竹塹商業經濟的發展而上書沈葆楨，請求將府治設於竹塹，然最終不可得，此亦為中國城市革命後的中華帝國晚期城市發展中行政中心適應經濟中心發展之一例證。

　　總的來說，基於臺灣本島內部的地理環境和交通條件來說，只能形成一些低層級的經濟中心，而這些低層級的經濟中心和低層級的行政中心（縣廳級或以下）是相適應的，很多低層級的行政中心是以這些經濟中心為依託的，在陳正祥所舉例的鄉街中，設置過府、縣、廳治的有淡水、安平、斗六，佳里、員林，埔裡，大溪（大科坎）；設置過縣丞的有北港（笨港），斗六，新莊等，設置過巡檢的有佳里興、新莊、大甲、斗六，等等。[17]

三

　　我們前面說過，層級性的經濟性城鎮體系的形成，是以具有密集河綱的平原地帶為典型架構的。以這個修正過後的中心地原理架構來觀察臺灣的自然地理環境和交通條件，就可以發現前近代的臺灣確實難以形成層級性中心地結構中的高層級中心。高層級的經濟中心的形成，有賴於臺灣與大陸的經濟聯繫及海上交通。

　　相對於臺島內部交通條件的嚴重局限，它和大陸之間的海運交通倒是十分方便。對於傳統中國所掌握的造船和航海技術來說，臺灣海峽的航渡是毫不困難的。康熙年間，黃叔璥已記載「商旅貿易，乘艍仔等平

---

[16] 姚瑩：《東槎紀略》，臺灣文獻叢刊第七種，P90。
[17] 此處參閱前揭施添福文表五─表八。

底船，在洪濤巨浪中，往來如織。」[18]

　　由於清代臺灣和大陸之間存在著產業上的分工，臺灣向大陸輸出米、糖、藍靛、麻、豆等農產品，而從大陸輸入一應手工業品等消費品，與大陸貿易的重要港口遂有成為地區性中心的可能性。

　　清廷收復臺灣後，以府城（今臺南）為對渡廈門的正口。1784 年又開放鹿仔港與泉州晉江的蚶江口對渡通商，1792 年又開放淡水廳八里坌與泉州蚶江、福州五虎門對渡，府城、鹿港、淡水（艋舺）遂成為對渡大陸的三個正口，其本身也繁盛發展起來，儼然有成為地區性的經濟中心之勢。米、糖等農產品從這裡運往大陸，而手工業品從大陸運到這裡再分銷到各低層級的經濟中心。雖然本島沿海還有一些海港、河港，但它們遠不能和一府二鹿三艋舺相比。但這三個中心情況也是有些不同的。如果以「一府二鹿二艋舺」作為三個地區的經濟中心的話，艋舺因淡水河（基隆河、大科坎溪）可航行木船，可以溝通整個臺北盆地並達到基隆丘陵，其情況是最好的，而鹿港、府城的情況要差一些，面對廣大的腹地、無舟楫之利，難以發揮經濟中心的功能。這其間，府城與鹿港的情況又有些不同，府城一向是臺灣的行政中心兼經濟中心。在中部地區和北部地方開發後，成為南部的經濟中心兼全島的行政中心，雖然從行政職能上來講它對中、北部有鞭長莫及之感，在中、北部經濟持續增長(中、北部的農業自然條件要優於南部，具有超過南部的潛力。)人口也不斷增長的情況下，府城作為全島行政中心的地位是很勉強的。但在府城行政中心地位尚未改變之前它對府城作為南部地區經濟中心的地位是有幫助的。鹿港則不同，他是純粹作為經濟中心發展起來的，在和腹地溝通有困難的情況下，它的前景未可樂觀。當然，鹿港的最終衰落是港口淤淺的緣故，但即使不淤淺，它的發展空間也不十分寬廣。進入晚清，地理環境和交通條件對鹿港的限制就完全暴露出來了。

　　晚清時，臺灣的經濟格局發生變化，由於開港，臺灣農產品進入世界市場，茶、糖、樟腦成為最重要的農產品輸出。茶、樟腦輸出到世界

---

[18] 黃叔璥《臺海使槎錄》卷二，武備。

市場，糖保持原有的大陸市場，日本市場，部分也曾進入世界市場。而西方的棉布、煤油等消費品及鴉片也大量進入臺灣市場。而稻米，出於臺島本身人口的增長，輸出已不及清代中期那麼旺盛。這樣，臺灣經濟重心就分別置於南北兩端，由於茶葉的總產值高及主要進入世界市場，北部的地位要顯得比南部重要，和臺島這種新經濟格局相適應的是基隆和打狗兩個港口發展起來，形成打狗－府城、淡水－基隆這樣兩個港口體系，這兩個體系同時也是南北兩個經濟中心，而中部則沒有中心了。

晚清臺灣形成南北兩個中心的形勢也可以從中法戰爭中臺灣防務部署上表現出來。在劉銘傳接篆之前，臺灣防務掌於劉璈手中，由於兵力有限，他佈防重點在於府城，臺北的防務則較薄弱。劉銘傳到任後，雖然對這種佈防不滿，但他除了努力部署北部防務外，並未削弱府城兵力。實際上法軍於臺灣海戰前亦曾窺探府城，因防備嚴密遂折回北部。二劉雖不和，劉銘傳為封疆大吏，但在中法戰爭中，他並未削弱府城防務而是在兵力不足的情況下撐持臺北防務，戰後劾劉璈亦未涉及這一點。蓋二劉皆能兵，知南、北二端並重，皆為臺島中心，皆當嚴加密防也。

臺灣籌畫建省和建省後，岑毓英、劉銘傳對省會選址都是基於理民治事這樣一種行政中心的思想，即施添福所指出的「以最少時間或最短的距離接近境內的人民這一原則」為此，岑、劉擇定位於中部（不僅是縱向的中部，同時在橫向上也是中部）的橋孜圖，並對臺灣政區作調整以使選定的省會位址處於中樞的區位。據劉銘傳向清廷奏呈的疏議：

> ……臣等公同商酌，竊謂建置之法，形勢為先，制治之方，均平為要。臺疆治法，視內地為獨難，各縣之幅原，反較多於內地，如彰化、嘉義、鳳山、新竹、淡水等縣，縱橫多至二、三百里，鞭長莫及，治化何由，且防務為治臺要領，轄境太廣，則耳目難周，控制太寬，則聲氣多阻。……現當改設伊始，百廢具興，若非量予變通，何從定責成而垂久遠？……
>
> 查彰化橋孜圖地方，山環水複，中開平原，氣象宏開，又當全臺適中之地，擬照前撫臣岑毓英原議，建立省城。分彰化東

北之境，設首府曰臺灣府，附郭首縣曰臺灣縣。將原有之臺灣府縣改為臺南府、安平縣。嘉義之東，彰化之南，自濁水溪始，石圭溪止，截長補短。方長約百餘裡，擬添設一縣曰雲林縣。新竹苗栗街一帶，扼內山之衝，東連大湖，沿山新墾荒地甚多，擬分新竹西南各境，添設一縣曰苗栗縣。合原有之彰化縣及埔裏社通判，四具、一廳，均隸臺灣府屬。其鹿港同知一缺，應即撤裁。淡水之北，東抵三貂嶺，番社紛歧，距城過遠；基隆為臺北第一門戶，通商建埠，交涉紛繁，現值開採煤礦，修造鐵路，商民麇集，尤賴撫綏；擬分淡水東北四堡之地撥歸基隆廳管轄，將原設通判改為撫民理事同知，以重事權，此前路添改之大略也。

後山形勢，北以蘇澳為總隘，南以埤南為要區，扼控中權，厥惟水尾。其地與擬設之雲林縣東西相宜，聲氣未通。現開山路百八十餘裡，由丹社嶺，集集街經達彰化。將來省城建立，中路前後脈絡，呼吸相通，實為臺東鎖鑰；擬添設直隸州知州一員，曰臺東直隸州，左界宜蘭，右界恒春，計長五百里，寬三、四十里，十餘里不等，統歸該州管轄，仍隸於臺灣兵備道。其埤南廳舊治，擬改設直隸州同知一員。水尾迆北，為花蓮港，所墾熟田約數千畝，其外海口，水深數丈，稽查商舶，彈壓民番，擬請添設直隸州判一員，常川駐紮，均隸臺東直隸州。此後路添改之大略也。[19]

……。

劉銘傳對臺灣政區的重新劃分，使得橋孜圖成為各政區的中間區位，完全體現了城市發展史上以理民為第一的傳統的行政優先於經濟的思想。然而臺灣的地理環境和交通條件使他的這種思想無法實現。如前所述，臺灣的河流由於比降大，不僅湍急，而且雨季洪水量大，無法渡越。臺灣的河流絕大部分為東西走向。（西部流入臺灣海峽的河流自東向西流，東部流入太平洋的河流自西向東流，僅北部及南部個別河流呈偏南或偏北的流向。）在洪水季節形成一道道屏障，使得在最短時間內達到所需治事地點的設想無法實現。

---

[19] 劉銘傳〈臺灣郡縣添改裁撤摺〉《劉壯肅公奏議》，臺灣文獻叢刊本，第二七種。

　　另一方面由於中部地區缺少一個高層級經濟中心，使得行政中心依託既有經濟中心的可能性也不存在。（值得一提的是，鹿港的紳商意識到行政中心有促進經濟中心的可能性，遂積極上書劉銘傳懇請將省會設置於鹿港，但遭到劉氏的斷然否定）。因此，晚清的狀況表明省會定址在中部是不現實的。

　　邵友濂把省會定在臺北有其客觀必然性，如前所述臺北與臺南此時已成為南北兩個經濟中心兼行政中心，晚清北部經濟有超越南部之勢，既然長期以來全島的行政中心可以置於南部，現在亦不妨置於北部，在橋孜圖不可能成為省會之後，臺北是一個最好的選擇。

四

　　在前近代，水運是最重要的交通運輸手段，由於臺灣本島內部基本缺乏水路交通系件，所以形成高層級的經濟中心是很困難的，而只能在陸路交通的基礎上，形成一些低層級的經濟中心，這些低層級的經濟中心適於作為縣廳級及其以下級別的行政中心。然而，由於臺灣與大陸的產業分工，在海上交通發達的基礎上形成了南北兩個重要港口，並成為臺灣兩個高層級的經濟中心，全島的行政中心只能依託於其中之一，清代前中期乃依託於臺南（府城），末期遂依託於臺北，這是臺北成為省會的根本原因。

　　就橋孜圖而言，它居中的區位並非沒有優勢，而且中部地區也需要一個中心，只是在前近代的交通條件下不可能實現。在鐵路、公路運輸發達以後，橋孜圖作為地區中心的設想才有可能實現，而今天，臺中市確實也成長為中部的經濟、行政中心。

胸中的航海圖——郁永河《裨海紀遊》
手繪「宇內形勢圖」（示意圖）研究

摘要

　　康熙三十六年（1697）郁永河到臺灣采硫，記沿途所見等成《裨海紀遊》一書。該書有一節「宇內形勢」，記述郁永河對渡臺海船的火長等航海人員的訪談，並附有手繪「宇內形勢圖」一幀。該圖實為一航海圖，航海人員憑經驗繪出明清時期東西洋的大部分航線，與《東西洋航海圖》（the Selden Map）契合，與古代航海文獻亦能相照應。該圖對古航海圖、航海文獻及古航海術的研究多有裨益。

　　關鍵字：宇內形勢圖、裨海紀遊、大九洲、沿岸航行（地文航海）、東西洋航線體系、古航海圖

一、弁言

2009 年下半年，筆者讀到晚清桐城人許奉恩《蘭苕館外史》，中有「擷錄《海上紀略》」之內容，並附有手繪「宇內形勢圖」一幀。乃錄自郁永河《裨海紀遊》一書。據許奉恩說「曩在都中，見達君經圖所刊鬱君滄浪《裨海紀遊》一書，係於役臺灣，按日筆記。後附《海上紀略》數則，所志異聞異見，並濱海各國人情風俗甚詳，意者亦有心人也，爰擷錄以公同好。郁君名永河，武林人，官閩省牧令。達君名綸，襄平人，仕隱未詳」。[1]該手繪的「宇內形勢圖」雖極簡略，僅為示意圖，但卻是諸本《裨海紀遊》所未見，乃上網搜索達倫刻本，知該本為道光十五年（1835）刻本（巾箱本），國家圖書館列為普通古籍。其時筆者已接到輔仁大學歷史學系「第六屆文化交流史暨方豪教授百年誕辰紀念」研討會邀請函，遂決定以此為題撰寫論文。但其時適逢國家圖書館古籍部整理，何時重新開放不得而知，乃就許奉恩材料等撰寫「從郁永河《裨海紀遊》宇內形勢圖說明清時期中西文化交流」一文，在會上（2010 年 5月）宣讀（未刊），評論人為中研院臺灣史研究所陳宗仁教授。該文內容重在文化交流。在未讀達倫刻本並作修改之前，筆者無法發表該文。其後，在《海交史研究》2011 年 1 期上讀到錢江《一幅新發現的明朝中葉彩繪航海圖》一文，介紹「東西洋航海圖」（The Selden Map）及《海交史研究》2013 年 2 期錢江、陳佳榮《牛津藏〈明代東西洋航海圖〉姐妹作——耶魯藏〈清代東南洋航海圖〉推介》及其後諸方家之研究，對郁永河「宇內形勢圖」之認識發生變化；並且在研讀達倫刻本後，撰寫本文，重在海上交通史，內容與筆者 2010 年的會議論文已有重大不同。期間，筆者讀到陳宗仁「前往東西洋：〈宇內形勢圖〉解析及其地

---

[1]　許奉恩《蘭苕館外史》又作《里乘》。內容多為許氏創作的小說，另有「擷錄《海上紀略》」等二三篇非小說者。該書晚清與民國年間多次重刻、翻印。近年亦有多種排印本。各種本子中，有刪去「擷錄《海上紀略》」等非小說者，有保留者。刪去「擷錄《海上紀略》」，則連同「宇內形勢圖」一併刪去。近年排印本保留「擷錄《海上紀略》」等並保留「宇內形勢圖」者，有齊魯書社《里乘》，2004 年 1 月，濟南；等。「擷錄《海上紀略》」在該書 pp252—260，「宇內形勢圖」在 p271。

緣政治想像」（載於《臺灣史研究》第 19 卷第 3 期，2012 年 9 月），亦
多所收穫。

附圖：達倫刻本「宇內形勢圖」：

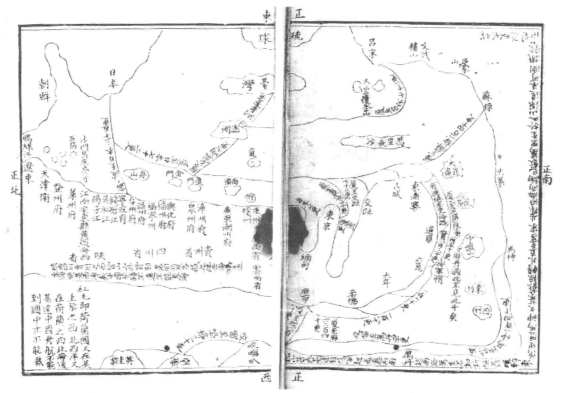

資料來源：道光十五年《裨海紀游》（達倫刻本）

二、「宇內形勢圖」出處

　　郁永河極喜歡遊山玩水，《裨海紀遊》一開頭就說，他於康熙三十
年（1691）入福建供職，五年間，「八閩遊遍矣」，僅「九閩」臺灣尚未
遊歷。康熙三十五年（1696），省城藥庫災，「燬硝磺火藥五十餘萬無纖
介遺。有旨責償典守者，而臺灣之雞籠、淡水，實產石硫磺，將往採之。」
郁永河十分高興有此機會遊歷臺灣，於次年欣然赴臺採硫，從臺灣府城
（今臺南）一路北上，記沿途之所見及采硫狀況，成《裨海紀遊》一書。

　　該書為清代著名遊記，頗受人歡迎，歷來傳抄、翻刻甚多，但也算不上經典，沒有人為之考證、校訂，一直到 1950 年，方豪在臺灣方為之校訂，方豪列出十幾種版本：這十幾種版本大約可分為「渡海輿記」和「裨海紀遊」兩個系列。

　　對於「渡海輿記」系列，方豪列出：「袁黻皇鈔本、雍正十一年周於仁刻本、晚宜堂藏本、1928 年臺灣大學藏鈔本、移川子之藏傳鈔本、市村榮傳抄本（該傳抄本係晚宜堂藏本的傳抄本，晚宜堂藏本又係周於仁鈔本之傳抄本）」。而對於「裨海紀遊」系列，方豪也列出有：道光年間昭代叢書本、道光十五年裏花軒刊本（巾箱本）、道光年間達倫刻本、道光二十三年舟車所至叢書本「采硫日記」、咸豐初粵雅堂叢書本「采硫日記」及胡繩祖鈔本、光緒年間小方壺齋輿地叢鈔本「裨海紀遊」；光緒四年蔡爾康刻本（屑玉叢譚本）「裨海紀遊」、1924 年臺灣詩薈重刊本、1930 年（臺灣）北投莊役場藏節抄本採礦資料、呂海寰舊藏鈔本等等。

　　雖然還有一些本子為方豪所未列出，但主要的本子都有。本來，該書版本既多，要全部訪得極為困難，且這些版本多在大陸，其時兩岸隔絕，許多版本方豪無法看到。方豪以市村榮傳抄本、昭代叢書本、舟車所至本、粵雅堂叢書本、小方壺齋輿地叢鈔本、臺灣詩薈本六種為主要依據底本，作《合校足本裨海紀遊》。

　　方豪極為看重的是達倫刻本，但在臺灣看不到，他所能看到的是伊能嘉矩遺稿中校過的蔡爾康刻本中的「番境補遺」、「海上紀略（附宇內形勢）」、「偽鄭逸事」等幾部分內容。伊能嘉矩為著名學者，雖然方豪認為他的《臺灣文化志》中出現將「海上紀略」誤為「海外紀略」等差錯，但方豪應當還是相信他的學問，所以還是利用他校訂過的本子；而蔡爾康刻本以達倫刻本為依據，方豪認為「達倫刻本的真相或亦不致相差太遠」。[2]當然，方豪也說他還是要繼續訪求達倫原刻本的。但蔡爾康

2　以上關於方豪對《裨海紀遊》一書的版本研究，均據方豪《合校足本裨海紀遊》「序言」，臺灣省文獻委員會印行。收入成文出版社有限公司印行中國方志叢書，臺灣地區，第四六號，影印本。

刻本和達倫刻本的差別之處就在於達倫刻本在「宇內形勢」文字後是附有一幀「宇內形勢圖」，而蔡爾康刻本是沒有的。達倫刻本並不是一個稀見本子，在圖書館中列為普通古籍，因其時兩岸隔絕，使得方豪錯過了這張圖。

再說達倫刻本的「宇內形勢圖」，這張圖是從哪裡來的呢？據他自己在刻本的序言中說「紀遊一冊，是余幼時於□□□（筆者查閱之本此處數字不明，蔡爾康本為「琉璃廠」）故紙堆中搜索得之者，□□□（蔡爾康本為「原題武」）林郁永河撰。」[3]那麼，達倫搜索到的是刻本還是鈔本呢？他沒有說，但從最早的雍正年間的周於仁刻本到晚清的鉛印本都是沒有圖的，因此達倫搜索到的極有可能是鈔本。現今所知最早鈔本有袁轂皇鈔本和周於仁鈔本，周本傳抄自袁本。袁本大約已不可見，而載明為周本的則不止一本，筆者查閱的一本不僅沒有圖，而且連圖的痕跡都沒有。而晚宜堂藏本等周本一系的傳抄本也就都沒有圖了。那麼，是周於仁傳抄時略去圖，或是袁轂皇本原來就沒有圖。這就不得而知了。可以推定的是達倫搜索到的是早期的鈔本，達倫忠實於原本，將圖保留了下來。

三、誰畫了「宇內形勢圖」？

《裨海紀遊》一書有「渡海輿記」、「番境補遺」、「宇內形勢」、「海上紀略」、「鄭氏逸事」等五部分內容。有的版本將「宇內形勢」附屬於「海上紀略」，有的獨立成章，這不是什麼大問題，我們關心的是「宇內形勢」這一節的文字和圖。仔細分析下來，這一節的文字和圖是緊密相關的，實際上文字更像是為圖作注。

文字的第一部分郁永河發揮了他的地理學觀念和知識，包含以下三方面的內容，首先是講了一些類似於渾天說的對地球的認識；其次，在認識地球是圓的基礎上，說中國不在大地之中，這兩方面的內容表明郁

---

[3]　達倫刻本「襄平達倫序」。

永河掌握中國古代地理學知識，可能也受到利瑪竇等耶穌會士傳入的西方地理學的影響；第三方面就是騶衍的大九洲說。騶衍的學說屬子部，習舉子業者可以不讀，但郁永河既喜歡地理學，對大九洲說表現了明顯的興趣，他說「天宇外涵大地，虛懸於中；古以卵為喻，似近之矣。海水附隸於地，而包山川原隰者又海也。其中四夷八荒，各占一區，如盤盎中貯水石然。騶衍論天地之大，如中國赤縣神洲，禹之所序者才八十一分之一，外此尚有九州，凡一州各有裨海環之，人民、禽獸莫能相通。如此者九，又有大瀛海環其外。語近不經。」[4]所謂裨海，大約就是今日所說的海，而大瀛海就是今日的洋。赤縣神洲之外，在大洋中還有其他七十二洲的人民生存。騶衍如何產生如此認識，難得其詳。李約瑟認為當時中外之間可能存在著某種文化接觸，[5]但如何接觸，李約瑟沒有講。在講中國古代航海技術時也未涉及。（參見李約瑟《中國科學技術史》第四卷《物理學及相關技術》第二十九章「航海技術」）但章巽以前就曾指出，《山海經》乃今已散佚的「山海圖」的注記，而「山海圖」則帶有原始航海圖的性質，說明先民具有航海能力的可能。[6]近年環中國海海洋舟船民族考古調查已發現了一些線索可資探討史前與先秦的遠洋航海交通。[7]但在西方地理學傳入之前，大部分中國人對世界地理的認識模糊，感興趣的人也不多，郁永河當屬少數對世界地理具有原始興趣的人。他雖說騶衍「語近不經」，但其實領會了「裨海」和「大瀛海」的區別，他渡臺采硫，僅渡過了臺灣海峽，未到大洋，因此將他的遊記題為「裨海紀遊」，後來的翻刻者有些人不解其意，有的版本乃誤為「稗海紀遊」。這第一部分的文字相當於序言，接下來的三部分文字與圖緊密相關。

　　首先，文字的第二部分講中國地理，重在沿海，從遼東到粵西，重

4　見《裨海紀遊》「宇內形勢」。

5　李約瑟《中國科學技術史》第二卷《科學思想史》13 章 c 節，pp256—263，科學出版社、上海古籍出版社，1990 年 8 月，北京。

6　章巽「古航海圖考釋序」，《古航海圖考釋》p2，海洋出版社，1980 年 3 月，北京。

7　吳春明「複合型獨木舟與亞太航海術的起源」，載陳健鷹主編《西岸文史集刊》第一輯 pp381—402，福建教育出版社，2012 年 11 月，福州。

要的州府、港灣，島嶼羅列了一下，內陸則闕如；

　　其次，文字的第三部分分量最重，佔據了整個文字內容的一半，講海上交通和南洋地理，文末還有一段，講日本、琉球在通商中的狀況，可以歸入這一部分；

　　最後，文字的第四部分講海外地理，對朝鮮和日本有所瞭解，著墨多點，對西洋世界無所瞭解，講不出東西來，只能說說它們的殖民地。

　　下面來看圖，「宇內形勢圖」大約有三部分內容：

　　（一）清代中國的疆域，這部分重於沿海，北自遼東、鴨綠江，南至海南崖州、萬州，其間沿海許多州府都按順序列了出來，而內陸省份則以文字說明；

　　（二）海上交通部分，這是本圖的重點。首先本圖標出了許多航線，往北僅有去日本的航線，往南則有許多航線，大約不出明代後期的東西洋航線，此外，還有一條往臺灣的航線。郁永河渡臺時，臺灣剛入清廷版圖十幾年，雖然此前鄭芝龍、鄭成功父子和其他海商就曾來往於兩岸之間，但在圖上標明去臺航線，應該還是在臺灣入清版圖之後；其次，該圖標示了南海的萬里長沙以及氣（南澳氣），這是往東西洋途中險要之處；再次，該圖標出了中國沿海的南澳、廈門、金門、舟山、沙門島皮島等五島，這是中國沿海的一些重要港灣和形勝之地；

　　（三）世界地理，這部分以文字表述。在圖的西北（左下角）有英圭黎、荷蘭等國名，而在圖的西部（下邊框）和南部（右邊框）則用文字表明咬溜吧（印尼）以南尚有大片陸地。

　　文字與圖是相結合的，郁永河沒有再給圖起名字，因此本文就徑稱該圖為「宇內形勢圖」，也是尊重古人之意。

　　圖與文字結合，是中國古代地圖相沿的一種做法。章巽指出「我國傳統的古地圖，往往有圖有說，圖說相間，」但在傳抄的過程中，圖往往會被刪去。他說「《兩種海道針經》裡面，本來應該也有圖。如《順風相送》31，41，45，46 等頁，明明寫著『山形水勢深淺泥沙地礁石之圖，』『山形水勢之圖』等等，下面卻僅有文字而無圖，可見這些圖是先前在歷次傳抄的過程中被遺失或被刪節掉了，只在標題中還留下

『圖』字的痕跡而已。同書他處和《指南正法》中還有一些以『山形水勢』為標題的，格式也相類似，則連『圖』字的痕跡也不再留存了」。[8] 在保有「宇內形勢圖」的達倫的刻本中，郁永河於文字結尾處說「以余所知諸國繪為圖，俾覽者知其形勢，以驗盤中水石之喻而已。」在沒有圖的諸種本子中，「繪為圖」三字被改為「略為說」，正如同章巽所說的，連「圖」字的痕跡都不再留存了。

　　再來說「宇內形勢圖」，縱觀該圖，重於海上而略於陸地，畫了許多去南洋（明代的東西洋）的航線，南海的萬里長沙和南澳氣是航行的險要之處，畫了出來，而大昆侖、小昆侖、寧盤山（苧盤山）、東竹山、西竹山、將軍帽、大小覆釜（鼎）山等等南海、西太平洋航行的重要地標也畫了出來，而陸上部分僅有簡單的文字表述，因此這是一張航海圖。郁永河原來的意思可能是想要畫一張世界地圖（局部的），但結果變成了一張航海圖。但此圖不成比例，各地方位也不准，譬如，六崑、大年、柔佛在柬埔寨、暹羅的南面，結果被畫到西面去了。因此，這僅是一張簡單的示意圖。誰畫了這張示意圖呢？

　　首先，它不是郁永河畫的。郁永河是秀才（仁和諸生），讀聖賢書，習舉子業，這裡面應當不包括航海術。其次，他是杭州人，並不靠海邊，日常應當也接觸不到航海經驗。但郁永河對地理學，尤其世界地理，有濃厚的興趣，他要渡海，乘機向船家詢問海外地理知識是極有可能的。[9]

　　清廷得臺灣之初，規定廈門與臺灣府城（今臺南）鹿耳門為對渡正口，郁永河於康熙三十六年（1697）二月初二日（農曆，下同）至廈門，覓舟渡海，因大風，至十六日風停方登舟，但船剛要出發，又遇大風，船在廈門與鼓浪嶼之間的海峽停了三晝夜；十九日，大風停，才又出發；但行至大旦門（大擔），因風小，又泊於大擔；二十一日黎明，乘微風

8　章巽「古航海圖考釋序」，《古航海圖考釋》，p4，海洋出版社，1980 年，北京。

9　郁永河任職於福州，福州也是一個對外貿易港口，不能不考慮他在福州獲得航海知識的可能。但從「宇內形勢」的圖文來看，其航海知識敘述的是以廈門為中心的航線及相關知識，看來不是在福州獲得這些知識的。

出大旦門，因風小，又靠泊於金門料羅灣，到夜間「風漸作」，方得順利航行，因此，他有充分的時間與船家交談。可注意的是，他記與同行的董君等在船上「共敘」，「董君忽委頓，伏艎底大嘔」，明顯是暈船，而他自己卻沒有症狀，是有精神與船家交談的。[10]

郁永河雖習舉子業，但對經部之外的騶衍的終始大聖之篇有強烈的興趣，郁永河既對大瀛海和其中七十二州的人民感興趣，如今來到海上，對船家進行訪談，是順理成章的事情，那麼，他訪談的對象是些什麼人呢？

首先，郁永河搭的船是海船。臺灣入清版圖後，兩岸貿易及人員往來依賴的主要是大船──橫洋船以及販艚船，其樑頭在二丈以上。據載「商船，自廈門販貨往來內洋及南北通商者，有橫洋船，販艚船。橫洋船者，由廈門對渡臺灣鹿耳門，涉黑水洋。黑水南北流甚險，船則東西橫渡，故謂之橫洋。船身樑頭二丈以上，往來貿易，配運臺穀以充內地兵糈」。[11]橫洋船無異於海舶，清人文集載「海舶長約十丈餘，闊約二丈，深約二丈。舶首左右刻二大魚眼，以像魚形。舶腰立大桅，高約十丈，圍以丈計。購自外洋來者，曰『打馬木』，亦曰『番木』。又舶首立頭桅，丈尺殺焉。帆，編竹為之，長約八丈，闊約四、五丈。尾柁長約二丈餘，巨半之，以鹽木制者為堅，柁前相距二丈餘設板屋，廣約丈餘，深如之，左右置四小龕為臥室，曰『麻離』。板屋後附小龕，高約三尺，橫、闊約五尺，置針盤其中，燃燈以燭。板屋前左置水櫃，深廣約八尺，以貯淡水；又前則為庖室。碇以鐵力木為之，頭碇重七、八百觔，以次遞殺。巨舶四碇，次三，次二。鉛筒以純鉛為之，形如秤錘，高約三、四寸，底平，中剜孔寬約四分，深如之。繫以棕繩，約長六、七丈，舟人用以試水。繩盡猶不至底，則不敢下碇。鉛筒之末，塗以牛油，下繩沾起泥沙，輒能辨至某處。」[12]所記渡臺海船的形制與操作，與下南洋的船無

[10]　（清）郁永河：《裨海紀游》，方豪合校足本，臺北：成文出版有限公司，1983年，第37頁。

[11]　（清）周凱：《廈門志》卷5，《船政略・商船》，臺灣銀行經濟研究室編臺灣文獻叢刊第95種，第166頁。

[12]　（清）朱景英：《海東劄記》卷2，《記洋澳》，臺灣銀行經濟研究室編臺灣文獻叢刊第19

異。清初，清廷與鄭氏對峙，實行禁海、遷界政策，及平定鄭氏後開海禁，沿海人民造船下南洋及渡臺者絡繹不絕，康熙二十四年（1685），施琅上「海疆底定疏」曰「前因海禁森嚴，隄防易於畫一。茲海禁既展，沿海內外多造船隻，飄洋貿易、采捕，紛紛往來，難以計算」。能造大船下海者，當然是富戶，清人說「臺灣商船皆漳泉富民所制」。他們以前慣熟於下南洋，現在，有些人轉而從事兩岸貿易，是很自然的事。郁永河所覓的船家，以前應當是慣熟於南洋貿易的（詳見下文），郁永河所訪談的對象是船上的什麼人無從得知，但船主[13]、貨主、火長、舵手等都可能是他訪談的對象。「宇內形勢圖」畫了諸多航線，還有一些航線的細節，看來是火長、舵手方能得知其詳的；但該圖也有幾處嚴重錯誤（詳下文），航海家是不會犯的，因此該圖也有可能是船上多人多次口述，郁永河作圖作注的，而主要的口述者應當是火長、舵手等，他們長期行駛於海上，各航線及其山形水勢了然於胸中，即陳倫炯說的「海國形勢於胸中」[14]，所以他們能夠為郁永河提供一張南洋的航海示意圖或指導郁永河畫出該圖。在郁永河的原意，要畫的可能是一張世界地圖，而火長、舵手等人所能貢獻的僅是一張憑他們經驗而畫的航海示意圖。

四、「宇內形勢圖」畫了些什麼？

　　一個人所描述的，往往是他最熟悉的東西，《宇內形勢圖》和「宇內形勢」文字部分也是如此。《宇內形勢圖》畫了許多東西洋的航線，基本上，明清時期的「東南洋」（日本、琉球、菲律賓等）和「南洋」（今東南亞）的主要航線都畫了出來（詳下文）。但有一條航線是畫得

種，第 15 頁。

[13] 陳希育認為投資者一般是不出海的，而「船長」，有的是擁有該船的船主，有的只是被雇傭，無法對船主、「船長」等歸納出一個嚴格的定義。參閱陳希育：《中國帆船與海外貿易》，廈門大學出版社，1991 年，第 281 頁。

[14] （清）陳倫炯：《海上聞見錄》「南澳氣」，載《廈門海疆文獻輯注》，廈門大學出版社，2013 年，第 24 頁。

最詳細的，即廈門至麻六甲的航線，郁永河所雇覓的船原來應該是走廈門至麻六甲或舊港航線的，「宇內形勢」的文字部分說廈門至麻六甲的航線：「凡海舶由廈門直指南離，至東京水程七十更，安南七十二更，暹羅一百八十更；漸偏而西，歷六崑、大年、又轉北過柔佛，始抵麻六甲，水程二百更。」《宇內形勢圖》則在這條航線上注明「廈（門）至麻六（甲）二百四十更」，在航線的不同部分還注明「一百五十更」、「一百六十更」、「一百八十更」等。而且在這一航線上特別突出了大昆侖、小昆侖、寧（苧）盤山、將軍帽、東竹、西竹等一連串島嶼，昆侖地當西洋航路的要衝，而苧盤山，陳倫炯說「茶盤一島，居昆侖之南，毗於萬古屢山之東，皆南洋水路總程分途處」。[15] 這些島嶼是往蘇門答臘、爪哇、麻六甲等地的航路上的重要「山形」（即陸標）。這些「山形」所指示的，是千百年來的傳統航線。就明代而言，在《鄭和航海圖》上，這是從靈山去麻六甲的航線，[16] 在《東西洋考》中，這是去舊港、下港並咖留吧的航線；在《指南正法》上，這是「浯嶼往咬溜吧」和「太武往咬溜吧針」的航線。

靈山去麻六甲航線論者已多，茲不贅。《東西洋考》所載去麻六甲的航線是「又從昆侖山（用坤未針，三十更，取斗嶼，）（以下略去針路）——斗嶼——彭亨國——地盤山——東西竺——柔佛國——羅漢嶼——龍牙門——吉裡問山——昆宋嶼——箭嶼——五嶼——麻六甲」。[17] 在這條航線上，除了去彭亨、柔佛等地以外，昆侖島、地盤（茶盤、苧盤）、東西竺等是航路上的主要陸標。《東西洋考》所載去下港、咖留吧的航線是接在去舊港的航線後面的，去舊港的航線從東、西竺後的航線是「又從東西竺——長腰嶼——獨石門——鐵釘嶼——鱷魚嶼——丁機宜」，「又從長腰嶼——龍雅山——饅頭嶼——詹卑——七嶼——彭家山——舊港」，去下港是「又從彭家山——進峽門——三麥嶼——都麻橫

---

[15] （清）陳倫炯：《海國聞見錄》「南洋記」，第13—18頁。
[16] 參閱周運中：《鄭和下西洋新考》第四章第四節「南海、麻六甲海峽航線」，北京：中國社會科學出版社，2013年，第180頁。
[17] （明）張燮：《東西洋考》卷9，《舟師考》，上海商務印書館，1937年，第117頁。

港口──覽綁港口──錫蘭山港口（按：此為《東西洋考》誤置）──下港」去麻六甲的航線在長腰嶼之後已是航行於蘇門答臘島東南部的北岸了，也就是說，該航線從東竹島、西竹島之後就駛向麻六甲海峽方向，要去萬丹、咬溜吧的話，在彭家山掉頭穿過邦加海峽，再渡過巽他海峽到爪哇島西北端。《海國聞見錄》載「就中國往噶喇巴而言，必從昆侖、茶盤、純用未針，西循萬古屢山而至噶喇巴。」萬古屢山就是蘇門答臘島的東南端，[18]而《指南正法》所載「浯嶼往咬溜吧：依前針取昆侖，……取地盤……，取東竹……，取長腰……，取龍牙大山……，取饅頭嶼……，取七星……，取彭家大山，即牛腿琴……，取羅山制覽傍大山……取咬溜吧……」；而「太武往咬溜吧針：至昆侖……取棉花嶼好拋船，取柴、水……平斗嶼，……取地盤外過，……取東、西竹內過……長腰嶼，……平饅頭嶼，……取七嶼，……取琴山，……取三麥嶼內過……取頭嶼，……入甲板嶼收澳」。[19]去麻六甲海峽或去爪哇島咬溜吧，先到茶盤島是一致的，然後在長腰嶼分途，一往西北，一朝東南。這一條廈門至麻六甲或舊港或咬溜吧的航線是明清兩代舟師經常走的，郁永河所訪談的舟師以前應當經常行駛在這一航路上，對此航線十分熟悉，所以不按比例地突出了這些作為「山形」的島嶼。他還在將軍帽旁邊注明「海舟過此不見北斗矣。」北辰星是牽星術最重要的參考體系，《鄭和航海圖》牽星術的應用主要在印度洋，一般而言，下南洋主要依靠的是針路和山形水勢，舟師對牽星術的掌握到什麼程度不得而知，但在爪哇島和蘇門答臘島的一些地方是看不到北斗星的（北緯 6 度以下就見不到北斗星了），該舟師親身經歷，印象深刻，所以注在圖上。另外，一般人（北半球的人）見不到北斗，應當也有深刻印象。

　　在這裡有兩點應該附帶指出：

　　第一，這是一條古老的航線。在唐代，這是賈耽通夷海道之一，《新唐書》載「廣州東南海行，二百里至屯門山，乃帆風西行，二日至九州

---

[18] （清）陳倫炯：《海國聞見錄》「四海總圖」將蘇門答臘島劃為西北「亞齊」和東南「萬古屢」兩部分。

[19] 向達校注《兩種海道針經》，北京：中華書局，1961 年，第 173 頁、第 193 頁。

石。又南二日至象石。又西南三日行，至占不勞山，山在環王國東二百里海中。又南行二日至陵山。又一日行，至門毒國。又一日行，至古笪國。又半日行，至奔陀浪洲。又兩日行，至軍突弄山（即昆侖山）。又五日行至海峽，蕃人謂之質。[20]南北百里，北岸為羅越國，南岸為佛逝國。（即室利佛逝國，也即舊港。）」[21]《新唐書》所載的是從廣州出發，沿中南半島南下，至昆侖，再至麻六甲海峽，前面中南半島部分敘述得比較詳細，昆侖之後就簡單了。但昆侖、茶盤、東竹、西竹諸島所指示的航線一直延續下來，宋周去非《嶺外代答》載「三佛齊（按：三佛齊以舊港地為中心）者，諸國海道往來之要衝也。三佛齊之來也，正北行，舟曆上下竺與交洋，乃至中國之境。……闍婆（爪哇）之來也，稍西北行，舟過十二子石而與三佛齊海道合於竺嶼之下。大食國之來也，……至三佛齊國乃複如三佛齊之入中國。」[22]

　　第二，《宇內形勢圖》畫出了東竹島和西竹島，以前的文獻往往稱「東西竺」，因為沒有標點，常常被認為一個島，島名「東西竺」。《星槎勝覽》載「（東西竺）山與龍牙門相望海洋中，山形分對若蓬萊、方丈之間。」對此，「伯希和認為《星槎勝覽》東西竺是奧爾（Aur）島，費琅認為是阿南巴斯（Anambas）群島，范文濤認為伯希和之說是而費琅之說非。其後學者多從其說，米爾斯、《新圖集》、韓振華、《匯釋》都認為是一個島。根據是這個島有兩個山峰，遠遠看上去變成兩個島。」[23]周運中引《順風相送》和《指南正法》的文字說東西竺是兩個島，且利用將軍帽島（Tinggi）考證出西竹山是大巴比島（Babi）。據章巽的說法，《順風相送》等書原來應該是有圖的，惜乎被刪去了，如果圖還存留著，就沒有上述爭論了。而今《宇內形勢圖》將東竹、西竹明顯地畫成兩個島嶼，似亦可為周君提供一佐證。

[20] 有謂此海峽為新加坡海峽，有謂為麻六甲海峽，似應為麻六甲海峽。

[21] （宋）歐陽修、宋祁：《新唐書》志第三十三下地理志七。北京：中華書局，1975 年，第1153 頁。

[22] （宋）周去非：《嶺外代答》卷3，《外國門下航海外夷》，上海：上海遠東出版社，1996 年，第69 頁。

[23] 周運中：《鄭和下西洋新考》，北京：中國社會科學出版社，2013 年，第180 頁。

　　該船經常行駛的第二條航路應該是從從蘇門答臘島經爪哇島至加里曼丹島，然後北上，經菲律賓群島回航的路線。「宇內形勢」的文字記「自麻六甲渡海，斜指西北四十更為咬溜叭（音葛臘八），始渡西海，咬溜叭西北為啞齊；啞齊之外，中國舟航不能往。相傳尚有英圭黎、荷蘭、大西洋等國，皆在西海外，莫可究詰。止就咬溜吧言：其山最大又最遠，自咬溜叭綿亙而南為萬丹，又極南萬里為馬神（皆產胡椒、蘇木、沉束、迦南諸香），自馬神轉東，迤北為文萊（一無所產，極貧極陋），為蘇祿（產大珠、有重三、五錢者，然少光澤，中國人名為淺水珠）、呂蒙山。至此，又在中國極東海外萬里矣。又轉北為文武樓山，以訖呂宋。……計自咬溜叭從西北海中至極南，又轉極東，再回東北，訖於呂宋，連山不斷，蜿蜒數萬里，……」這裡的文字有些「錯簡」，一些《裨海紀遊》的版本可能為文句通順起見，在「其山最大又最遠」七個字前加上一句「止就咬溜叭言」，達倫刻本沒有加這一句，該不該加上這一句呢？在這裡我們先停下來說一下，「宇內形勢」的圖和文最嚴重的錯誤出現在這裡。上引「宇內形勢」的文字說「自麻六甲渡海，西北斜指四十更為咬溜叭，始渡西海，咬溜叭西北為啞齊；啞齊之外，中國舟航不能往，……」《宇內形勢圖》也將咬溜吧畫在麻六甲西北，並畫出「咬溜吧」北南兩條航線，往北是「咬溜（吧）至啞齊三十更」，往南是「咬溜（吧）至萬丹四十更」。實際上咬溜吧在麻六甲東南，而且和萬丹挨著，只有「半日程」（見《東西洋考》）。細繹「宇內形勢」圖與文，其「咬溜吧（叭）」可能為舊港之誤，舊港正處於啞齊和萬丹（以及咬溜吧）之間，當然，舊港也位於麻六甲東南而不是西北。我們前面說過，郁永河訪談的對象可能包括火長、舵手等專業人士，還可能包括船主、貨主等非航海專業人士，後者混淆咬溜吧和舊港是有可能的。假如「宇內形勢」的圖和文之中的「咬溜吧」為舊港之誤，則「其山最大又最遠」當指舊港（蘇門答臘島）而非咬溜吧（爪哇島）。加上「止就咬溜吧言」，文字固然通順了，不加其實也無所謂，因「咬溜吧」本來就是舊港之誤，方豪《合校足本裨海紀遊》為「足本」起見有這一句，達倫刻本則沒有這一句，達倫刻本可能更接近於郁永河原本。

　　再來說「其山最大又最遠」，這應當是指蘇門答臘島。山，在閩南語中，既指其原意，即高山、大山的山，另外，航海者也用以指陸地，島嶼也是陸地。當航海者在茫茫大海中看見陸地或「山形」，他們說「看到山了。」及至行駛到面前，如果是島嶼，他們就說「這是個島嶼。」該船航行到舊港（有沒有到啞齊存疑，但「宇內形勢」文字對啞齊有所描述，其中產金與女主之事有所根據，可能以前到過吧），然後沿蘇門答臘島海岸向東南航行，渡過巽他海峽到萬丹（下港）和咬溜吧。蘇門答臘島是印尼第二大的島嶼，在世界大島中也排得上名，島上有許多大山，所以說「其山最大又最遠」。然後該船又沿爪哇島向東航行到馬神，在雪爾登地圖（即《東西洋航海圖》）上，爪哇島上畫著一系列的高山，而從馬神沿加里曼丹島西南再轉東北航行到汶萊，再經菲律賓群島回航的路上則島嶼不斷，因此，該舟師說「……計自咬溜吧（按：當是舊港）從西北海中至極南，又轉極東，再回東北，迄於呂宋，連山不斷，蜿蜒數萬里，……」該舟師並指出沿途港口的物產，可見他是慣走這條航線的。

　　我們回過頭來看，把上述兩條航線合起來，該船從廈門出發，到瓊州海峽，沿中南半島南下，到柬埔寨、暹羅，再沿馬來半島南下，轉入麻六甲海峽，然後沿蘇門答臘島駛向東南，渡過巽他海峽，沿爪哇島往東，到加里曼丹島東南端，然後繞著加里曼丹島的西南、西北海岸駛向菲律賓群島，沿菲律賓群島回航，在東南亞海域兜了個圈，基本上都是沿岸航行的。沿岸航行（地文航海）是航海術中的方法之一，也是中國帆船最重要的航海方法之一。下面再來談這個問題。在該船的航路中，沒有經過蘇門答臘島南面，沒有去蘇拉威西島，沒有去帝汶島，但在《東西洋航海圖》中，都包括有去上述地方的航線，雖然該船沒有走遍東南亞角角落落，但它體現的是明清時期閩南帆船在東南亞水域的慣常活動。

五、以《東西洋考》和牛津藏《東西洋航海圖》
　　以及耶魯藏《清代東南洋航海圖》
　　對照《宇內形勢圖》

　　近年,《東西洋航海圖》,《清代東南洋航海圖》等古航海圖相繼被發現,於海交史研究有重要意義。「宇內形勢圖」僅是一張手繪的示意圖,其意義無法和上述諸圖比擬,但它也有自己的特殊意義,首先,它有明確的時間座標——郁永河是於康熙三十六年(1697 年)二月登舟渡臺的,其次,它代表了當時舟師(火長)的航海經驗和知識,以之對照其他航海圖,或許能說明一些問題。

(一)關於航海圖畫法

　　首先,我們來看「宇內形勢圖」的畫法。它左邊畫出中國的疆域,雖然只是以簡單的線條配以文字注記來標示,但它要表明中國疆域是無疑的。而《東西洋航海圖》在中國的疆域中則精緻的畫出了中國的各州府。兩者的精緻與簡陋相去極遠,但其基本思想是一致的。其次,兩者的右邊和下邊都是海域,均以實線畫出航線。郭育生、劉義傑指出,嘉靖末以前,航線有兩種描繪方式,「其一是《鄭和航海圖》為代表的虛線標記法;其二是《渡海方程》為代表的島礁標記法。」而《東西洋航海圖》則用實描航線描繪航路。[24]「宇內形勢圖」也是用實線描繪航路的。「宇內形勢圖」雖簡陋,但卻體現了《東西洋航海圖》之後的航海圖畫法。

(二)關於航線對比

　　再說航線。對於《東西洋航海圖》一般認為它是明代後期的作品,[25]而

---

[24] 郭育生、劉義傑:《〈東西洋航海圖〉成圖時間初探》,載《海交史研究》2011 年 2 期,第 67 頁。

[25] 《東西洋航海圖》當是張燮《東西洋考》以後的作品,《東西洋考》卷 9《舟師考》載有去下港的航路,而僅在「下港」後面用小字注明「再進入為咬溜吧」,其時咬溜吧尚未繁盛,

《清代東南洋航海圖》，錢江、陳佳榮認為成書應在 18 世紀中期以降。[26]「宇內形勢圖」繪於 1697 年初，在二者之間，那麼，它呈現出一種什麼樣的狀況呢？

錢江歸納《東西洋航海圖》的航線：

東洋航路有：

1、漳泉往琉球航路；

2、漳泉往長崎航路；

3、漳泉往呂宋航路；

4、潮州往呂宋航路；

5、呂宋往蘇祿航路；

6、呂宋往汶萊航路；

西洋航路有：

1、漳泉經占城、柬埔寨往咬溜吧航路；

2、漳泉經占城、柬埔寨往滿喇咖航路；

3、漳泉經占城、柬埔寨往暹羅航路；

4、漳泉經占城、柬埔寨往大泥、古蘭丹航路；

5、漳泉經占城、柬埔寨往舊港及萬丹航路；

6、滿喇咖往池汶航路；

7、滿喇咖往馬神航路；

8、滿喇咖沿馬來半島西岸北上緬甸南部航路；

9、萬丹繞行蘇門答臘島南岸航路；

10、咬溜吧經麻六甲海峽往阿齊航路，

11、咬溜吧往萬丹航路、

12、阿齊出印度洋往印度傍伽喇、古裡航路。[27]

處於不重要的地位。而《東西洋航海圖》上，順塔與咬溜吧處於同等地位，大約此時咬溜吧已繁盛，地位上升了。

[26] 錢江、陳佳榮：《牛津〈明代東西洋航海圖〉姐妹作──耶魯藏〈清代東南洋航海圖〉推介》，載《海交史研究》，2013 年第 2 期，第 1—101 頁。

[27] 錢江：《一張新近發現的明朝中葉彩繪航海圖》，載《海交史研究》2011 年第 1 期，第 1—7 頁。

　　至於《清代東南洋航海圖》，向西只到暹羅灣，「在清代初期，中國舟師已罕出麻六甲海峽，」而該圖「反映的另一重要趨勢是明末以降暹羅——華南——長崎三角貿易的活躍」。

　　現在來看「宇內形勢圖」，它是以廈門為出發地的，畫出了以下諸航線：

1、廈門至澎湖七更，澎湖至臺灣三更；

2、廈門至呂宋七十二更；

3、廈門至蘇祿一百四十更；

4、廈門至交趾七十二更；

5、廈門至東京七十更；

6、廈門至暹羅一百八十更，有進港五十更路，實一百三十更；

7、廈門至麻六（甲）二百四十更；

8、廈門至蛟（咬溜吧）二百八十更；

9、咬溜（吧）（按：當指舊港）至萬丹四十更；

10、咬溜（吧）（按：當指舊港）至馬神一百四十更；

11、咬溜（吧）（按：當指舊港）至啞齊三十更；

12、廈門至日本七十二更；

13、寧波至日本三十五更。

　　概括說，《宇內形勢圖》的東洋航線是：從廈門至澎湖，從澎湖轉向南方，通過臺灣和南澳氣及萬里長沙之間的航路，到呂宋，其間重要的地標是大、小覆釜山，然後繼續往文武樓山、呂蒙山、蘇祿、汶萊等。其文字注記說，「往呂宋者，由廈門渡澎湖，循臺灣南沙馬磯（按：鵝鑾鼻），斜指東南巽方，經謝昆尾山、大、小覆釜山，遶出東北，計水程七十二更。」其西洋航線是：從海南島的瓊、崖渡海港七更抵東京，自東京渡海港十二更至交趾，另有廈門至交趾航路七十二更；交趾以後是占城、柬埔寨、暹羅、六崑、大年、柔佛、麻六甲。對於這條航線「宇內形勢」的文字記載是「凡海舶由廈門直指南離，至東京水程七十更，安南（交趾）七十二更，暹羅一百八十更；漸偏而西，歷六崑、大年、又轉北過柔佛，始抵麻六甲，水程二百更，至此約已轉出雲南、緬甸後

矣。雖曰海道，皆依山而行，實未嘗渡海也。」《東西洋航海圖》和《宇內形勢圖》兩相比較，除了澎湖至臺灣的新航線以外，兩者的航線基本一樣，《宇內形勢圖》的東西洋航線是包括在《東西洋航海圖》的框架之內的。作為一張示意圖，《宇內形勢圖》顯然不能畫出所有航線，但東、西洋主要航線都有了，差的只是一條出麻六甲海峽到孟加拉的航線。明末，中國海船已罕出麻六甲海峽了，清初也就不用說了。《宇內形勢圖》是舟師憑記憶而畫的一張示意圖，代表的是他的航海經驗，而該圖能和《東西洋航海圖》契合，說明《東西洋航海圖》正是總結了許許多多航行在東西洋上的舟師的經驗而畫出的。

（三）關於「沿岸航行」（地文航海）

錢江指出「除了自福建沿海前往日本長崎、馬尼拉、以及經由柬埔寨南部往印尼爪哇島北岸咬溜吧（巴達維亞）這三條航線是穿越大海直航之外，其餘的航路基本上都是沿岸航行。」[28]同樣，《宇內形勢圖》中，除了上述三條航線外，其他航線基本也是沿岸航行。「宇內形勢」的文字部分在說到去麻六甲的航線時說「雖曰海道，皆依山而行，實未嘗渡海也。」錢江認為「之所以如此，固然因為沿岸航行便於中國商人隨時停靠各大小貿易港埠與當地土著交易，同時應該也考慮到海途險惡、需不時就近躲避颱風等安全方面的因素。」[29]這固然不錯，但還有更重要的原因。明清時期的航海術主要有針路、山形水勢和牽星術。牽星術主要應用於印度洋，下南洋則主要靠針路和山形水勢的結合。我們先看一個小小的細節，即去咬溜吧或順塔的航線最後部分。上文已經指出，該航線從東竹、西竹島一帶就駛向麻六甲海峽，要去咬溜吧的話再掉頭從彭家山沿蘇門答臘島西南端越過巽他海峽到爪哇島西北端。《海國聞見錄》載「就中國往噶喇巴而言，必從崑崙、茶盤、純用未針，西循萬古屢山而至噶喇巴。」萬古屢山就是蘇門答臘島的

---

[28] 前揭錢江氏論文，載《海交史研究》2011 年第 1 期，第 5 頁。
[29] 《東西洋考》所載的航路上諸多的港口最能體現這一點。

東南端，[30]因此，陳倫炯所說去噶喇巴的航路和《東西洋考》是一致的。今人驚訝的是，這至少是唐代以來的傳統航線。上引《新唐書·地理志》載「……（安南之後）又兩日行，到軍突弄山（即昆侖），又五日行至海峽，蕃人之謂質，南北百里，北岸則羅越國，南岸則佛逝國（即室利佛逝，也即舊港），佛逝國東水行四五日，至訶陵國（即爪哇），南中洲之最大者。」[31]為什麼不從東、西竺或茶盤島直航下港（咬溜吧），而要到邦加島西北部再回頭穿過邦加海峽到咬溜吧呢？原因恐怕就是蘇門答臘島西南端的萬古屢山可以作為陸標。當然，一個可能是咬留吧前面，蘇門答臘島和加里曼丹島之間的海域佈滿礁石，1998 年發現的著名的 Belitung 沉船就是西元 9 世紀在這裡觸 Batu Hitam 礁沉沒的。但礁石到處都有，從茶盤去麻六甲、舊港方向也有許多礁石、淺灘，「順風相送」載「……用丁未二十更船用單未二十五更船取蔘盤山及東西竹將軍帽。遠看見將軍帽內及火燒山。丁未針十五更船取白礁。北及南鞍並羅漢嶼。白礁在帆鋪邊過船。用單酉針五更船取龍牙門，夜不可行船，防南邊有牛屎礁。過門平長腰嶼，防南邊沙淺及涼傘礁。」從茶盤直插咬留吧不至於沒有航路，但這裡洋面寬闊，航路難以掌握，而穿過邦加海峽和渡過巽他海峽，兩岸有許多陸標可用於判斷航路，安全可靠多了。實際上山形水勢和針路的結合是傳統航海術最重要的構成，章巽《古航海圖考釋》和耶魯藏《清代東南洋航海圖》的內容除了針經入圖外，最重要就是畫出了各地的山形，結合針路說明不同方向山形的視覺形象以及沙線、礁石的樣子。至於水勢，除了水色和水流迅疾之外，最重要的是打水托，測量深度和海底性質。《兩種海道針經》也一樣，只是圖被刪去了，只剩下文字說明部分。

---

[30] 陳倫炯：《海國聞見錄》「四海總圖」將蘇門答臘島劃為西北「亞齊」和東南「萬古屢」兩部分。

[31] 《新唐書》志三十三下，《地理志七》，北京：中華書局，1975 年，第 1153 頁。

　　隨意舉《古航海圖考釋》一例，其「圖四十一」為福建東引島的古航海圖，在畫出「大東湧山」後，在圖的下面有文字記載「對丙子看此形離有大半更，開看水鴨屎色，打水十托，爛泥。若見水色白不可用坤未。」[32]其圖所畫的東湧山形狀是從丙子方向看的，又說明了水深和海底為爛泥地以及水色。

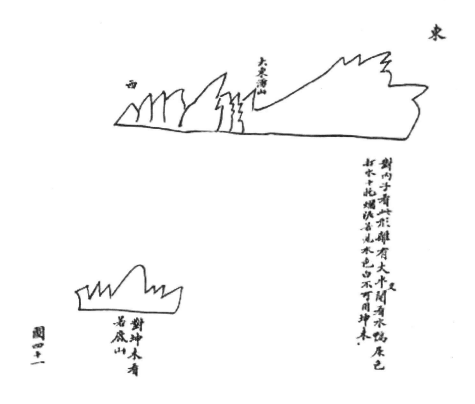

　　資料來源：章巽《古航海圖考釋》，北京：海洋出版社，1980 年，第 91 頁。

　　《清代東南洋航海圖》則無論在圖形方面，或文字說明方面，都比《古航海圖考釋》要詳細得多。同樣以東湧島為例，其在圖形下注明：

　　近對丁未，看上此形。共灣頭內看南北額頭，為己亥相對。

　　（東湧山）西勢，礁什打湧出水。

[32] 章巽：《古航海圖考釋》，北京：海洋出版社，1980 年，第 89 頁。

東湧共大西洋為乙卯、辛酉對坐。

東湧共黃嶼為甲卯、庚酉對坐。

東湧共大金為辛戌、乙辰對坐。

金鄉大山：船在臺山，近看坎山，共臺相參認得相似是也。（以下文長不錄）[33]

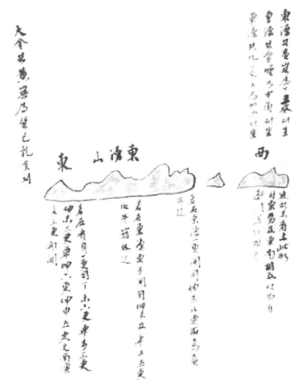

資料來源：錢江、陳佳榮《牛津藏〈明代東西洋航海圖〉姐妹作
——耶魯藏〈清代東南洋航海圖〉推介》，載《海交史研究》2013
年 2 期，第 61 頁。

以上對東引島港灣航路的說明都結合了山形水勢和針路，這就是陳倫炯說的「亦知某處，心尚懷疑，又應見某處遠山，分別上下山形，用

[33] 錢江、陳佳榮：《牛津藏〈明代東南洋航海圖〉姐妹作——耶魯藏〈清代東南洋航海圖〉推介》「附錄一」，「附錄二」，載《海交史研究》，2013 年第 2 期，第 28、29 頁。

繩駝探水深淺若干，駝底帶蠟油以粘探沙泥，各各配合，方為確准。」[34]

因為主要依靠山形水勢和針路的結合，鄭和以後，中國帆船罕去印度洋就可以理解了，茫茫印度洋中，陸標稀少，航行變得非常困難。陳倫炯對此曾有總結，他說「中國洋艘不比西洋呷板用混天儀、量天尺較日所出，刻量時辰，離水分度，即知為某處。中國用羅經，刻漏沙（按：漏沙亦從西洋傳入，許多洋艘仍用更香。），以風大小順逆較更數，每更約水程六十里，風大而順則倍累之，潮頂風逆則減退之，亦知某處，心尚懷疑，又應見某處遠山，分別上下山形，用繩駝探水深淺若干（駝底帶蠟油以粘探沙泥），各各配合，方為確準。獨於七州大洋，大洲頭而外，浩浩蕩蕩，無山形標識，風極順利、對針，亦必六七日始能渡過，而見廣南咕嗶囉外洋之外羅山，方有準頭。」[35]

過七州洋尚且如此，何況印度洋等大洋。其實陳倫炯說這段話時西方也尚未解決經度問題，觸礁、擱淺亦所難免，但總體來說其時西方航海術已超越中國，走遍了世界各大洋。陳倫炯這段話既總結了明清中國帆船依賴針路和山形水勢結合的地文航海術，又指出了其落後於西方前近代航海術。明代中期以後，中國帆船被限制在麻六甲海峽以東，因此也可以想見了。

可以說《宇內形勢圖》是包含在《東西洋航海圖》框架之內的，這表明東西洋航海體系維繫到清代初期。錢江、陳佳榮認為耶魯藏《清代東南洋航海圖》「揭示了清代前期東南亞海域貿易結構發生變化的一段重要史實」，即明末以降暹羅——華南——長崎三角貿易的活躍。[36]「宇內形勢圖」作於 1697 年年初，而《清代東南洋航海圖》被認為作於 18 世紀中葉以降，在這半個世紀多的時間裡，東亞航路和貿易結構如何發生變化，尚有待於我們深入研究。

---

[34] 陳倫炯：《海國聞見錄》「南洋記」，第 14 頁。

[35] 同上注。

[36] 前揭錢江、陳佳榮論文，載《海交史研究》2013 年第 2 期，第 14，15 頁。

附錄：

《裨海紀遊》「宇內形勢」

武林郁永河滄浪稿

　　天宇外涵大地，虛懸於中；古以卵為喻，似近之矣。海水附隸於地，而包山川原隰者又海也。其中四夷八荒，各占一區，如盆盎中貯水石然。騶衍論天地之大，如中國赤縣神洲，禹之所序者纔八十一分之一，外此尚有九州。凡一州各有裨海環之，人民禽獸，莫能相通。如此者九，又有大瀛海環其外。語近不經。然吾人所居，自謂中華大國，未免見大言大；不知大本無據，而中亦未然。夫天地之體，既皆圓矣，人處宇內，頭戴天而足履地，何莫非中？若必求天地之中，則惟北極天樞之下；此處如輪之轂、如磨之臍、如人身之心，庶幾足以當之。然天樞之下，實在朔漠以北，去禹跡甚遠。

　　中國一區道里雖廣，若以天樞揆之，其實偏在東南，而東南半壁，又皆海也。自遼陽為中國東北極際，緣海而南，為天津；次山東之登、萊、青三郡，有沙門等五島，與遼陽、朝鮮相望，一帆可即；次膠州；次江北安東縣，黃河之水，由此入海；次狼山，揚子出焉；次崇明、上海，為吳淞、三泖、震澤諸水所歸；次浙西之柘浦、海鹽；次錢塘；次寧波府，有舟山，廣八百里，今為定海縣，又有普陀巖，觀世音之香剎在焉。次臺、溫；次沙城，為浙閩之交。過此為福寧州；次閩安鎮，是閩省門戶。次興、泉、漳三郡，泉漳間有金廈門二山，各廣數百里，商舶通外洋諸國者，悉由廈門出入。漳與粵之潮郡接壤，自遼陽至此，中國東面已盡；地勢緣海轉西，故粵有海角亭，實大地之東南隅也。此處海中有山曰南澳，南澳以西為廣州之香山澳，為　門；次惠州；次高州，高州海外有碙洲；次雷州，雷州渡海為瓊州；雷之西為廉州，自潮郡至廉約五千餘里，皆南面臨海，海至廉州而止。廉之西為粵西省，更西為貴州省，又更西為雲南省；雲南者，中國之西南隅也。然粵西、雲南之南，不盡於海，而盡於山。崇山複嶂，猓猓、苗夷所居；又有緬甸國，皆瘴癘害人，人不能入。此山迤邐而南，為交阯、占城、暹羅諸國。

　　自瓊崖間渡海港而南，水程七更抵東京(國名，本交趾也；明時，黎氏為外家所據，遂另為一國)。東京又渡海港十二更，抵安南；安南，即古交趾國。東京、安南兩海港，自港口橫渡雖甚廣，漸西漸隘，而海亦止，蓋海之支汊也。故東京、交趾山川，實與粵西連屬不斷；漢伏波將軍征交趾，立銅柱，不以海為限，而以分茅嶺為限，則接壤可知。交趾之南曰柬浦寨，曰暹羅，暹羅轉西曰六崑，曰大年，曰柔佛，曰麻六甲：凡六國，皆與中國連。中國以其鄙遠，棄而不收。麻六甲為西面盡處，惟北連中國，餘三面皆海。凡海舶由廈門直指南離，至東京水程七十更、安南七十二更、暹羅一百八十更；漸偏而西，歷六崑、大年，又轉北過柔佛，始抵麻六甲，水程二百更。至此約已轉出雲南、緬甸後矣。雖曰海道，皆依山而行，實未嘗渡海也。

　　自麻六甲渡海，斜指西北四十更為咬溜叭(音葛臘八)，始渡西海。咬溜叭西北為啞齊(產黃金，鑿石取之，其形正方，不假鎔煉。其主無嗣，以女繼統，今猶是女主)；啞齊之外，中國舟航不能往。相傳尚有英圭黎(即英雞立，產哆囉呢、嗶嘰、西洋布、嘉紋席、玻璃器皿，與咬溜叭等，而皆優於咬溜叭)、荷蘭(即紅毛)、大西洋等國，皆在西海外，莫可究詰。止就咬溜叭言：其山最大又最遠，自咬溜叭綿亙而南為萬丹，又極南萬里為馬神(皆產胡椒、蘇木、沉速、珈南諸香)。自馬神轉東，迤北為文萊(一無所產，極貧極陋)、為蘇祿(產大珠，有重三五錢者；然少光澤，中國人名為淺水珠)、呂蒙山。至此，又在中國極東海外萬里矣。又轉北為文武樓山，以迄呂宋。海舶欲至馬神者，仍行安南水道，既至咬溜叭，依山而南，過萬丹，達馬神，水程四百六十更。非故迂其途也，以南海水道未諳，不敢渡耳。往呂宋者，由廈門渡澎湖，循臺灣南沙馬磯，斜指東南巽方，經謝昆尾山、大小覆釜山，繞出東北，計水程七十二更；往蘇祿者，從覆釜直指正南，水程一百四十更。計自咬溜叭從西北海中至極南，又轉極東，再回東北，迄於呂宋，連山不斷，蜿蜒數萬里，較中國遼陽至雲南海道，遠過倍蓰。惜其割裂分據，不能統一，而城郭人民，又無幾也。

　　日本者，古倭夷國，在中國正東。自其南言之，去中國甚遠，由寧波渡海，水程三十五更。北接朝鮮；朝鮮去遼陽密邇，既渡鴨綠，便可馳驛而往，與中國在斷續間，雖謂之連屬亦可。

　　臺灣蕞爾拳石，南北三千里、東西三百里，去廈門水程十一更。中間又有澎湖為泊宿地，所處在東南五達之海，東西南北，惟意之適，實海上諸國必爭之地也。

　　以上諸國，皆有商舶往來貿易，其山川、道里、風景、人物、土產，皆得悉知之。惟荷蘭、大西洋遠在西海外，相傳有黑洋，晝夜如墨，人不能往，商舶不過至咬溜叭而止。咬溜叭本非荷蘭，特為紅毛所占，設官守土，不知者目為紅毛。英圭黎亦然。荷蘭人鷙悍狡獪，大西洋又甚焉。近歲呂宋為紅毛所據，分土番為二十四郡，紅毛與西洋人雜治之。故荷蘭者，大西洋之附庸也。

　　琉球在東海日本之南、呂宋之北，去中國不遠。以其貧甚，故商賈蹙額視之，相戒不往。

　　以余所知諸國略為說，俾覽者知其形勢，以驗盆中水石之喻而已。若夫騶子終始大聖之篇，所謂大瀛海者，渺不可稽，存而不論可也。

　　雞籠山下入湍流，奔騰迅駛凡若干日，抵一山，得暫泊。此處有蛇妖噉人，雄黃可解。

　　凡出海，毋論遠近，解毒諸藥食物等件，皆宜多備。

國家圖書館出版品預行編目資料

周翔鶴臺灣史研究名家論集（二編）/周翔鶴　著者. -- 初版. -
臺北市：蘭臺, 2018.06
面；　公分. -- (臺灣史研究名家論集；2)
ISBN　978-986-5633-70-7　（全套：精裝）

1.臺灣研究　2.臺灣史　3.文集
733.09　　　　　　　　　　　　　　　　　107002074

臺灣史研究名家論集 2

周翔鶴臺灣史研究名家論集（二編）

著　　　者：周翔鶴
主　　　編：卓克華
編　　　輯：高雅婷、沈彥伶、塗語嫻
封面設計：塗宇樵
出 版 者：蘭臺出版社
發　　　行：蘭臺出版社
地　　　址：台北市中正區重慶南路 1 段 121 號 8 樓之 14
電　　　話：(02)2331-1675 或(02)2331-1691
傳　　　真：(02)2382-6225
E—MAIL：books5w@gmail.com 或 books5w@yahoo.com.tw
網路書店：http://bookstv.com.tw/、http://store.pchome.com.tw/yesbooks/、
　　　　　博客來網路書店、博客思網路書店、三民書局

總 經 銷：聯合發行股份有限公司

電　　　話：(02) 2917-8022　　　　傳　真：(02) 2915-7212
劃撥戶名：蘭臺出版社　帳號：18995335
香港代理：香港聯合零售有限公司
地　　　址：香港新界大蒲汀麗路 36 號中華商務印刷大樓
　　　　　C&C Building, 36,Ting, Lai, Road, Tai,Po, New,Territories
電　　　話：(852) 2150-2100　　　傳真：(852) 2356-0735
經　　　銷：廈門外圖集團有限公司
地　　　址：廈門市湖里區悅華路 8 號 4 樓
電　　　話：86-592-2230177　　　　傳　真：86-592-5365089
出版日期：2018 年 6 月初版
定　　　價：新臺幣 30000 元整（套書，不零售）
ISBN：978-986-5633-70-7

《臺灣史研究名家論集》

（共十四冊）卓克華總編，汪毅夫等人著作

王志宇、汪毅夫、卓克華、周宗賢、林仁川、林國平、韋煙灶、
徐亞湘、陳支平、陳哲三、陳進傳、鄭喜夫、鄧孔昭、戴文鋒

ISBN：978-986-5633-47-9

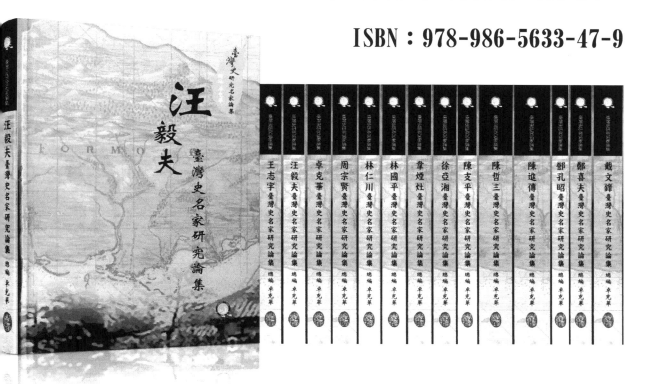

這套叢書是兩岸研究台灣史的必備文獻，解決兩岸問題也可以從中找到契機！

　　這套叢書是十四位兩岸台灣史的權威歷史名家的著述精華，精采可期，將是臺灣史研究的一座豐功碑及里程碑，可以藏諸名山，垂範後世，開啓門徑，臺灣史的未來新方向即孕育在這套叢書中。展視書稿，披卷流連，略綴數語以說明叢刊的成書經過，及對臺灣史的一些想法，期待與焦慮。

9 789865 633479

28000

臺灣史料研究叢書(套書)定價：28000元

《臺灣史研究名家論集》共十四冊

陳支平──總序

　　臺灣史研究的興盛，主要是從二十世紀八十年代開始的。臺灣史研究的興起與興盛，一開始便與政治有著密切的聯繫。從大陸方面講，「文化大革命」的結束與「改革開放」政策的實行，使得大陸各界，當然包括政界和學界，把較多的注意力放置在臺灣問題之上。而從臺灣方面講，隨著「本土意識」的增強，以及之後的「臺獨」運動的推進，學界也把較多的精力轉移到對於臺灣歷史文化及其現狀的研究之上。經過二三十年的摸索與磨練，臺灣歷史文化的學術研究，逐漸蔚為大觀，成果喜人。以大陸的習慣性語言來定位，臺灣史研究，可以稱之為「臺灣史研究學科」了。未完待續……

汪毅夫──簡介

1950年3月生，臺灣省臺南市人。曾任福建社會科學院研究員，現任中華全國臺灣同胞聯誼會會長，福建師範大學社會歷史學院兼職教授、博士生導師，享受國務院特殊津貼專家。撰有學術著作《中國文化與閩臺社會》、《閩臺區域社會研究》、《閩臺緣與閩南風》、《閩臺地方史研究》、《閩臺地方史論稿》、《閩臺婦女史研究》等15種，200餘萬字。曾獲福建省社會科學優秀成果獎7項。

汪毅夫名家論集─目次

100 台北市中正區重慶南路1段121號8樓之14
TEL：（8862）2331 1675 FAX：（8862）2382 6225
E-mail：books5w@gmail.co
網址：http://bookstv.com.t